Christoph Sand

Christophori Christophori Sandii notae et animadversiones in Gerardi Joannis Vossii libros tres de historicis latinis

Christoph Sand

Christophori Christophori Sandii notae et animadversiones in Gerardi Joannis Vossii libros tres de historicis latinis

ISBN/EAN: 9783742895219

Manufactured in Europe, USA, Canada, Australia, Japa

Cover: Foto ©ninafisch / pixelio.de

Manufactured and distributed by brebook publishing software (www.brebook.com)

Christoph Sand

Christophori Christophori Sandii notae et animadversiones in Gerardi Joannis Vossii libros tres de historicis latinis

PRÆFATIO
AD LECTORES.

Quantus fuerit Clarissimus, totoque orbe Celeberrimus Vir, Gerardus Ioannes Vossius, Orbis eruditorum nostro seculo pars magna, etsi nemo diceret, nemo tamen nesciret. Sicut enim quemvis artificem suum commendat opus, ita & ille ingenii sui fœtibus famam, qua nunquam posteris desinet esse notus sibi conciliavit. Scripta illa, quibus literatos sibi summopere devinxit, abunde demonstrant viri multiplicem eruditionem, incomparabilem diligentiam, summum candorem, æquumque erga quemvis animum. Inter ea non infimum locum meretur hoc, quod nunc examinandum & illustrandum suscepimus, opus de Historicis Latinis: quem equidem laborem, ceu humeris meis imparem, nunquam

Præfatio.

non refugissem, nisi mihi opus dictum pervolventi ultrò sese obtulissent loca quædam in eo contenta, quæ vel illustratione quadam, vel emendatione opus haberent. Quamobrem studiosis haud ingratam operam me præstiturum confisus, abhinc anno uno experiri cœpi, quantum isto in negotio tenues ingenii mei, memoriæque vires valerent: præsertim ubi ipsum Vossium observavi scribentem in præfat. *Nec fore ignoro, ut in opere tam arduo industriam meam fugerint historicorum plusculi. Verum si recte ajebat Varro, neminem reprehensum esse, qui stipulam reliquisset ad spicilegium: potius in me spectari convenit, quantum hoc sit, quod præstiterim, quàm ecquid præterierim. Præsertim cum non eo hæc animo divulgem, quasi in posterum omnem operis nostri curam deponere statuissem: sed potius, ut postquam ista jam prodierint, amicorum*

præ-

Præfatio.

præstantium & judicio in commissis, & indicio in omissis, facilius fruar. Præterea ut prima hac, & difficillima operis cura defunctus, minori exinde negotio, & majori voluptate, legam, mediter, nostra, aliena, & quæ curva deprehenderim, corrigam; quæ mutila, suppleam. Nam hactenus quidem, publicis muneribus, & propriis amicorumque negotiis occupatissimo, non licuit mihi in vasto adeò mari eorum, qui rem historicam juvissent, expiscari omnia ex animi mei sententia. &c. Neque verò Notis his & Animadversionibus Viri Clarissimi dignitati, famæque detrahere mihi propositum unquam fuit. Multum sanè est quod præstitit. Habeat itaque sibi debitum honorem, gloriam, laudem, quam meretur: attamen non dubium est, quin in tyronum gratiam liceat obscurius dicta illustrare, omissa addere, certaque ab incertis, ac vera à falsis discernere, re, ut & habeant quod admirentur, & sciant quod caveant. Eoque audentius rem hanc aggredior, quod certò persuasum mihi est, Virum nostrum, si viveret, idem præstiturum; quandoquidem uti dies diem docet, ita & magna librorum pars, ex quibus profeci, post Vossii demum obitum, vel ex membranis vetustis eruta, vel recentioribus autoribus edita, lucem vidit. Omnes equidem erroribus, ceu homines, sumus obnoxii: præcipue quando glacies primò scindenda est, experimur initio difficultatem laboris, & pòst errores commissos ab aliis detectos, quorum hic illum, ille istum observavit, videmus & emendare studemus: *non est enim unius hominis lustrare omnes omnium bibliothecarum forulos*, ut rectè ait Autor noster jam allegata Operis sui præfat. Inde evenit, ut & in hoc opere quædam occurrant ἀσύστατα, & apertè veritati

ritati repugnantia. Nonnunquam dubia pro indubiis, pro dubiis indubia traduntur. Argumenta invalida quandoque proferuntur. Duo historici aliquando confunduntur in unum: contra non raro ex singulis fabricantur bini, &, quod mireris, ex uno Theoderico Trevirensi quatuor infelicissime multiplicantur: quandoque idem Autor alio, eoque indebito loco sub diversi nominis larva latet. Iam ex uno opere fiunt duo: jam vel duobus distinctis autoribus unum idemque tribuitur opus, vel uni adscribitur, quod penitus alium agnoscit autorem. Historicis accensentur, quibus nihil unquam cum historia fuit commune: latinis, alterius linguæ scriptores: scriptoribus, qui nihil scripsere: hominibus, qui nunquam vixere. Sæpe erratum circa autorum ætatem, dum hi nostro seculo propiores, illi justo antiquiores statuuntur. Inter anonymos sub-

Præfatio.

subinde locum sortiti sunt, quorum nomina scimus. Prætermissis annumerati, qui suo loco producti fuerant: & autoribus incertæ ætatis, de quorum ætate constat. Dignitates autoribus nonnullis vel minus recte adscriptæ, vel numerus dignitatis. Erratum quoque est aliquando circa numerum librorum alicujus operis. Nec non est, ubi scripta quædam, quæ extant, periisse dicuntur; & extare, quæ forte pridem esse desierunt. Nomina propria perverse passim leguntur. Circa hæc & his similia, Doctissimus ille Vir, aliorum nonnunquam deceptus autoritate, lapsus est. Ego errores singulos suis locis indigitavi; quæ Autor ignoravit, ubi scivi, docui; corruptas lectiones in locis allegatis restitui; & opera quædam historica Vossio, ut verosimile est, olim ignota, suis autoribus addidi. Quando verò solemus in alienis erroribus perspiciendis es-

se

Præfatio.

se lynces, in propriis talpæ, vereor ne & in meo opusculo inveniant lectores eruditi, quæ carpant. Quæcunque tamen illa sint, quæ forsitan in reprehensionem incurrant, sciri velim, tantum abesse, ut correctionem quamcumque, dummodo ea mente fiat, quâ ego erga Autorem nostrum affectus sum, iniquo animo sim laturus, ut potius magnam gratiam æquus eorum censor sit initurus, non minus apud me, quàm nepotes nostros. Quamobrem oro, ne peritiores talibus offendantur, neque sibi, sed tyronibus, me hæc scripsisse putent. Cæterum monendum est, verba integra Viri Cl. præfixa esse Notis Animadversionibusque meis, ut quis opusculo hoc uti possit vel sine Vossii opere. Allegatio paginarum ad secundam editionem, eamque optimam, quâ usus sum, spectat. Quod circa numeros errata typographi in fine addidi, in eo non

non alius mihi propositus fuit scopus, quàm ut Errata illa, non facilè cujusvis Correctoris industriæ obvia, emendentur, si forte quarta librorum de historicis latinis editio aliquando adornetur. Nam quæ tertio loco nuperrimè admodum in Germania lucem vidit, qualis sit, dicere nequeo, cùm nondum huc à Bibliopolis sit advecta. Cùm verò simul observassem, plurimos historicos ex numero eorum, qui ante Caroli V Imperium, Operis Vossiani terminum, scripsere, esse præteritos, statueram equidem huic operi subjungere *partem secundam, sub titulo Auctarii Operis Vossiani de historicis latinis*; sed deinde ratus Auctarium illud adhuc esse minus perfectum, ejus editionem differre satius duxi, lectoresque meos exhortari his verbis Clarissimi Vossii in Præfat. *Ac quia is animus mihi semper fuit, ut neminem honore suo frau-*

Præfatio.

fraudarem: planè fore confido, ut mei, vel potius publici boni amantes, ad institutum illud nostrum conferant Symbolam suam: quando non unius est hominis lustrare omnes omnium bibliothecarum forulos. &c. Vt tamen sciant, quantos eâ in re fecerim progressus, brevibus dicam, me hactenus congessisse, secundum methodum Vossii, trecentos & quinque autores certæ ætatis, interque eos septuaginta anonymos: centū & octodecim ætatis incertæ, quorum nomina cognita: scripta anonymorum incertæ ætatis quadringenta & quadraginta. Profeci verò in isto studio partim ex autoribus, qui Vossio ignoti edidere monumenta veterum scriptorum, quos inter sunt Catellus, Quercetanus Corp. Hist. Franc. Script. Salmasius editor Lucii Ampelii: partim ex iis, qui Vossio defuncto scripta historica veterum ex tenebris in lucem prodire jusserunt: quales

les sunt Ughellus, Seldenus, Twysden, Maderus, Labbeus, Dacherius, Lambecius. Multum quoque eo contulerunt Bibliothecæ variæ à doctis viris in lucem editæ, quarum seriem hic enarrare nihil attinet. Neque nihil, imò plurimum, profeci ex lectione plurimorum Autorum, qui codices MSSos historicos, Vossio ignotos, passim allegant. Quod superest, spero non defuturos, qui post me idem sint acturi, quod ego nunc post Vossium partim egi, partim adhuc agere constitui, si Deus vitam, viresque concesserit. Sic posteritas nostra tandem gaudebit opere aliquo de historicis latinis, qui ad imperium usque Caroli V floruerunt, emendatissimo, omnibusque numeris absoluto. Quod ad Vossii libros quatuor de historicis græcis attinet, non sine admiratione observavi, cum opusculum hoc jam sub prælo sudaret, in Doctissimi Viri Valentini

Hen-

Præfatio.

Henrici Vogleri Introduct. univerſ. in notit. bonorum ſcriptorum, ante me eandem penitus mentem fuiſſe D. Bernardo de Mallinckrot, eundemque laborem ſuſcepiſſe, licèt ordine inverſo. Quia verò ipſum D. Mallinckrot opus non vidi, placet hic addere, quæ de eo ſcribat jam laudatus Voglerus: *Bernardus à Mallinckrot*, inquit, Paralipomenon de hiſtoricis græcis centurias quinque *congeſſit. Excuſat autem, quod aliquot auctores in iſtis centuriis ſuis* nomen ſuum profiteantur, quos in poſteriori editione G. J. Voſſii reperiri notitiam ſuam effugerat. Commemoratque præterea, ſeſe jam tum ante biennium ad prælum paratas habuiſſe Annotationes ad Hiſtoricos Græcos à Gerardo Joanne Voſſio recenſitos. Sed quæ hactenus, quod ſciam, non ſunt editæ. Hæc Voglerus. Cæterum conatibus noſtris obſtant & penuria & copia: penuria librorum quorundam

dam necessariorum: copia aliorum negotiorum, quæ nec satis diligentem, nec uni huic studio intentum esse permittunt. Interea utantur, fruantur studiosi talium rerum meis hisce lucubrationibus, in quibus si omnia omnibus placebunt, assequar quod optare potui, non sperare vel mihi promittere, cum nec Iupiter vel omnibus, vel semper placeat: sin minus, non tamen omnia omnibus displicuisse juvabit.

CHRISTOPH. CHR. SANDI
NOTÆ & ANIMADVERSIONES
IN
GERARDI JOANNIS VOSSII
OPVS
DE HISTORICIS LATINIS.

*Ag.* 122. **VALERIVS MAXIMVS** dictorum, factorumque memorabilium libros IX reliquit.] Horum epitomen fecit Joannes Honorius, qui floruit circa a. 1497. referente autore centuriæ clarorum scriptorum Lipsiensium, Wittebergensium & Francofurtensium. Fecerat idem olim Januarius Nepotianus rogatu Victoris.

Pag. 136. De **CORNVTO** Suidas: ἔγραψε ὃ πολλὰ φιλόσοφά τε καὶ ῥητορικά. *Scripsit multa & philosophica & rhetorica.*] Ad Philosophica, de quibus hic Suidas, pertinet, quod Hieronymus epist. ad Magnum tradit, *Origenem in libris decem Stromateon, christianorum & philosophorum inter se sententias comparasse, & omnia christianæ religionis dogmata ex Platone & Aristotele, Numenio, Cornutoque con-fir-*

firmasse. Unde verisimile Cornutum græce scripsisse. Nam sicut tunc lingua græca erat eruditorum, inprimis philosophorum lingua, ut filii studiorum gratia à parentibus Athenas mitterentur, ita & Cornutum *græcarum literarum doctissimum* vocat Macrobius lib. V. cap. 9. Neque vero hoc mirum videatur considerantibus Cornutum fuisse Afrum, quandoquidem Julius Capitolinus in vita Clodii Albini nos docet, in Africa quoque morem illum olim obtinuisse, ut pueri græcis literis imbuerentur, quando de eo scribit: *omnem pueritiam in Africa transegit, eruditus literis græcis & latinis mediocriter.*

Pag. 157. VISBIUS] Suspicor eundem esse, qui alias Hilduino *Lisbius* dicitur.

Pag. 170. NEON vixit sub M. Aurelio Imp. ac vitam scripsit tergeminorum fratrum, Speusippi, Eleusippi & Meleusippi. —— aut acta ea posterioribus seculis ex bonis græcis fuere facta latina non bona, aut fuerint suppositia, utcumque germana appellet annalium ecclesiasticorum conditor.] Mihi non magis certum est aliud Ennii stercus esse ab auro Virgilii, quam aurum horum actorum fabulosum scripsisse post Concilium Nicænum, ex cujus Symbolo accepit

cepit illud *Deus de Deo, Lumen de Lumine.*

Mox. Hodie tantum habemus acta tergeminorum fratrum latine, eaque à Warhario descripta, & Ceraunio Papæ Parisiaca in urbe dicata, ut prologus ipsius Warharii indicat.] Scripsit ea Wariharius jussu etiam Ceraunii circa a. 610. quare miror hunc scriptorem à Vossio non esse suo loco historicis insertum. Ego sane in auctario historicorum latinorum ad opus Vossii, omnes illos autores præterire constitui, quorum ipse vel levissimam injicit mentionem.

Ibid. ELVANVS AVALONIVS] Refert Dempsterus lib. 5. hist. eccl. Scotiæ, hunc autorem veteri lingua Scotica sive Hibernica tradidisse historiam Scotiæ. Nisi ergo librum de origine ecclesiæ Britannicæ latine scripsit, latinis historicis accenseri minime meretur.

Pag. 181. Hujus quoque loci sit DIONYSIVS historicus, si latinè scripsit. Sanè videtur Galli & Volusiani tempore vixisse, propter verba illa Jornandis de rebus Geticis cap. XIX. *Defuncto tunc Decio, Gallus & Volusianus regno potiti sunt, quando*

do & pestilens morbus pene istius necessitatis consimilis, ut nos ante hos novem annos experti sumus, faciem totius urbis foedavit, supra modum quoque Alexandriam, totiusque Ægypti loca devastans, Dionysio historico super hanc cladem lachrymabiliter exponente: quam & noster conscripsit venerabilis martyr Christi, episcopus Cyprianus, in libro, cujus (adde *titulus*) *est, de Mortalitate.*] Hic est Dionysius Alexandrinus episcopus. Cyprianum autem non ideo suum vocat Jornandes, quasi hic christianus fuerit, ille ethnicus; sed quia Cyprianus latinus, Dionysius græcus. Græcus itaque scriptor hujus loci non est, idque eo minus, quod nec inter historicos locum ullum meretur. Fragmentum enim hujus Dionysii de pestilentia sui temporis in Africa sæviente, ex scripto ad fratres in Ægypto, apud Euseb. hist. Eccles. VII. 17. & Niceph. VI. 20. docet, Dionysium calamitatem illam magis deplorasse ceu oratorem, quam descripsisse tanquam historicum. Quamobrem nec Cyprianus Viro Clarissimo ob sermonem de mortalitate historicis accensetur: in quo tamen sermone hodie sub nomine Cypriani noto, nec vola, nec vestigium vel Ægypti, vel
Alexan-

Alexandriæ, vel pestilentis morbi, ut observavi tract. de veterib. scriptor. eccles. licet & Eusebius Chron. ad a. 255. præter Jornandem scribat: *Pestilens morbus multas totius orbis provincias occupavit, maximeque Alexandriam & Ægyptum, ut scribit Dionysius, & Cypriani de mortalitate testis est liber.* At quia Dominus Vossius non videtur Dionysio propterea locum inter historicos dedisse, quod lachrymabiliter exposuerit cladem Alexandrinam, sed quod a Jornande historicus appelletur, sciri velim, Jornandem ea in re graviter errasse. nihil enim historici operis scripsisse Dionysium liquet ex catalogo scriptorum ejus ab Eusebio contexto, unde & merito præteritur in opere Vossii de historicis græcis; nisi forte hoc eo torquendum, obtortoque collo *trahendum*, quod literis ad Hermammonem, fratresque Ægyptios, inter alia de Decio & Gallo, pravisque eorum moribus pleraque commemoravit, & tranquillitatis, quæ sub Gallieno fuit, mentionem fecit; apud Euseb. hist. Eccles. VII. 1. 18. & Niceph. VI. 20.

Ibid. PONTIVS diaconus:] Hunc Voetius Polit. Eccles. parte 1. lib. 4. sect. 2. cap. 1. §. 1. nescio unde, vocat Pontium Paulinum, cum constet Pontium Paulinum σύγχρονον fuisse Sulpitio Severo.

Pag. 201. PHILASTRIVS ipse

ipse hæresi LXIII dicit, *Inde à Domino usque nunc anni* CCCCXXX; ut vulgo quidem legitur. Sed levicula mutatione rescribo, CCCLXXX.] Philastrius hic ea computatione usus videtur, qua Marcellus Ancyranus, quando dicebat Dominum ante quadringentos annos initium regnandi accepisse; & qua episcopi Concilii Antiocheni VIII habiti circiter a. 348. cum dicunt, Christum ante quadringentos totos annos incarnatum, vel (secundum lectionem Athanasii lib. de Synodis Arim. & Seleuc.) non totos annos quadringentos effluxisse à Christi incarnatione. Eadem quoque ratione videtur Florus dicere, à principatu Augusti ad sua usque tempora, i. e. Trajani Imp. esse non multo minus annos CC. Confer quæ annotabo ad *pag.* 741.

Pag. 205. Fuit autem Fl. Stilico Consul cum Aureliano anno Christi CCCC: atque iterum cum Anthemio anno CCCCV. Alterutrum in annum incidit VIGILII Tridentini martyrium.] Nempe in a. 400.

Ibid. In hunc errorem eos impulit, quod VIGILII martyris esse arbitrarentur quinque *libros illos*,

qui

qui pro Chalcedonenſi concilio ſcripti fuere adverſus Eutychem. —— Imo nec illud certò dicere poſſumus, hunc etiam VIGILIVM epiſcopum fuiſſe Tridentinum. Fortaſſe enim librarii, cum non alium noſſent Vigilium, quam Tridentinum epiſcopum, hoc dignitatis nomen adjecerunt.] Quinque libros adverſus Eutychem demonſtravit Chiffletius eſſe Vigilii epiſcopi Tapſenſis Africani.

Pag. 207. Videtur & hic locus deberi B. HIERONYMI libro de locis hebraïcis, ut qui ad terrarum hiſtoriam pertineat. Sed nec iſte Hieronymi eſt: ut cujus mentio fiat, ubi agit de Smyrna.] Hieronymus duntaxat latine vertit Euſebii Cæſarienſis librum de locis hebraïcis. Cæterum tractatus, in quo Hieronymi mentio, nec agit de locis hebraïcis, nec pertinet ad librum de locis hebraïcis. Tribuunt quoque Florentinius & Dacherius to. 4 Spicilegii veter. ſcriptor. Hieronymo martyrologium.

Pag. 208. *RVFINVM presbyterum ſanctæ Melaniæ, ſpiritali via comitem.*] Licet locus hic in Pontii Paullini epistola 9 ad Sulpitium Severum ita legatur, ut Vossius eum allegat, tamen potius ita distinguendum arbitror: *Rufinum presbyterum, sanctæ Melaniæ spiritali via comitem.* Nam & Melaniam Hierosolymam navigasse, & Ruffinum in illis partibus aliquando fuisse constat. Imò clarius docetur Ruffinum Melaniæ comitem fuisse in itinere sacro, ex Hieronymi epist. 5 ad Florentium, ubi ait: *Quia frater Ruffinus, qui cum sancta Melania ab Ægypto Hierosolymam venisse narratur,* &c. Porrò constat ex Hieronymo, Ruffinum Nitriæ in Ægypto fuisse. Neque tum viventis presbyter credendus Ruffinus, (qui presbyter erat ecclesiæ Aquilegiensis,) more nondum solito, quo nunc Cardinales ecclesiæ Romanæ presbyteri à multis sanctorum, sanctarumque titulis denominantur.

Pag. 209. SEVERVS SVLPITIVS,] Sirmondus contendit nomen proprium postponendum, & legendum *Sulpitius Severus.*

Pag. 210. PAVLLINVS AQVITANICVS.] Paullinus hic est ille Pontius Paullinus, qui scripsit ad Sulpitium Severum, quique etiam dicitur Paullinus Nolanus: ipse epist. 4 se vocat Meropium Paulinum.

Pag

Pag. 212. Non meminit Gennadius PAULLINI AQUITANICI quatuor librorum de vita B. Martini.] Libros sex metricos de vita Martini sub nomine Paullini hujus edidit Franc. Juretus, dedicatos à Paullino Perpetuo episcopo Turonensi. Alius ab hoc Paullino est *Benedictus Paullinus Petrocoriensis*, qui circa a. 466 scripsit, & Perpetuo episcopo Turonensi dedicavit poëma suum de miraculis dicti Martini, quod edidisse Fr. Juretum referunt Sammarthani. Daumius epist. 89 ad Reinesium recte arbitratur libros istos esse hujus *Benedicti Paullini*, minime verò *Paullini Nolani*. Nam non solum tacent de eodem opere scriptores Benedicto Paullino antiquiores, pauloque recentiores, adeò ut primi, qui id Paullino Nolano adscripserint, sint Venantius Fortunatus, Gregoriusque Turonensis, plusquam toto seculo Benedicto Paullino juniores; sed & constat episcopum Turonensem Perpetuum non paullo post Paullinum Nolanum vixisse, qui obiit a. 431. Perpetuo triginta annis pòst episcopo constituto, & mortuo a. 493.

Ibid. Martyrium quoque scripsit S. Genesi Arelatensis episcopi:] S. Genesius martyr Arelatensis, non fuit episcopus dictæ urbis. imò nullus unquam fuit

fuit Arelatensis episcopus dictus Genesius.

Pag. 213. Q. JVLIVS HI-LARIO de mundi duratione libellum scripsit.] Is de cursu temporum dicitur in MS. Ambrasiano. Vide *pag.* 756. Nomen *Quinti* suspicor potius esse numerum libri inter collectiones chronologicas.

Ibid. B. AVRELIVS AVGVSTINVS.] Scripsit etiam librum de gestis Palæstinis contra Pelagium. Cujus operis quidem ipse Augustinus meminit lib. 2. contra Pelagium & Celestium, de peccato orig. c. 14. vocans id *de gestis Palæstinis*, quo titulo etiam utitur Prosper sub finem operis contra Collatorem: licet Possidius in Indiculo nuncupet *contra gesta Pelagii.* Bellarminus lib. de script. eccl. de eo: *Liber de gestis contra Pelagium non extat in tomis S. Augustini, sed eum addidimus, quia nuper inventus, & typis mandatus est.* Audiamus autem quid de eo scribat Augustinus ipse. Ille itaque lib. 2. Retractat. cap. 47. *Per idem tempus,* inquit, *in Oriente, hoc est in Syria Palæstinæ, Pelagius à quibusdam catholicis patribus ad episcopalia gesta perductus, eisque absentibus, qui de isto libellum dederant, quoniam ad diem synodi non potuerunt occurrere, ab episcopis XIV auditus est, ubi cum dogmata ipsa damnantem, quæ inimicæ gratiæ Dei adversus eum de libello legebantur, catholicum pronunciaverunt. Sed cum in manus nostras eadem gesta venissent, scripsi de his librum, ne illo velut absoluto, eadem quoque dogmata putarentur judices approbasse, quæ ille nisi damnasset, nullo modo ab eis nisi damnatus exisset. Hic liber sic incipit. Posteaquam in manus vestras.* Sed hoc opus ex numero historicorum more Vossii omittendum est, quanquam non video, cur scriptores *Conciliorum, Actorumque* seu *Gestorum Synodalium* minus nomen historicorum mereantur, quam qui scripsere *itineraria, vitas,* imò *miracula* ac *translationes sanctorum singulorum*, quique edidere *descriptiones quarundam regionum potissimum geographicas*, principumque *genealogias*, & *martyrologia*, &c.

Pag. 214. à Lamprio, episcopo Barcinonensi.] Hic forsan est, qui Hieronymo Paulli dicitur *Olympius*: aliis *Lampadius*.

Pag. 216. Hormesta OROSII] al. *Ormesta*, quam vocem Bonifacius cap. 31. de script. Rom. histor. vult depravatam ex *Orbis moestitia*, vel potius ex *Or. m. ista*, i. e. *Orosii Mundi historia*. Stephanus Vinandus Pighius Herc. Prodicio, seu hist. de Carolo Friderico, hærede ducatus Cliviensis, appellat *Orchestram Mundi*. Ita etiam appellari vult A. S. Peregrinus in Bibliotheca Hispanica.

Pag. 217. *de miseria hominum :*] *de cladibus & miseriis antiquorum*, titulus est in compluribus MSis. Est quoque in Biblioth. Viennensi Vita Terentii MSa per Fr. Petrarcham & Paullum Orosium.

Post. Sæpius etiam vulgares sectatur opiniones, quàm historicum.] Addendum puto *decet*: ut sensus constet.

Pag. 222. CLAVDIVS RVTILIVS,] Non alius is est à *Rutilio Claudio Numatiano*, de quo Vossius *pag.* 745.

Pag. 223. Sub Valentiniano III quoque claruit CONSTANTINVS episcopus, qui B. Germani vitam contexuit,] Constantius ille (ita enim vocatur ab Isidoro loco à Vossio allegato) non fuit episcopus, sed presbyter Lugdunensis : estque autor recentior : scripsit enim vitam S. Germani, anno ferme quadragesimo post decessum S. Germani, impulsu vel precibus S. Patientis episcopi Lugdunensis, qui obiit a. 491. Hanc vitam dedicavit Constantius Censurio episcopo Antissiodorensi, quarto (ut ait Hericus) post S. Germanum. Vnde etiam liquet, vitam istam exaratam fuisse post quadraginta quatuor annos à decessu Germani. Post Germanum enim sedes vacavit annos quatuor. Deinde sedit

Alo-

Alodius annos 30. mensem 1. dies 12. pòst sedes vacavit annos 10. exinde sedit Fraternus diem 1. cui successit Censurius. Hinc simul elucescit Sammarthanos in Gallia Christiana errare, quando ajunt Germanum obiisse a. 448. citius enim obiisse necesse est, si conscriptio vitæ ejus, ut certum est, ad tempora Patientis episcopi Lugdunensis referenda, & si, ut iidem tradunt, Patiens periit a. 491. Nisi forte cum Herico dicendum, quod & omnium verisimillimum est, *Germano rebus exempto humanis, in episcopatum suffectum Alodium triginta ferme annis Pontificatus sui functionem explevisse.* ut quadraginta plus minus annis à decessu S. Germani vitam ejus exaratam dicere liceat. Et quamvis Hericus in fine operis sui prosaïci de vita & miraculis S. Germani, referat Alaudium sedi suæ præfuisse annos 30 mensem 1. dies 12. illud tamen huic sententiæ, quæ certissima est, nihil obstat, dummodo tollamus annos quatuor suppositi interstitii inter S. Germanum & Alaudium, quorum apud Hericum nulla mentio.

Pag. 224. Obiit autem B. Germanus anno CCCCXXXV.] secundum Sammarthanos a. 448. penes quos fides esto.

Ibid. Oxonii in Bibliotheca Bodlejana est quoque liber MSus de translatione & miraculis ejusdem Ger-

Germani.] Qui est ille conscriptus autore Herico monacho Autissiodorensi, regnante Carolo Calvo, post a. 873. exaravit enim dictus Hericus libros de vita, miraculis & translatione S. Germani, oratione soluta.

Mox. At quatuor seculis pòst, temporibus nempe Caroli Crassi, quinque id libris fecit Hericus Altissiodorensis: de quo suo loco dicemus.] Potius Caroli Calvi temporibus, ut dicam ad *pag.* 332. Sed nihil illo loco de Herici libris quinque metricis vitæ S. Germani, quos scripsit. Videntur itaque hæc Vossii verba ad præcedentem Constantium pertinentia, per errorem gravissimum esse trajecta in VRANIVM. Vide porrò quæ annotabo ad *pag.* 332. & 749. de errore hic & *pag.* 749. in numero librorum metricorum Herici commisso.

Pòst. S. R. E. presbyter Cardinalis,] Ex his verbis mihi subolet scriptorem illum esse juniorem, & alium à PETRONIO Bononiensi, de quo hic agitur.

Pag. 227. EUCHERIUS Thebæorum passionem prosâ conscripsit.] Inter al. descripsit vitam S. Mauritii Legionis Primicerii. Postea Thebæorum passionem descripsit metricè Marbodus, & post Marbodum Sigebertus Gemblacensis carmine heroïco.

Pag. 228. Ex Chronicis istis B. PROSPERI AQVITANI nunc pars solum extat, ab obitu Valentis, qui incidit in annum Chr. CCCLXXIX, usque ad Valentianum (*leg.* Valentinianum) VI. & Nonium, Coss. hoc est Chr. An. CCCCXLVII.] Imò Prosperi chronicon integrum edidit Labbeus tomo 1. sect. 1. Novæ Bibl. MSSorum. Prima pars ab ortu mundi pertingit usque ad mortem Valentis Imp. cui additum est auctarium de variis hæresibus, nec non diversæ lectiones ex quibusdam libris MSSis collectæ. Pars altera, dicta vulgo Consularis, ab anno Christi 379. ad a. 455. quo Roma capta à Genserico Vandalorum Rege, auctior, emendatiorque Labbeo edente prodiit. Porrò edidit idem Labbeus aliud ejusdem, alteriusvé Prosperi chronicon, quod non per Consules, sed per annotatos in margine Imperatorum annos procedit, emendatius etiam editione Pithœana.

Pag. 230. Leo Imper. obiit anno Christi CCCCLXX.] Secundum Onuphrium Panvinium a. 474.

Pag. 231. Galliciæ concilium, quod Leo papa exoptat, celebratum non

non multò post fuit : puta anno CCCCXLVII, annis XXXIV ante Leonis imp. annum octavum, in quo desiit Chronicon IDACII.] Ego nulla ratione perspicere valeo, annum Christi 447 esse trigesimum quartum ante annum octavum Leonis Imp. imo vix mediam partem istorum annorum æquat interstitium, quod est inter annum 447, & annum octavum Leonis Imp. Quid? quod ab ultimo die sedis Xysti decessoris Leonis Pontificis, usque ad imperium Zenonis successoris Leonis Imp. non toti intersint anni triginta quatuor. Adeo ut frustra sint verba V. Cl. sequentia : *Non hoc tantum est intervallum, ut scrupulum ulli injicere debeat; quandoquidem Idacius, ut de eo prodit Isidorus*, ultima pene senectute *deceßit.*

Ibid. Præterea scripsit IDACIVS Fastos Consulares à 3ratu & Tarquinio, usque ad alterum Consulatum Athenii (*leg.* Anthemii) Augusti. Sed ex iis fastis partem magnam, quæ & ipsa in MSo extabat, in editione sua præteriit Sirmondus :] Integros deinde edidit Labbeus tomo 1. sect. 1. Novæ Bibl. MSSorum: nempe à Coss. primis, Bruto & Collatino, usque ad alterum Consulatum Anthemii Augusti.

Pag.

Pag. 232. **S. VICTOR VTI-CENSIS**, episcopus Africanus,] Chiffletio Victor Vitensis.

Reliquit libros tres de persecutione Vandalica, quæ B. Augustini ætate, in Africa fuit sub Genserico, & Hunerico, Vandalorum regibus.] Imò post Augustini potissimum ætatem.

Pag. 234. Monasterii Lirinensis post Honoratum Hilarius, post Hilarium Maximus, post eum **FAUSTUS** abbas fuit.] Sammarthani sequentem statuunt ordinem abbatum Lerinensium: 1. S. Caprasius, 2. S. Honoratus, 3. S. Maximus, 4. S. Faustus. At ipsi tum sub archiepiscopis Arelatensibus, tum sub episcopis Reiensibus, ex Fausto dicunt Honoratum fundatorem cœnobii Lerinensis, circa a. 375. deinde etiam sub abbatibus Lerinensibus scribunt Caprasium obiisse anno 430, Cal. Junii, at Honoratum ajunt obdormivisse sub a. 429, die Januar. 16. Contra dicitur Honoratus duce S. Caprasio sene, conversus in monachum, vitandæ caussa humanæ laudis, versus Orientales partes iter arripuisse. Præterea & hoc argumento utuntur Sammarthani pro Caprasio, quod Eucherius Lugdunensis libro de laude Eremi, quem scri-

scripsit ad Hilarium Arelatensem, successorem Honorati, dicat: *Hæc videlicet Lerinensis sancta insula, nunc possidet venerabilem gravitate Caprasium veteribus sanctis parem.* Hilarium ex catalogo abbatum Lerinensium excludunt, ut vidimus, & sub episcopis Rejensibus probant ex Eucherii libro de laude eremi, & Fausto, ac Dinamii vita Maximi, Maximo Honoratum post se moderamina monasterii commisisse; & tamen iidem sub archiepiscopis Arelatensibus Hilarium vocant abbatem olim & monachum cœnobii Lerinensis. Adeò omnia plena sunt contradictionis.

At Maximus abbas est creatus anno CCCCLXVI,] S. Caprasius obiit a. 430. Cal. Junii, & Honoratus episcopus Arelatensis creatus a. 426. obiit sub a. 429. die 16. Januar. & si Hilarius Honorato in episcopatu Arelatensi successit a. 429. & obiit a. 449. 5. Maji. porrò si Maximus episcopus Rejensis creatus a. 433. in episcopatu jam a. 462 successorem habuit Faustum, ut volunt Sammarthani, necesse est utique, non solum, Maximum diu ante a. 466 creatum fuisse abbatem, sed & eundem a. 462 jam fuisse defunctum.

Ibid. ENNODIVS episcopus Ticinensis, sive, ut nunc vocant, Papien-

piensis creatus est anno CCCCXC.]
Rectius Vghellus a. 511. neque nisi viginti duos annos natus erat Ennodius a. 490. Epiphanius enim episcopus Ticinensis simul cum Laurentio episcopo Mediolanensi legatione functus est ad Theodericum Regem Italiæ Ravennæ residentem: unde apparet solemniter sibi contradicere Vghellum, quando statuit Epiphanium obiisse a. 498. die 21. Januar. & Laurentium episcopum Mediolanensem adlectum circa annum Domini 500. 15. Augusti. Idem quoque Epiphanius a. 495. à Theoderico Veronensi, cum Victore Taurinensi episcopo, ad Gundobadum Regem Burgundionum legatus missus est. Pòst Epiphanii successor, Ennodii decessor Maximus decessit a. 511. die 8. mensis Januarij.

Eo autore extat vita Epiphanii, Ticinensis episcopi, cui successerat:] Non immediatè, medius enim inter utrumque fuit, ut vidimus, Maximus.

Pag. 235. Anastasio imperante claruit DINAMIVS patricius, qui B. Maximi, abbatis Lirinensis, posteaque episcopi Rhegiensis, vitam tradidit: atque illam dedicavit Vrbico, qui in episcopatu Rhegiensi successerat Fausto.] Quia Vrbicus in episcopatu

patu Reiensi duobus mediantibus successit Fausto II. non I. ut supponit Vir eruditissimus, utique Dinamius scriptor recentior est. Vrbicus enim post a. 573 creatus fuit episcopus Regiensis, quorum episcoporum seriem hanc statuunt Sammarthani: 1. S. Prosper, qui tamen videtur potius Regii Lepidi episcopus fuisse. 2. S. Maximus, 3. Faustus I. 4. Contumeliosus, 5. Faustus II. a. 549. 6. Emeterius, 7. Claudianus a. 573. 8. Vrbicus a. 584 & 585. Quinetiam hac ætate Dinamium juniorem esse oporteret, si verum esset, quod D. Vossius statim addit, Dinamium nimirum vitam signâsse Marii Bobiensis abbatis: constat enim coenobium Bobiense demum fundatore Columbano primo abbate, fuisse extructum Rege Longobard. Agilulpho, qui regnare coepit a. 588. Sammarthani a. 614 scribunt monasterium Bobiense fundatum: idem contigisse scribitur Rege Francorum Theoderico. Videtur tamen ante annum quartum Gregorii Magni Pont. Rom. i. e. ante a. 594 conditum.

Etiam Marii Bobiensis vitam signasse, ostendit his verbis Sigebertus in catal. cap. CXV. *Dinamius, vir illustris ac patricius, scripsit plenam virtutibus vitam S. Marii, qui fuit abbas Bobacensis coenobii.*] Nullus unquam Bobien-

biensis coenobii in Italia abbas dictus fuit Marius, neque si fuisset, ejus vitam scribere potuisset Dinamius coenobio Bobiensi, ut jam vidimus, vetustior. Nec in tota Gallia, Italiaque invenio aliam *Pobacensem* abbatiam. Bollandus ait fuisse abbatem *Bodanensem*, dioeceseos olim Sistaricensis, in provincia Narbonensi secunda, seu Viennensi tertia. Quod si verum, non temere Saussayus Gallicano martyrologio hunc Marium ad d. 27. Januar. inseruit.

Pag. 236. EVGIPIVS corruptius Philippo Bergomati Egesippus nominatur: quem errorem Platina & Sabellicus sequuntur.] Non potuit Platina antiquior sequi Philippum Bergomatem recentiorem. Correctius ergò legatur: *Eugipius corruptius Platinæ Egesippus nominatur: quem errorem Philippus Bergomas & Sabellicus sequuntur.*

Pag. 237. DATIVS, sive DACIVS, Chronici scriptor, episcopus Mediolanensis: qui sub Justino Imp. seniore vixit.] Chronica Datii dicta non sunt hujus autoris, sed longe junioris, ceu qui non potuerit vixisse ante seculum undecimum, cum in illis dicatur Arnulphus archiepiscopus Mediolanensis ab Imp. Otthone Constantinopolim missus. Quamobrem

sta

statuere cogimur relationes seu annales Datii allegatos ab Anastasio Biblioth. vita Sylverii, & Miscell. lib. 16. cap. 15. diversos esse à chronico dicto Datii, quod aliqui cum chronico Idacii confundunt.

Pag. 239. MARCELLINUS COMES] Hunc Sammarthani sub 16 archiep. Remensi, manus, ut credo, lapsu, *Ammianum Marcellinum* vocant.

Pag. 241. JORNANDES episcopus Ravennæ:] Nempe Gothorum, cui nullum inter episcopos Ravennates locum concedunt Rubeus & Vghellus. Ejus autem temporibus episcopi Ravennates, Victor, Maximianus, Agnellus, Petrus, Johannes III. agnoscuntur Rubeo, Vghello, Sigonio, Baronio, Onuphrio, Merulæ. A. 565 quoque archiepiscopum Ravennatem Vitalem nobis memorat Venantius Fortunatus, prædictis auctoribus ignotum.

Pag. 243. Cæsarius Arelatensis obiit anno IƆLIV.] Sammarthanis a. 543. quod omnino verius, imò & credibilius, siquidem Cæsarius jam a. 502 episcopus fuit. Et a. 554 jam fuit episcopus Arelatensis Sapaudus, qui successit Aureliano; Aurelianus Auxanio successori Cæsarii. Ipse Cyprianus, episcopus Tolonensis, Cæsarii discipulus, ejusque vitæ scriptor, excessit è vivis ante a. 549.

Pag. 245. usque annum obsessionis Badonici montis, novissimaeque ferme de furciferis non minimae stragis, quique quadragesimus quartus, ut novi, orditur annus, mense jam uno emenso: qui & meae nativitatis est.] Locus obscurus. In GILDÆ SAPIENTIS libro de excidio Britanniæ edito cùm in Orthodoxographis, tum in Biblioth. Patrum, locus hic legitur: *usque ad annum Badonici montis, novissimaeque ferme de furciferis non minimae stragis, qui & meae nativitatis est.* omissis verbis, *quique quadragesimus quartus, ut novi, orditur annus,* unde argumentum ætatis Gildæ petit Vir Clarissimus.

Pag. 249. Satis liquet GILDAM superfuisse etiamnum anno IƆLXXXI.] Quo secundum Vossium fuerit 88 annorum.

Ac posterius hoc non male convenit cum sententia Polydori Virgilii, Joannis Balæi, & Gesneri, qui epistolæ illius scriptorem floruisse ajunt anno IƆLXXX.] Imò omnibus his trecentis annis antiquior Radulphus de Diceto, memorat Gildam scripsisse a. 581. Peculiaris est sententia Blondelli, qui tract. de Joanna

Papissa, scribit Gildam Badonicum natum a. 520. scripsisse librum de excidio Britanniæ, clerique objurgatione a. 564. & a. 570 quinquagenarium decessisse: quæ singula unde habeat, fateor me ignorare

Pag. 251. VENANTIVS HONORIVS CLEMENTIANVS FORTVNATVS perscripsit vitam S. Medardi, quam offendes apud Surium T. III. die VIII. Jun.] Genuinam vitam S. Medardi autore Fortunato conscriptam, edidit demum Dacherius to. 8. Spicilegii. Nam quæ edita est apud Surium, Fortunati, qui obiit a. 590. esse nequit, quandoquidem in ea mentio est Warimberti, qui demum toto seculo pòst evasit episcopus Suessionensis. Neque omnino Fortunatus scribere potuisset vitam Medardi, si Medardus vixisset a. 623. ut Sammarthani volunt, sub episcopis Tornacensibus, quem toto seculo antiquiorem meritò statuunt sub Noviomensibus.

Pag. 252. Ejusdem videtur esse vita S. Amantii episcopi Ruthenensis, quæ est apud Surium T. VI. IV. Novembr.] Sed mutila, interpolata & inversa. integram edidit Labbeus To. 2. Bibl. Novæ MSS. sect. 3.

Pag. 253. GREGORIVS TVRO-

RONENSIS Patrem habuit Florentium & Armentariam,] Pro *Patrem* repone *Parentes*: vel lege, *Patrem habuit Florentium, matrem Armentariam.*

Patruum Gallum episcopum] Arvernensem: qui episcopi nunc Claromontani dicuntur.

in episcopatu Turonensi ordinante Ægidio Rhemense, successit Euphronio: quod anno contigit IƆLXXII: ut ad eum annum Matthæus Westmonasteriensis annotavit: Sed ipsum potius audiamus Turonensem de miraculis S. Martini cap. 1. *Anno CLXXII post transitum S. Martini Antistitis, Sigeberto, gloriosissimo Rege XII anno regnante, post excessum S. Euphronii episcopi, onus episcopale suscepi.* Obiit autem S. Martinus anno IƆLXII. Eoque Turonensem episcopatum adeptus sit Gregorius triennio post, quam tradidit Westmonasteriensis.] Pro IƆLXII repone CCCCIII, ut annis IƆLXXII additis, habeas IƆLXXV, quod est triennium post annum IƆLXXII, quem statuit Westmonasteriensis.

B   Sed

Sed Martinus periisse dicitur anno secundo Arcadii & Honorii, vel certius Arcadio & Cæsario Coss. i. e. a. 398. quibus si addas 172, habebis 570. At non magis conciliari potest annus 172 post transitum Martini, cum 12 regni Sigeberti, quàm annus 570 cum anno 575, quo anno, i. e. 12. regni Sigeberti, Gregorium honorem episcopalem suscepisse arbitror, adeoque mendum subesse in annis Martini. Nam & ex annis sedis, seu regiminis antecessorum Gregorii à Briccio, (qui fuit successor Martini) usque ad ultimum Euphronii decessoris Gregorii, in unum collectis, liquet Gregorium non præfuisse suæ ecclesiæ ante a. 575. Hoc confirmatur, quia annus 595, i. e. Guntchramni 31, Childeberti junioris 19, & Gregorii Romani 5, fuit Gregorii Turonensis 21, currens nimirum, ut arbitror. Historia Francorum hujus autoris emendatius edita est ab Andrea Quercetano (vulgò *du Chesne*) to. 1. laudatissimi operis, historiæ Francorum scriptorum. Venetiis in Bibl. S. Anton. extat quoque sub ejus nomine liber *de transitu S. Martini*. Cui eum videre datur, conferat cum libris quatuor de virtutibus S. Martini, qui sunt 3, 4, 5, 6, operis de gloria Confessorum.

Pag. 255. Ad eadem tempora à Suffrido Petri in Chronologia ad oram addita, à Sigeberto refertur RADVL-

RADULPHUS,] leg. à *Sigeberto & Suffrido Petri in Chronol. ad oram addita*; vel, à *Suffrido Petri in Chronologia ad oram addita in Sigeberto*. Collocanda etiam verba *Ad eadem tempora* à capite lineæ.

Quem & ipsum Sigebertus historiam Francorum scripsisse ait:] Nullus dubito quin hic sit *Radulphus Flaviacensis*, quem Vossius *pag.* 339. ait reliquisse *historiam Francorum*.

Ibid. CLODOVEI annus ultimus, Christi erat non quidem IↃCIV, ut est apud Simlerum, sed IↃLXIV; ut temporum ratio claré evincit.] Ego miror, quæ, qualis, quanta sit illa temporum ratio. Propius sanè à vero abest, si abest, Simlerus, quàm Vossius, licet non constet certò, quo anno Clodoveus obierit: alii enim non sine probabili ratione id accidisse ajunt a. 511. cui tamen sententiæ obstat, quod extat Synodi Aurelianensis epistola scripta ad Clodoveum, Imperante Justino seniore, & Hormisda Pontifice Rom. unde sequitur Clodoveum non obiisse ante a. 518. Sed quicquid hac de re sit, id interea manifestum est, Vossium commisisse errorem 46 minimum annorum. Videtur Clotharium Clodovei filium in mente habuisse, ille enim obiit a. 564. Error certe typographicus esse ne-

nequit, quia Vossius HVNIBALDVM, eo quod is tempore Clodovei vixerit, & usque ad Clodovei annum ultimum historiam suam perduxerit, Gregorio Turonensi postponit, & in Justiniani secundi tempora rejicit. Lapsus memoriæ est, quia secundum ipsius Vossii calculum Clodoveus perierit a. 515, quando hæc ejus *pag.* 731 sunt verba: *Clodoveus Francis imperare cœpit anno Ch.* 485. *ac rexit annis* 30.

Pag. 256. Justini quoque ac Tiberii Anicii temporibus is fuit, qui S. Domnoli, Cenomanensis episcopi vitam, jussu Haduini præsulis, conscripsit.] Sed Hadoindus ille episcopus Cenomanensis non mortuus est ante a. 650.

Ibid. Germanus Parisiensis episcopus obiit anno IƆLXXIX.] Secundum Sammarthanos a. 576.

Post. Austregisilus archiepiscopus Bituricensis obiit circa annum IƆLXXXI. Vide quæ in epitome sanctorum Haræus annotavit ad Sulpitii & Austregisili vitas. Magis enim ea probantur, quàm quæ Baronius de obitus ejus tempore retulit ad annum Chr. IƆCXI.] Anonymus auctor in Patriartriarchio Bituricensi refert Austregisilum decessisse è vivis a. 628. Sammarthani anno sequente.

Pag. 259. S. Marini presbyteri, insulæ Lirinensis abbatis.] Hic non agnoscitur in catalogo abbatum Lerinensium; & forsan tantum presbyter Lerinensis suit. Sicut Vincentius, qui mortuus ante a. 450. Theodosio & Valentiniano regnantibus, non abbas Lirinensis dicitur Gennadio Massiliensi in catal. virorum illustrium, sed apud monasterium in Lirinensi insula presbyter, cujus tempore abbas Lirinensis fuisse videtur Faustus: & tempore Marini Stephanus.

At S. Marinus, ut ex vita ejus vidimus, fuit tempore Childerici Francorum Regis, Clotharii filii, cum Imperator foret Tiberius.] Pro *Childerici* substituendum dubio procul *Chilperici*. Est enim Chilperici regno cum imperio Tiberii synchronismus; at Childericus ante patrem, i. e. ante a. 564. obierat.

Quare sub Tiberio hoc, vel successore ejus Mauritio, claruerit vitæ S. Eugendi scriptor.] Cur sine necessitate adeo protrahatur vita hujus autoris, inprimis usque ad Mauritii Imp. tempora, cum constet eum fuisse discipulum S. Eugendi,

abba-

abbatis Jurensis, qui defunctus est a. 521. cumque etiam ante Tiberii imperium duodecim annis jam fuerit Rex Francorum Chilpericus: ut minime necesse sit istius scriptoris vitam producere ultra a. 564.

Ibid. ELVODVGVS PROBVS,] In contentis hujus capitis dicitur *Elvonius Probus*.

Pag. 261. qui vitam tradidit S. Arnulphi, Metensis episcopi:] Extat & in Bibl. Cæsarea MS. Genealogia S. Arnulfi episcopi Metensis, diversa ab ea, quam primus in lucem dedit Pithœus inter antiquos rerum Francicarum annales. Item alia diversa ab utraque, cujus editionem pollicetur Lambecius.

Pag. 262. MAXIMVS, Cæsaraugustanæ civitatis episcopus, *historiolam de his, quæ temporibus Gothorum in Hispania acta sunt, historico, & composito sermone, scripsit:* ut ait Isidorus in catal. Meminit & Tritthemius, qui librum eum appellat *insigne volumen; & opus amœnum, de gestis Gotthorum in Hispaniis.* Intercidisse arbitratur Vasæus. Mihi quidem hactenus est invisum,] Marcus Ma-

Maximus episcopus Cæsaraugustanus, Fl. Lucii Dextri chronicon, ab anno Christi 430, ubi Dexter desinit, usque ad a. 612 continuavit. Primus continuationem hanc unà cum additionibus S. Braulionis, Helecæ, Tajonis, & Valderedi, Cæsaraugustanorum itidem episcoporum, in lucem vindicavit idem, cui & chronici Dextri editionem debemus, Franciscus Bivarius. Accessit S. Joannes cognomento Panygua ab oblivione vindicatus. Madriti. a. 1650. Observavit hæc Visch in Bibliotheca Cisterciensi. Hac autem occasione monendum Maximo in episcopatu successisse Joannem, S. Braulionem, Tajonem, Balderedum, Bentium, Seniorem, Helecam, seu potius Helecanem. Gothica enim nomina propria virorum desinentia in *a*, in Genitivo *a* mutant in *anis*.

Ibid. Paullus Longobardus lib. III. de gestis Longob. cap. XXIX. *Tantaque ibi strages facta est de Francorum exercitu, quanta nusquam alibi memoratur. Mirandum sanè est, cur Secundus, qui aliqua de Longobardorum gestis scripsit, hanc tantum eorum victoriam præterierit, cum hac, quæ præmisimus de Francorum interitu, in eorum historia iisdem ipsis pene verbis*

exa-

exarata legantur.] Nimirum in Gregorii Turonensis historia Francorum lib. 1x. cap. 25.

Pag. 263. ISIDORVS HISPALENSIS episcopus per annos fuit XL.] Non tamen continuos: medius namque cursus interrumpebatur, ipso Isidoro a. 616. sede sua pulso, & Gordiano per Arianos substituto, anno tamen sequente sedi suæ restituto dicto Isidoro: ut refert Luitprandus Chron. Higuera in illud notis, & ego ex illis lib. 3. Enucleatæ historiæ ecclesiasticæ, seu historiæ Arianorum, Seculo VII.

Pag. 264. Chronicon descripsit Isidorus ab initio mundi usque ad quinctum annum Suinthilani Regis, qui Christi fuit IƆCXXXVI. — Condidit quoque historiam de origine Gothorum, regno Suevorum, & Wandalorum.] Labbeus tomo 1. Bibl. Novæ MSS. sect. 1. Chronica Gothorum, Wandalorum, Suevorum, prioribus editionibus longe auctiora & emendatiora edidit.

Adhæc Sigebertus prodit egisse *de ortu, vita & obitu sanctorum Patrum, qui in scripturis laudibus efferuntur.*] Opus hoc supposititium censet Baronius

ronius ann. 816. & Not. ad Martyrol. Rom. Labbeus Difsert. de Script. Ecclef. non quidem fuppofititium arbitratur, fed ab aliquo interpolatore corruptum. Quæ autem Lambecii hac de re fit fententia, aperiet, ut promittit, peculiari difsertatione.

Pag. 267. Robertum, Parifiorum epifcopum,] alias Chrodobertus, vel Rodobertus idem dicitur.

Pag. 268. Julianus Pomerius,] Vide quæ de eo dicam ad *pag.* 271.

Ibid. JONAS patria Scotus, (nam perperam Anglum, vel Hibernum fuiffe putavit Bellarminus)] Aubertus Miræus contendit Italum fuiffe.

Abbas congregationis Luxovienfis.] In vita S. Walerici abbatis Jonas fimpliciter abbas dicitur: at non fuit abbas Luxovienfis, imò nec Bobienfis. Aubertus Miræus mox Bobienfem, mox Luxovienfem abbatem vocat, additque Attalæ in regimine Luxovienfis monafterii fucceffiffe; fed nec ipfe Attala fuit abbas Luxovienfis, fed Bobienfis, cui fucceffit S. Bertulfus referente eodem Jona. Quamobrem non abs re effe videtur, quod Sammarthani fub 28 epifc. Genev. hunc Jonam, monachum tantum vocant. Scripfit is quoque, precante Hunna, Reomaenfi abbate, S. Columbani difcipulo, vitam S. Joannis

nis abbatis primi, & institutoris monasterii Reomaensis, dioeceseos Lingonensis, quam Lutetiæ a. 1635 notis illustratam edidit Petrus Roverius Jesuita.

Pag. 270. BAVDEMVNDVS.] aliis Bandemundus, minus recte, ut videtur.

factus abbas tertius Blandiniensis anno IƆCLVII.] factus abbas quartus Blandiniensis a. 658. præcessere enim 1. S. Amandus 610--618. 2. Flotbertus 618.--639 3. Joannes I. 639--658.

Tertio abinde anno decessit S. Amandus] a. 661.

Pag. 271. JVLIANI Archiepiscopi Toletani historiam de Paulli, ducis Narbonensis, rebellione in Wambam, regem Gotthorum, vel lucem vidisse, vel propediem visuram, spero.] Edita illa est ab Andrea du Chesne to. 1. Corp. hist. Franc. ex MSo coenobii Moissiacensis.

Ibid. Hinc liquet, Julianum archiepiscopum Toletanum, (qui obiit anno IƆCXC, & posteris prodidit vitam S. Hildephonsi,) male confundi cum Juliano Pomerio, qui (ut ex Ennodio Ticinensi constat) circa annum

num vixit quadringentesimum nonagesimum: nempe annis ducentis ante hunc Julianum Toletanum, qui & Pomerii illius meminit non semel in prognostico suo futuri seculi.] Male ergò etiam confunduntur hi Juliani ab ipso Vossio, ubi *pag.* 268 scribit: *Illis autem viris illustribus, quos descripserat Hildephonsus, Hildephonsum ipsum adjecit Iulianus Pomerius; Iulianum autem Felix, uterque archiepiscopus Toletanus.* item: *Quæ ex Vaticano codice hausit Baronius, ea ipsa sunt quæ Iulianum Hildephonso addidisse dicebamus. Sane aut Iuliani Pomerii sunt, aut juxta codices alios, Felicis.*

Pag. 273. Justiniani junioris tempore ille etiam fuit, qui vitam scripsit S. Boniti, Arvernorum episcopi. Nam æqualem ejus fuisse non unus in ea vita locus arguit: item quod fuerit scripta postulato Adelphii.] Ex eo ipso liquet autorem esse aliquantò recentiorem. Adelphius namque ille abbas monasterii Magnilocensis, diœcesis Claromontensis, vixit tempore Proculi episcopi Arvernorum, qui successit Bubo, Bubus Nordeberto, Nordebertus Bonito. Adelphius enim à Proculo Lugdunum missus ab istius urbis præsule Fulcoado obtinuit corpus B. Boniti, quod ab ejus decessore Godino minime obtineri potuerat, ut memoriæ prodidit author vitæ S. Boniti, quam ex MSo edidit Andreas Duchesnius to. 1. hist. Franc. & Bollandus sanct. mense Januar.

Nomen scriptoris non exprimitur: sed Surius testatur, in prologo se reperisse, ILLIDIVM & GALLVM, Arvernorum episcopos, ac confessores, luculento stylo Boniti vitam consignasse.] Impossibile est *Illidium & Gallum* scripsisse vitam Boniti. Bonitus enim interiit a. 709. Illidius a. 385. Gallus I a. 550. at juxta Savaronem a. 562. Gallus II vivebat circa a. 649. Nec ullus nomine vel Illidius, vel Gallus Arvernensi cathedræ post Bonitum præfuisse legitur. Fateor tamen præfationem rectè à Surio allegatam.

Pag. 275. EVLOGIVS martyrium scripsit æqualium suorum, Georgii Diaconi, Aurelii, Felicis, Nataliæ, & Liliosæ: qui martyrium passi circa annum IƆCCXXV.] Sed hic autor plusquam toto seculo est recentior. Quod & ipse Vossius agnoscere tenetur, ex uno Eulogio duos nobis fabricans, quando ipse *pag.* 758 scribit: *Eulogius victuris chartis prodidit martyrium æqualium suorum, Georgii*
Dia-

Diaconi, Aurelii, Felicis, Nataliæ, & Liliosæ: qui martyrium sunt paßi, non quidem circa annum Christi I⊃CCXXV, ut Haræus tradidit in epitome sanctorum, sed anno I⊃CCCLII, ut recte docet Baronius ad eum annum.

Ibid. Obiit autem S. Hubertus anno I⊃CCXXXI.] Aliis a. 730. d. 3. Nov. vel etiam a. 727. d. 20. Maji.

***Pag.* 276.** BEDA] Extat & sub ejus nomine martyrologium.

***Pag.* 279.** JONAS Fontanellensis monachus exaravit S. Vulfranni, Senonensis archiepiscopi, vitam,] Aliis dicitur Abbas Fontanellæ, seu S. Vandregisili, diœceseos Rothomagensis, in eremo quæ dicitur *Gemmeticus*, ut Sammarthanis, sed perperam. Vide *pag.* 462.

quam dedicavit Baino, præsuli Taruennensi.] Cum itaque Vulfrannus obierit secundum fratres Sammarthanos a. 740. al. 720. absurde dicunt iidem Bainum excessisse è vivis a. 707. sub abbat. Fontanell, idque eo absurdius, quod ipsi sub episcop. Bolon. dicunt Bainum a. 729 Teruanam transtulisse corpus S. Vandregisili abbatis. Imo iidem sub archiep. Rothom. tradunt Ansbertum episcopum mortuum a. 695. post annos undecim, i. e. a. 706 Fontanella una

cum

cum SS. Vandregisilo & Vulfranno, à B. Baino translatum fuisse in basilicam S. Petri, quo tempore S. Vulfrannus adhuc in vivis erat. Autorem vitæ S. Wandregisili, quæ est apud Surium ad d. 22. Julii, Sammarthani secuti sunt. Ille vero sibi minime constat, quando ait Wandregisilum mortuum a. 665. anno 9 Vitaliani PP. & 11 Clotharii III. eundemque translatum a. 729. postquam 40 annos quievisset: cùm tamen inter annos 665 & 729, sexaginta quatuor intersint anni.

Pag. 280. Anno IƆCCXXX fuit VERVS episcopus, qui, ut Sigebertus inquit, *vitam Eutropii, episcopi Arausicæ Galliarum urbis, illustrem virtutibus ac miraculis, descripsit luculento sermone.*] Ducentis quinquaginta annis *Verus* hic est à nostra ætate remotior. Eutropius enim a. 467 fuit episcopus, eique successit *Verus* ille. At I. Frisius in Bibl. Philos. etiam triginta annis, quam Vossius vult, juniorem facit, quando ait: *Anno Domini* 760, *Constantino Copronymo Imperatore, Verus episcopus Hispalensis scripsit vitam Eutropii episcopi.*

Pag. 285. Aribo undevigesimus Moguntinorum archiepiscopus fuit;] Bruschio & Merssæo vigesimus primus: Sammarthanis vigesimus.

Pag.

Pag. 288. Possevinus seorsim agit *&c.*] Vide infra *pag.* 293.

Pag. 289. FLACCVS ALCVINVS edidit vitam Vedasti.] Eam Alcuinus emendavit tantum, non autem ipse composuit. Testatur enim hoc ipse in principio epistolæ ad Radonem abbatem monasterii S. Vedasti, (cujus rogatu eam emendavit,) his verbis: *Dilectionis vestræ venerabile præceptum secutus, vitam sancti Vedasti, Patris vestri & intercessoris nostri, emendare studui.* Vera autem & antiqua ejusdem vitæ, ab anonymo quodam autore multo ante, quam Rado in abbatem electus est, conscriptæ, Præfatio incipit his verbis: *Postquam Deus & Dominus noster Iesus Christus*, &c. pertingit autem inclusivè usque ad hæc verba: *quomodo opportunè ad ministerium verbi Dei pervenire voluisset.* Incipit deinde ipsa historia his verbis: *Contigit verò præfatum Francorum Regem Hlothoveum* &c. De cætero notandum est, Vitam illam in vetustissimo Codice MS Cæsareo divisam esse in novem capita sive lectiones, quibus totidem æque antiqua lemmata sive argumenta præfixa sunt. Quæ divisio cùm in Andreæ Quercetani editione omnino desit, ab illa autem, quæ in Joannis Bollandi & Godefridi Henschenii editione extat, valde discrepet, operæ pretium se facturum arbitratus est Lambecius, si eam unà cum jam
me-

memoratis antiquis lemmatibus publicaverit, lib. 2. de Bibl. Vienn. cap. 5. sect. 33.

Pag. 290. Idem scripsit vitam B. Richarii presbyteri.] Libellum de vita S. Richarii primi abbatis Centulensis rudi sermone digestum, per Alcuinum magistrum elucubrari curavit Angilbertus, Hymnosque & antiphonas super vita ipsius idem Alcuinus edidit: referentibus Sammarth. to. 4. Galliæ Christ. Erat Alcuinus abbas S. Martini Turon. & Cormeriac.

Pag. 291. Arichi Beneventano principe defuncto,] A. 787. quod addo ob ætatem ultimam PAVLLI WARNEFRIDI, qui Arichi demum defuncto monachus est factus Casinensis.

Pag. 293. S. LVDGERVS in Wirdino, seu Werthina, factus est primus episcopus ecclesiæ Mimigardevensis, seu Monasteriensis in Westphalia:] & primus abbas.

Pag. 294. Vitam LVDGERI scriptam à monachis S. Salvatoris Trajecti. item *Pag.* 288. Possevinus seorsim agit de Marcellino Brigantio Anglo, monacho S. Salvatoris Trajecti,] Marcellinus ipse se presbyterum vocat.

eat. Cæterum Bonifacius Trajecti inftituit S. Salvatoris Collegium Canonicorum : cujus membrum fub Friderico epifcopo Odulphus presbyter Canonicus S. Salvatoris dicitur.

Pag. 295. Baronius in Prolegom. *&c.*] Vide *pag.* 232.

Pag. 298. Quodfi fana eft lectio Flodoardi, quando ait TILPINVM XLVII anno epifcopatus obiiffe, novennio peccat Joannes Chenu Biturix libro de epifcopis Galliæ, qui epifcopum factum ait an. IƆCCLXXIII, atque obiiffe anno IƆCCCXI.] Longe gravius errant, fibique contradicunt Sammarthani, qui ajunt *Tilpinum* fato functum 3. Non. Sept. a. 789. epifcopatus 47 mo, & tamen Abelem decefforem ejus epifcopum creatum a. 744. ipfumque Tilpinum a. 773. Nec levior eft contradictio, cum dicunt Hadrianum Pontificem Romanum ab a. 772. creaffe Tilpinum archiepifcopum Remenfem, quem tamen probant ex Anaftafio vit. Stephani III. PP. (qui etiam fcripfit ad Tilpinum) decefforis Hadriani, interfuiffe cum duodecim epifcopis Galliæ Concilio Romano apud Bafilicam S. Salvatoris Lateranenfis celebrato a. 769. In epitaphio Tilpinus dicitur fedi fuæ præfuiffe amplius quadraginta annis, quod

epi-

epitaphium allegatur à Flodoardo, agnoscitque autorem Hincmarum tertium à Tilpino archiepiscopum Remensem, qua dignitate metropolitana etiam Tilpini decessores celebres fuere. In eodem epitaphio dicitur Tilpinus ex monacho S. Dionysii creatus præsul Remensis, quod ideo addo, ne quis suspicetur Tilpinum alteri cuidam sedi, ante Remensem, præfuisse. Evasit autem præsul postulante Carolo Magno, qui cœpit regnare a. 768.

Pag. 301. EGINARDVS gener Karoli M.] Res fabulosa, incerta. ac ejusdem Cancellarius: pòst monachus Benedictinus, atque abbas primus cœnobii Selgenstadiensis, seu Salingestadiensis SS. Marcellini & Petri.] Sammarthani distinguunt Eynardum Caroli Magni Cancellarium, & pòst Ludovici Pii Capellanum, ac decimum quintum abbatem S. Bavonis Gand. O. B. ab Eginardo, seu Ainardo abbate Blandiniensi (dioec. Gandav. O. B.) Zorobabele in chronico vocato, scriptore vitæ Caroli Magni. Contra verba ipsa fundationis monasterii Selgenstadensis sunt: *Heinardi Cancellarius Caroli Magni Imperatoris, vir egregiæ dignitatis, qui in puerili ætate cum eo nutritus fuerat, & miro ac ineffabili amore se dilexerant, cujus & consilio palatium*
tunc

tunc regium gubernabatur. Hic itaque Heinardus super Mogonem fluvium abbatiam insignem fundavit, et Selingstat appellavit, et de Roma sanctos Marcellinum et Petrum apportari fecit, et ibi eos collocavit, et eam abbatiam regno dimisit, et se, et dominam Immam uxorem suam, prædicti Caroli filiam, post mortem tumulari fecit.

Ibid. Hermannus Comes Neuenarius primus Eginardi editor, (a. 1521. Colon.) non institit antiquo Codici, quem habebat: sed in eo fuit, ut passim floridius loquentem induceret:] Falso hoc Neuenario à Marquardo Frehero imputari demonstravit amicus mihi olim dum viveret, Fridericus Besselius, vir eruditus, cujus opera post tot editiones denuo lucem vidit hæc vita Caroli Magni. Monet tamen Lambecius vetustissimum codicem MS Cæsareum vitæ Caroli M. autoris Eginardi, discrepare ab editionibus hactenus impressis.

reliquit librum unum de SS. Marcellino & Petro carmine.] Jambico.

Ajunt Eginardum & historiam scripsisse de gestis Germanorum & Francorum.] De gestis Germanorum historiam puto vocari, *de bellis Saxonicis*: at historiam Francorum, *Annales rerum gestarum Pipini, Caroli M. et Ludovici Pii* ab a. 741. usque ad a. 829.

incl. Petrus de Marca, illustrissimus & reverendissimus archiepiscopus Parisiensis, vir non solum eruditissimus, sed & de eruditis optime meritus egregiis, candidisque suis scriptis, Histor. Bearnii tomo 1. lib. 2. cap. 6. & 7. lib. 3. cap. 2. sect. 6. & lib. 8. cap. 1. sect. 6. passim allegat annales sub nomine Eginardi, ex a. 777. 778. 789. 806. 808. 810. 820. 821. 824. 826. quos à Pithœo editos Andreas Du Chesne Eginhardo vindicavit: ut dicam ad *pag.* 730. Dictos annales primò omnium edidit Hermannus à Nuenare Colon. Agripp. 4. 1521. una cum Eginardi vita Caroli Magni, quibus, inquam, annalibus præfixit editor sequentem inscriptionem: *Annales Regum Francorum, Pipini, Karoli, Ludovici, ab anno post Christum natum* IƆCCXLI. *usque ad* IƆCCCXXVIII. (pro quo numero ibidem mendosè impressum legitur LXXXVIII,) *collecti per quendam Benedictinæ religionis monachum, qui ipsas res gestas diligenter accurateque scriptis commendavit. At illius nomen quia hactenus nobis exploratum non fuit, Lectorem ad historiæ veritatem remittendum duximus, quæ authori vel incognito fidem facile impetrabit.* Secundò eos edidit Justus Reuberus in syntagmate veterum scriptorum rerum Germanicarum, Francof. a. 1584. fol. cum hoc titulo: *Annales regum Francorum Pipini, Caroli Magni & Ludovici, à quodam ejus ætatis astronomo, Ludovici Regis domestico, con-*
scri-

scripti. Tertiò Petrus Pithoeus. Quartò nostro seculo Andreas Quercetanus to. 2. Corp. Hist. Franc. Script. ubi eos Eginhardo vindicavit, quos & Petrus de Marca, ut dixi, sub nomine Eginhardi allegat, & Petrus Lambecius pro certo habet, Eginhardi opus esse, quia vitæ Caroli autoris Eginhardi adjunctos in Codice Viennensi invenit. (vide *pag.* 305.) In alio Codice MS Viennensi extant ejusdem Eginhardi *annales rerum gestarum Imp.* Ludovici Pii, ab a. 814. incl. usque ad a. 829. Vide Andr. du Chesne Hist. Scr. Franc. to. 2. Idem l. 2. Comm. de Bibl. Vind. Eginhardi opus esse credit quoddam autoris anonymi ibi editum Breviarium Chronologicum, ab Orbe condito, usque ad annum Christi 809. quod dicitur Abbreviatio Chronicæ, seu *Bedæ* librorum duorum *de sex Ætatibus Mundi* & *de Temporibus.* Est & Viennæ in alio Codice MSo. *Abbreviatio Chronicæ Bedæ presbyteri*, usque ad a. 771. licèt habeat sequentem inscriptionem: *Chronica Bedæ presbyteri.* Sequitur deinde ibidem enumeratio Regum Langobardorum in Italia ab Angelmundo usque ad Desiderium, tum quoque Imperatorum Romanorum à Carolo M. usque ad Imp. Henricum III. Imp. Conradi Salici filium, cujus temporibus continuator istius Breviarii chronologici videtur vixisse, judice Lambecio. Superest adhuc monendum Eginhardum in antiquissimis Codicibus Viennensibus appellari Enhardum, Enchardum, Einhardum, Einchardum.

Pag. 303. **Abbas Augiæ divitis, quæ vulgo *Richenau* :**] Abbatiam quam Sammarthani vocant Augiam Divitem vel Majorem, Bucelinus scriptor Germaniæ Sacræ Divitem vocat, ac distinguit à Majore.

Pag. 304. **FRECVLPHVS Lexoviensis ecclesiæ episcopus, quo in munere Launebodo successit, successoremque habuit Rogerium,**] Freculphus successit Radulpho, Radulphus (post sesquiseculi interstitium, quo episcoporum nomina ignorantur) Launobaudo, qui interfuit Synodo Cabilonensi a. 650. Successorem habuit Airardum, Airardus Ansigisum, Ansigiso post plusquam seculi intervallum successit Rogerius, qui vivebat a. 1028.

ab anno IƆCCCXXX usque ad annum IƆCCCXL dicitur claruisse:] Interfuit Concilio Parisiensi a. 846. & Turonensi IV. a. 849. Imò secundum ipsum Vossium Freculphus vixerit adhuc a. 868, si illo anno Synodus Parisiensis fuisset habita, ut Vossius scribit *pag.* 323. *Verbis utor privilegii, quod Rodberto anno* IƆCCCLXVIII *firmarunt Hincmarus Rhemensis, Freculphus Lexoviensis ecclesiæ præsules, cæterique Parisiensis Synodi Patres.*

Pag. 305. **THEGANVS de rebus**

bus à Ludovico Pio geſtis librum edidit, quem exhibuit Pithœus.—— *Iſte eſt annus XXIII regni domini Ludevici,* —— Ergo non attigit Theganus res poſtremi triennii, ſed deſiit anno Ludovici XXIII, qui Chriſti eſt IƆCCCXXXVII.] Verba allegata in Codice Viennenſi MSo leguntur: *Iſte eſt annus viceſimus ſecundus regni Domni Hludouuici.* Sequitur deinde in eodem codice eadem antiqua manu exarata *duorum annorum appendix,* nempe a. 23. & 24. regni Ludovici, quam quoniam nec in Pithœana editione, nec alibi hactenus editam reperit Lambecius, integram publicavit lib. 2. Bibl. Vindob. cap. 5.

Ibid. Eſt & alter ejuſdem ætatis, qui itidem in literas retulerit vitam Ludovici Pii. Ejus nomen neſcitur: ſed ætatem ſcriptoris claré ex eo cognoſcimus, quod, ut ipſe refert, cum anno IƆCCCXXXVI, cometes apparuiſſet per dies XXV, vel, ut alii dicunt, XXXIV, ab Imperatore eo fuerit accitus, rogatuſque quid ſidus hoc novum portendere putaret. Hic ſcriptor etiam extremam Ludovici vitam

vitam, mortemque ejus exponit. Justus Reuberus divulgavit.] At *pag.* 309. Autor probare annititur Aimoinum vixisse tempore Ludovici Pii, ex his verbis: *Quem cometam cum primum Imperator* Ludovicus Pius, *talium studiosissimus, conspexisset, constitit: et antequam quieti membra committeret, accito quodam, itemque me, qui hæc scripsi, et qui hujus scientiam habere credebar, percontari studuit, quid super hoc mihi videbatur.* At Cometes iste fuit anno Christi IƆCCCXXXVI,,. Blondellus, Lambecius, aliique vocant Annales Astronomi coævi Ludovico Pio: additque Lambecius Annales dictos Pippini, Caroli Magni & Ludovici, à quodam ejus ætatis Astronomo, Ludovici Regis domestico conscriptos, in MSo Viennensi incipere a. 741. pertingere autem usque ad a. 828 incl, cùm tamen Justus Reuberus eos ediderit auctius usque ad a. 842. incl. Vide *pag.* 301.

Pag. 307. NITHARDI, ANGILBERTI FILII, KAROLI MAGNI IMP. EX BERTHA FILIA NEPOTIS, &c. Rectè sane. Nam ipse genus suum exponit lib. IV. his verbis: *Eademque die Angilbertus, vir memorabilis, Centulo translatus,* &c.] Ancherus abbas Centulensis transmisit Radulpho, qui ab a. 1108. ad ad 1124. archiepiscopatum Remensem rexit, tribus libris contenta miracula S. Angilberti, ex Syntagmate Nithardi, quod Andreas Du Chesne edidit to. 2. histor. Franc. script.

Ibid. CANDIDVS monachus] Hic nomen suum, præter illa quæ Vossius allegat, inprimis posteris commendavit Chronico Fuldensi.

Pag. 309. monasterii B. Vincentii martyris,] Quod postea S. Germani de Pratis dictum.

Pag. 310. Sed quis abbas iste Abbo, cui suam AIMOINVS historiam dicavit?] Ætate, quâ secundum Vossium *Aimoinus* vivebat, erat S. Abbo abbas S. Germani Autissiodorensis a. 824. & deinde episcopus dictæ civitatis, non ante a. 849. nec post a. 859. obiit a. 860. Paulò pòst in vivis erat Abbo monachus S. Germani de Pratis, discipulus Aimoini, pòst decanus dicti cœnobii S. Germani sub Roberto abbate.

Ibid. S. Abbo martyr, qui trigesimus est Floriacensis abbas,] In catalogo horum abbatum à Sammarthanis edito vigesimus quartus.

Pag. 311. Omnino certiora pronunciaremus, si visus nobis foret liber Aimoini de vita hujus Abbonis, qui ab eo scriptus est ad Hervæum clericum, atque incipit, *Quia superni gratia Redemptoris*, &c. uti auctor est Carolus Saussejus Ann. Aurel. l. IV. c. X. ubi abb. Flor. series enarratur.] Sammarthani allegant vitam S. Abbonis abbatis Floriacensis a. 1000. (sub 21 episc. Cadurc.) sub triplici nomine Aymonis Floriacensis, Aimoini & Abbonis, quando scribunt:,, Aymo Floriacensis lib. de vita S. Abbonis cap. 10. *Bernardum pater Hugo* —— Post aliqua Aimoinus de itinere Hierosolymitano verba faciens, subjungit: *Bernardus tandem aliquando* —— Hactenus Abbo. Cæterum Jacobus de Bosco Cælestinus, diu antequam scriberet Vossius hoc opus suum, in sua Bibliotheca Floriacensi edidit S. Abbonis vitam elucubratam autore Aimoino Floriacensi. Ex dicta itaque vita Vossius refelli videtur, quia ex ea constat Aimoinum Floriacensem scripsisse vitam S. Abbonis abbatis Floriacensis, tempore Roberti Regis ab a. 997. ad a. 1030. & Odilonis abbatis Cluniacensis ab a. 994. ad a. 1048. Vixitque idem Abbo tempore Guilielmi Comitis Tolosani, non quidem IV (ut Catellus vult, quem III vocat) sed III. quia Abbo periit a. 1003 vel 1004. Guilielmi IV. autem prima mentio a. 1005. in subscriptione chartæ S. Victoris Massiliensis, cum tamen Pontius Comes

mes Tolosæ, (ab a. 993. quo Guillelmo III succeſſit) legatur ſubſcriptus donationi Hildeberti episcopi Avenionenſis, & Roſtagni viri nobiliſſimi ac uxoris ejus, a. 1006. 11. Cal. Octobr. apud Dacherium to. 7 Spicilegii. Non diu verò poſt mortem dicti Abbonis vitam illam conſcriptam fuiſſe oportuit, quia id contigit, *cum Bernardus adhuc Caturcenſem præſulatum regeret*: cui perperam jam a. 1000 ſucceſſorem ſtatuunt Sammarthani Deodatum. Porrò librum **Aimoini** de vita S. Ebonis allegant iidem ſub 54 episc. Aurel. in ea vita fit mentio Arnulphi episcopi Aurelianenſis creati circa a. 970. Voſſius verò, qui Aimoinum toto ſeculo antè vixiſſe arbitratur, hoc opus crederet eſſe Aumonii, monachi Floriacenſis, quem ſtatuit vixiſſe circa a. 990. Ipſe Voſſius de vita hujus Abbonis Floriacenſis ita ſcribit pag. 354. *Vide Carolum Sauſſejum, in annalibus Aurelianenſibus lib. IV. cap. VIII. ac inprimis adi annales Francicos Pithœi: ubi vitam Abbonis hujus ex veteri habes membrana, interque alia exponitur, ut ſeditione inter Vaſcones & Francos coorta, lancea ſit interemptus, quod anno contigit* CIƆIII. *Idibus Novembris.*

Pag. 314. HAYMO HALBERSTADENSIS reliquit opus hiſtoricum de memoria rerum Chriſtianarum.] Rectiſſime. Fallitur ergò Voſſius

sius suo ipsius judicio, cum horum librorum autorem statuit *Haymonem Cantuariensem*, ducentis annis hoc *Haymone Halberstadensi* juniorem : quando nimirum *pag.* 372. scribit: *Haymonis Cantuariensis sunt libri* 10 *de memoria rerum Christianarum.* Oblitus fuerat eorum quæ ante scripserat recte.

Pag. 315. RABANVS MAGNENTIVS MAVRVS ex quarto cœnobii Fuldensis abbate sextus est factus episcopus Moguntinus.] Ex quinto cœnobii Fuldensis abbate, quadragesimus sextus factus est episcopus, sextus archiepiscopus Moguntinus. Et licet Sammarthani fratres in catalogo abbatum Fuldensium quinto loco statuant Rabanum, in archiep. Mogunt. tamen quartum abbatem eundem dicunt. Porrò Vossius *pag.* 322. Rabanum quintum archiepiscopum Moguntinum perperam, hoc loco recte sextum dicit. Exaravit vitam Lulli archiep. Moguntini.

Ibid. Sed ad Syllab. ejus auctor (sive is Cæsar Orlandius sit, sive doctissimus Andreas Schottus, cujus cura scriptor hic inter Italiæ Illustratæ auctores prodiit) Sagacem ac Columnam confundunt.] Locus vitiosus.

Pag.

Pag. 316. WANDELBERTVS] Composuit vitam Lulli archiep. Moguntini.

Ibid. RVDOLPHVS, monachus Fuldensis.] Scripsit Rabani Magnentii Mauri vitam.

Pag. 317. LVPVS SERVATVS,] Sirmondus *Lupi* nomen proprium esse vult, & propterea legit *Servatus Lupus*: quod & confirmatur ac demonstratur à Baluzio. Vitam quoque scripsit Lulli Moguntini.

Ibid. quod IƆCCCXLIII Suessionensi synodo interfuit:] Synodus Suessionensis celebrata a. 853.

Pag. 318. An. IƆCCCLII Lupus vita excessit.] Baluzius ostendit mortuum post a. 861.

Ibid. ALTFRIDVS tertius Monasteriensium in Westphalia episcopus] Idem quinto loco præfuit cœnobio Werthinensi, quem in illo munere præcessere 1 Ludgerus, 2 Hildegrimus, 3 Gerfridus, 4 Thiatgrimus.

Pag. 319. ANASTASIVS BIBLIOTHECARIVS cogitavit etiam de historia ecclesiastica condenda:]

da] Non solum cogitavit; sed & perfecit historiam ecclesiasticam editam Parisiis fol. 1640. una cum Vitis Pontificum.

Ibid. Etiam Lotharii Imp. temporibus fuit RAMPERTVS, trigesimus nonus, vel; juxta alios, quadragesimus Brixiensium episcopus.] Ferd. Vghellus tradit, a. 814 Rampertum creatum quadragesimum quartum episcopum Brixiensem.

Mox. Philastrii, septimi Brixiensium episcopi:] decimi Vghello.

Pag. 321. Ad hæc tempora etiam ab Eisengrinio refertur WEREMBERTVS, qui comment. in Apocalypsin scripsisse dicitur.] Eisengrinius nihil de commentariis in Apocalypsin, sed de commentariis in Genesin. Possevinus verò, cum se Eisingrinium sequi fateatur, commentarios tamen in Apocalypsin oscitanter scripsit pro commentariis in Genesin. Vnde liquido apparet Vossium vestigiis Possevini institisse. Observavit errorem hunc Petrus Lambecius lib. 2. Comm. de Bibl. Vindobonensi.

Pag. 322. Rabanum, quinctum archiepiscopum Moguntinum.] Vide pag. 315.

Ibid.

Ibid. Atqui Rabanus Richolpho succeſſit] Rabanus ſuccesſit Otgario, Otgarius Haiſtulpho, Haiſtulphus Richulpho.

Poſt. FLORVS memoratur à nobis, quia, ut ait Franciſcus Sweertius in Athenis Belgicis, Martyrologium condidit:] At martyrologium, propter quod ſolum hic Florus à Voſsio hiſtoricis accenſetur, non agnoſcit autorem Florum hunc, ſed alium toto ſeculo antiquiorem, judice ipſo Voſsio *pag.* 296. quando ſcribit: *Baronius in prolegomenis martyrologii Romani cenſet, hunc Florum autorem martyrologii eſſe eum, qui epiſtolas Paullinas verbis Auguſtini hinc inde collectis, expoſuerat: Mihi hæc ſententia minus probatur. Nam planè cenſeo, Florum illum Sigeberto memoratum* **eumpſe** *eſſe, qui Auguſtini de prædeſtinatione ſententiam defendit adverſus Ioannem Erigenam,* Scotum. *Valde enim veriſimile eſt, eum, qui tanti facere Auguſtinum ſolet, ut ejus potiſſimum verbis, quæ hinc inde collegerat, Paullinas enarraret epiſtolas; etiam Auguſtinum adverſus Erigenam Scotum magnopere* πελαγιανίζοντα, *ſeriò defendiſſe.* (Et hoc ipſum Voſsius loco præſenti, pag. nimirum 322 categoricè ſine ulla dubitatione affirmat:) *Quare aliud mihi perſuadere non poſſum, quàm Florum illum claruiſſe* **temporibus Caroli Calvi**; *apud quem Erigena diu in honore*

nore fuit: eum vero, quem Bedæ martyrologio multa addidisse, Vsuardus ait, medio inter Bedam, & Vsuardum, tempore floruisse: vel saltem, nec Beda vetustiorem esse, nec recentiorem Vsuardo. Expungendus ergò hoc loco ex numero historicorum Florus. Alter verò antiquior inserendus, quem Vossius immerito omisit.

Mox. ALMANNVS GALLVS] Descripsit etiam ante Azonem Derbensem (de quo in auctario nostro agemus,) vitam S. Bercharii, primi abbatis Altivillaris.

Pag. 323. Verbis utor privilegii, quod PASCHASIO RADBERTO, anno IƆCCCLXVIII firmarunt Hincmarus Rhemensis, Freculphus Lexoviensis ecclesiæ præsules, cæterique Parisiensis Synodi Patres.] Synodus illa Parisiensis habita a. 846. interiitque *Paschasius Radbertus* a. 851. 26. Aprilis, & Freculphus Lexoviensis ante a. 853. Scripsit quoque Paschasius Radbertus, præter ea quæ Vossius memorat, vitam S. Richarii, abbatis primi Centulensis.

Pag. 324. HVBALDVS scripsit vitam S. Rictrudis Martianensis, quæ dicata Stephano, episcopo Eboracencensi.] Nullum per illa tempora Stephanum episcopum Eboracensem agnoscit vel Simeon Dunelmensis, vel Thomas Stubs. Vide pag. 340.

Pag. 326. *Ganderico Veliternensi episcopo*,] Is aliis *Gaudericus*, vel etiam *Gaudentius* dicitur.

Ibid. EMERICVS monachus Elephantiacensis] *al.* Elwangensis.

Scripsit vitam S. Magni abbatis] Lantho episcopus Augustanus, qui S. Magnum in sanctorum numerum retulit, jussit Emericum, ut vitam S. Magni, à Theodoro Campidonensi exaratam, emendaret, & supplemento augeret; quod & Emericus perfecit, teste ipso cap. 16. ut observavit Hallervordius quondam, dum in vivis esset, familiaris meus.

Pag. 327. Ab hoc autore GILDA CAMBRIO fuerit breviarium Gildæ.] Dictum *Breviarium historiarum.* Dicitur etiā scripsisse *Annales gentis suæ* (Britannicæ;) et *Historiam Arviragi contra Inne*: Simlero.

Ibid. Conditorem annalium Francorum ab anno IƆCCCLXXV (repone potius IƆCCLXXV, ut in prima editione; rectissimè IƆCCXIV,) usque ad annum

num IↃCCCLXXXIII, princeps edididit Pithœus : ac postea, è libb. Marci Velseri, tredecim annorum appendice, adauxit Marquardus Freherus :] Imò septendecim, ut *pag.* 329. Author, *Schedæ, quas sequutus est Freherus, porrò referunt res Caroli Crassi, atque ut ei Arnulfus successerit; Arnulpho item Ludovicus IV. quod factum fuit anno* IↃCCCC. (quousque inclusivè pertingit editio Freheriana,) Idemne verò, an alius, *ista de excessu Caroli Calvi* (i. e. a. 877.) *et iis, quæ XXIII annis consecuta fuere, postea adjecerit; haut facile dictu* puto. Lambecius lib. 2. de Bibl. Vindob. cap. 5. refert in Bibl. Cæsarea esse incerti, sed vetusti Scriptoris Annales, sive Gesta Francorum, à Petro Pithœo primum in lucem edita, quorum principium : A. 714. *Pippinus filius Ansgisi:* deinde paucorum quorundam locorum (circiter 30) emendationes & supplementa speciminis instar in antecessum præmittit, antequam correcti & suppleti de integro edantur. Horum locorum primus suppletur in actis anni 717. Cumque hi annales in Pithœana editione sint sine mutili, pertingentes tantum usque ad principium anni 883; at in Codice MSo pertingant usque ad a. 887 inclusivè, reliquum notabile supplementum integrum edere placuit Lambecio d. l. Idem ta-

tamen postea §. 27. scribit: *Illud quoque moneo, narrationem rerum gestarum ab* **anno** *IↃCCCLXXXII usque ad an**n**um IↃCCCLXXXVII in Freheriana editione, æquè ac in Pithœana, discrepare à narratione, quæ extat in jam memorato codice Cæsareo.* Post Pithœum & Freherum edidit annales illos A. Quercetanus.

Pag. 329. Non dubium, quin scriptor horum annalium fuerit monachus Fuldensis: quod exinde colligitur, quia cum cura tanta præ aliis res Fuldenses & Moguntinas exponat. Atque hæc est caussa, cur Freherus *Fuldenses Francorum annales* inscripserit:] eò quod in Fuldensi cœnobio cœpti & continuati sint. Lambecius. Alterius autoris Annales Francorum ab a. 714. usque ad a. 817. ex Codice Viennensi MSo antiquis literis Gothicis, sive Toletanis, integros edidit Lambecius lib. 2. Bibl. Vienn. cap. 5. additque eos respectu autoris cognominandos esse non solum *Fuldenses,* sed & *Laureshamenses*: quia non solum dicat *ad monasterium nostrum Fulda*; sed &, *in monasterio nostro Lauresham.* Ad hæc verba A. XLV. Caroli Magni, *Karlus Imperator constituit Hlodoveum filium suum*, notat Lambecius: *Qui locus valde est notabilis, quoniam eò probari potest,*

test, *unum atque idem esse nomen* Ludovici & Clodovæi,,. Verum longe melius id probatur ex literis Theoderici Veronensis ad Clodoveum Regem Francorum primum Romano-catholicum, quibus eum nuncupat *Ludovicum.* Et ad A. XXIV. Caroli Martelli, *Karlus regionem provinciæ ingrediens fugato Ducem Auronto*, notat dictus Lambecius:,, Fugato Ducem, *pro* fugato Duce ; *quæ ratio loquendi latino-barbara passim occurrit in hisce Annalibus.* Aurontum *autem sive* Auruntum *eadem est urbs, quæ alias* Araufio *sive* Orange *dicitur. Apud Pith. et Freher. pro* fugato Duce Provinciæ Auronto, *hoc est* Aurasione, *mendosè legitur* fugato Duce Maurorum. *Falsitatem enim hujus lectionis etiam sine adminiculo Codicis MS. Cæsarei satis manifestè indicant sequentia verba* : Qui dudum Sarracenos per dolum invitaverat. *Rectè videlicet hinc colligitur, præcedentibus verbis non de Duce aliquo* Maurorum, *qui sine dubio ipse* Sarracenus fuisset, *sed de perfido quodam* Christiano, Duce Araufionensi *actum esse*,,. Quod dicit, rationem hanc loquendi latino-barbaram passim occurrere in illis Annalibus, id ego æquè non animadverti: & si daretur, τὸ *Auronto* tamen non denotat urbem, sed ducem. Multiplici itaque errore sui codicis lectionem defendens Lambecius, *Auronto* legit pro *Mauronto*, *Ducem* pro *Duce*, pro nomine proprio *viri* nobis inculcat nomen proprium *civitatis*, *ex*

Duce

Duce Provinciæ nobis fabricat *Ducem Aransionensem.* Nam quod dicti Codicis lectio ita sit restituenda, ut legatur: *fugato Duce Mauronto:* seu *fugato Duce Provinciæ Mauronto;* ignorare nequit nisi qui ignorat Carolum Martellum ex Provincia fugasse Ducem Maurontum. De quo Fredegarius Scholasticus cap. 109. *Denuò rebellante gente valida Ismahelitarum, quos modo Sarracenos vocabulo corrupto nuncupant, irrumpentesque Rodanum fluvium, insidiantibus infidelibus hominibus sub dolo & fraude, Mauronte quodam cum sociis suis, Avennionem urbem munitissimam, ac montuosam collecto hostili agmine ipsi Sarraceni ingrediuntur.* Et post: *Denuo curriculo anni illius mense secundo, prædictum germanum suum cum pluribus Ducibus atque Comitibus, commoto exercitu ad partes Provinciæ dirigit. Avenionem urbem venientes, Carolus properans accessit, cunctamque regionem usque littus maris magni, suæ dominationi restituit, fugato Duce Mauronto.* Hic verò observandum, Fredegarium omnium, qui hac de re scribere potuerunt, esse antiquissimum. Eum sequitur Ademarus monachus S. Eparchii, cujus in chronico hæc sunt verba: *Eo tempore gens fortissima Hismaëlitarum, quos Sarracenos* corrupto *vocabulo nuncupant, irruperunt* Rhodanum *fluvium, consentientibus infidelibus Christianis, & per dolum & fraudem cum Rege suo Mauroneo* (al. *Mauronto*) *Avenionem urbem munitissimam ac mon-*

montuosam ingrediuntur, & collecto multo agmine Saracenorum, vastabant per circuitum omnes regiones. Et pòst: *Sequenti anno, mense Februario, prædictum germanum suum Karolus cum plurimis Ducibus & Comitibus, commoto exercitu in partes Provinciæ direxit, et postea insecutus est eum ad urbem Avenionem accedens, cunctam regionem usque littus maris magni dominationi suæ subdidit; et fugato Rege Sarracenorum, nomine Aronto*, &c. Imò & in Freheriana editione *Annalium Francorum Fuldensium*, pro *Duce Maurorum*, disertis verbis legitur: *Carlus regionem Provinciam ingressus, Maurontum Ducem, qui dudum Sarracenos per dolum invitaverat, fugere compulit*. Idem aliàs dicitur Mauritius Comes Provinciæ traditor. **Revera** Maurontius ille videtur fuisse nec Maurus seu Sarracenus religione, nec Romano-seu Franco-catholicus, sed Gotho-christianus. Vide librum tertium mei Nuclei historiæ Ecclesiasticæ.

Ibid. REMBERTVS scripsit vitam decessoris sui S. Ansgarii.] Hanc ignoti nominis, notæ ætatis poëta carmine reddidit, dicatam Alberto Hamburgensium & Bremensium archiepiscopo, qui decessit a. 1072.

Pag. 330. ADO Viennensis Chronicon ab origine mundi continuavit

nuavit usque ad regnum Ludovici, Francorum Regis, cognomento Simplicis, annum Dom. IƆCCCLXXIX.] Hunc Adonem probant Sammarthani obiisse a. 874. adeoque ante regnum etiam Ludovici Balbi, patris Ludovici III. qui regnare cœpit a. 879.

Pag. 322. HERICVS floruit sub Carolo Crasso,] Verius sub Carolo Calvo, non solum ratione temporis, quo vixit Hericus; sed & quia ipse præfatione in opus metricum de vita S. Germani, illud Carolo Calvo inscripsit, agnoscente ipso Vossio *pag.* 749.

carmine sex libros scripsit, quibus complexus est vitam B. Germani, Altissiodorensis episcopi.] Ita quoque Sigebertus chron. ad a. 877. idque verissimè. Errat ergò Vossius & *pag.* 224. dicens; Hericum id fecisse libris quinque, sed & gravius *pag.* 749. ubi ait, Hericum S. Germani vitam libris quatuor carmine complexum.

Ibid. *Henricus monachus vitam Germani Antissiodorensis, heroieo metro in sex libellis luculenter exaratam, Karolo Imp. obtulit.*] Vita illa exarata videri posset à Stephano presbytero, hortatu
Au-

Aunarii episcopi Autissiodorensis: cum non fiat verisimile Hericum bis in eodem argumento versari voluisse, nempe ut sex libris vitam S. Germani conscriberet, qui eandem duobus libris fusissime stylo soluto elaboravit. Simili argumento utitur ipse eruditissimus Vossius *pag.* 270. quo probet S. Amandi vitam, quam Surius publici juris fecit, non esse Milonis Elnonensis, nimirum *cum ille non prosa* (ut ait,) *sed carmine vitam S. Amandi scripserit.* Brianus Twynus quoque ex opere illo versus quosdam sub nomine Stephani allegat, sed omnino falli videtur: dicendumque opus illud metricum à soluto eâ in re differre, quod in soluto etiam adsit historia miraculorum & translationis S. Germani, qua caret opus metricum. Sammarthani sub 7 episc. Autissiodorensi, referunt Hericum vitam S. Germani à Constantio elucubratam edidisse versibus heroïcis sex libris; miracula autem duobus libris distincta, quæ supplementum esse quoddam possint vitæ antiquioris à Constantio conscriptæ, invitatum ut id argumenti scriberet Aunarii episcopi Autissiodorensis epistola ad Stephanum presbyterum provinciæ Africanæ. At notum est Aunarium rogasse Stephanum, ut vitam Germani metrice conscriberet, cum jam prosaïca extaret, unde non est credibile, Hericum ista epistola motum miracula Germani stylo soluto exarasse. Confer quæ diximus ad *pag.* 223.

Post.

Post. Anonymus ille, —— unde ætas Notgeri satis elucet.] Qua ratione idem est anonymus, qui Notgerus? Autor librorum duorum de miraculis S. Remacli, vel est Notgerus Notgero Leodicensi antiquior, vel Thietmarus Thietmaro abbate Helmovardiensi vetustior.

Pag. 333. Nemacli] *leg.* Remacli.

Notgeri Leodicensis episcopi esse non possunt libri duo de miraculis S. Remacli, quia Notgerus toto seculo post eorum autorem vixit.] Rectissimè. Nam Werenfridus abbas Stabulensis, precibus obtinuit apud Notgerum episcopum Leodicensem, ut Legenda S. Remacli elegantiori & ampliori stylo redderetur.

Ibid. GVIDONIS RAVENNATIS, presbyteri, historia extat de bello Gothorum.] Scire velim ubi gentium.

Pag. 335. ALPHREDVS, sive Aelfredus, Anglorum Rex,] Natus a. 849. scripsit etiam acta suorum magistratuum.

Ibid. ADREVALDVS, qui & *Adelbertus*, & *Albertus*, monachus

chus coenobii Floriacensis, vixit, viguitque temporibus Arnulphi imperatoris: hoc est circa annum IƆCC-CCXC. De eo sic Sigebertus in catal. cap. CI. *Adrevaldus, qui & Adelbertus, monachus Floriacensis, scripsit historiam miraculorum, quæ ostensa sunt per Gallias sancti Benedicti &c. usque ad tempus Odonis, regis Francorum.* Incipit is liber *Scriptoribus*: & constat XXX capp. —— Operi Adrevaldi appendicem addidit A-DELARIVS, Floriacensis monachus: cujus principium : *Mirabilis Domini nostri virtus.* & pag. 355. *Aumonius*, qui Tritthemio *Ammonius, monachus Floriacensis, historiam miraculorum S. Benedicti ab Adrevaldo initiatam perfecit, perducens eam à tempore Odonis Regis usque ad tempus Roberti, regis Francorum.*] Sammarthani referunt Adreualdum lib. 1. Mirac. S. Benedicti, scribere de Vulsado, seu Vulsaro, ex abbate Floriac. episcopo Carnotensi ab a. 962. ad a. 973.

Pag.

Pag. 336. AVRELIANVS Barthio auctor videtur vitæ S. Martialis Lennoviceni:] Scripsit equidem Aurelianus vitam S. Martialis Lemovicensis episcopi, sed quæ periit. Ea enim quæ extat, non creditur esse Aureliani.

Ibid. Ludovico IV Imperante,] Ergò Ludovicus Bavarus hujus nominis quintus Imperator est. Vide *pag.* 506.

Pag. 338. STEPHANVS decimus Leodicensium episcopus,] Vigesimus octavus Trajectensium ad Mosam, trigesimus septimus Tungrorum. Vide *pag.* 340.

episcopus factus a. IƆCCCCIV.] Verius IƆCCCCIII. Ipse enim Vosius mox addit obiisse anno episcopatus XVIII, XIV. Cal. Jun. Obiit autem a. 920.

Ibid. JOANNES ASSER obiit anno IƆCCCCIX,] Blondello a. 906. scripsisse dicitur a. 893.

Pag. 339. Circa annum IƆCCCX, vivebat RADVLPHVS Flaviacensis,] Hunc multò nobis propinquiorem reddere allaborat Labbeus, idque inprimis, ut eo suspectiorem nobis reddat fabulam de Joanna Papissa, abjudicando illi hi-

historicorum (Anastasio forte Bibliothecario excepto) antiquissimum. Vide *pag.* 255.

Ibid. RHEGINO abbas Prumiensis scripsit ad primum Alberonem, Metensem episcopum, Chronicam.] Id fecisse a. 908. ipse testis est epist. ad Adalberonem I. Metensem episcopum. Sammarthani tamen Adalberonem (non enim Albero dictus fuit, licet *Albero* contractum sit ex *Adalbero*) demum a. 928. episcopum Metensem creatum referunt. Gabr. Bucelinus a. 932. cum tamen Regino ipse mortuus sit a. 915. uti memoria ejus sepulchro lapideo cum ossibus & fragmentis litui pastoralis a. 1581 eruta docuit.

Continuavit hæc chronica alius usque ad annum IƆCCCCLXVII.] Quam continuationem Sammarthani minus accuratè sub Reginonis nomine allegant, quando scribunt : *Everardus* episcopus Spirensis *occiditur* a. 913. *in Reginonis Chronico.*

Pag. 340. Libri de doctrina ecclesiastica MSSi adservantur Viennæ in bibliotheca Cæsarea.] Bellarminus eos olim non extare putabat. Editi autem sunt primò sub titulo, *de disciplina ecclesiastica veterum præsertim Germanorum*, Helmestadii à Joachimo Hildebrando a. 1659. deinde Parisiis

à Ste-

Stephano Baluzio a, 1671. sub titulo, *de ecclesiasticis disciplinis & religione Christiana.*

Ibid. *à præfatione Domini* IↃCC-CCVIII.] Doctissimus Stephanus Baluzius hunc locum Reginonis recte legi vult : *à præfata incarnatione Domini* IↃCCCCVIII.

Mox. STEPHANVS post Franconem episcopus Leodiensis.] Hic gravissime errat Dominus Vossius, quando ex uno Stephano duos facit, & hunc distinguit ab eo, quem memorat *pag.* 338.

Post. RADBODVS creatus est episcopus Vltrajectinus anno Chr. IↃCCCCI,] aliis minus recte a. 902. error ex eo est, quod decessori ejus tribuunt annos sedis duos, cum tantum sederit menses sex.

carmine prosecutus est virtutes B. Lebwini presbyteri: atque etiam orationem de vitæ ejus historia reliquit. Habes utrumque opus in Suriana collectione T. VI. ad XII. Nov.] De his nihil Trithemius. Hucbaldum verò certum est descripsisse vitam Lebuini, eamque dicasse Baldrico successori Radbodi, de quâ Vossius *pag.* 325. Hubaldo à Trithemio quoque tribuitur vita S. Lebuini, sive Liadwini pres-

presbyteri, & confessoris Daventriæ. Hæc in collectaneis Surii locum sibi vindicat ad XII. Nov. Sermo Radbodi de Lebuino solus extat to. 7. seu appendice Mosandri ad Surium, at to. 6. legitur vita Lebuini exarata autore Hucbaldo. Carmen de virtutibus Lebuini neutro loco reperio.

Pag. 341. CAPPIDVS STAVRIENSIS scripsisse dicitur vitas quatuor sanctorum, Lebuini, Otgeri, Plechelmi, & Odulphi.] Fortasse vita illa Odulphi est, quam edidit Surius, quæque memoratur Vossio *pag.* 823.

Ibid. HILDVINVS abbas Lobiensis:] Vghello sub archiep. Mediolan. quidem monachus Lobiensis, at sub Veronensib. Corbejensis, utrobique postea episcopus Leodicensis. Hic mirari subit, duos Hilduinum & Ratherium, quorum hic isti & in Leodicensi, & in Veronensi episcopatu postea successit, utrumque primò monachum Lobiensem, utrumque deinde episcopum Leodicensem, post episcopatu illo utrumque pulsum tandem episcopum Veronensem creatum utrumque.

Post. Postea factus est episcopus Laudociensis.] *Leodicensis* dicere debuit Vir Clarissimus cum Vghello. Nec memoria suggerit, esse episcopatum Laudocensem dictum

ctum ; sed vox ea corrupta ex *Lodovensi.* Nam Sammarthani Hilduinum hunc non Leodicensibus, sed Lodovensibus episcopis accensent.

Exinde episcopatu pulsus, Veronensis episcopus creatus est ab Hugone, Italiæ Rege, cui affinitate junctus erat.] Perperam Vghellus in archiep. Mediolan. eum ab Hugone episcopatu Leodiensi depulsum dicit.

Mox. Arnoldus Wion ait sexennio fuisse Veronensem præsulem.] Biennio Veronensi cathedræ præfuit, si fides Ferd. Vghello.

jam Mediolanensem episcopum obiisse anno IƆCCCXLI.] Secundum Vghellum a. 936. die 9. Cal. Augusti.

Deinde. Sed multum metuo, ne duos confuderit Dionysios:] Hic memoria falsus Vossius, duos *Hilduinos* dicere voluit, ut cuivis locum consideranti patebit.

Pag. 342. ODO CLVNIACENSIS abbas scripsit circa annum IƆCCCCXX.] At anno demum 926 creatus abbas Cluniacensis ex abbate Tutellensi

vitam S. Gerardi sive potius Giraldi, Aureliacensis comitis;] *al.* perperam dicti Abbatis.

ad hæc vitam S. Mauri] Librum de miraculis S. Mauri tribuunt Sammarthani *Odoni* abbati S. Mauri Foſlatenſis circa a. 860.

Obiit anno IƆCCCCXLII, juxta Frodoardum : cui, ut temporum iſtorum magis gnaro, potius eſt habenda fides, quam Sigeberto; qui quinquennio antè deceſſiſſe arbitratur.] Anno 944. 14. Cal. Dec. obiiſſe Odonem referunt Sammarthani. In Chron. S. Petri Vivi Senon. a. 947. at Radulphus de de Diceto tradit eum Chronica digeſſiſſe ab exordio mundi, uſque ad a. Chr. 987. Fuit etiam abbas Floriacenſis.

Pag. 344. BRVNO archiepiſcopus COLONIENSIS ſcripſit commentarium in Pentateuchum :] Hoc Brunoni Signenſi, de quo Voſsius *pag.* 773. vindicant Maurus Marcheſius & Aloyſius Squadronus.

Ibid. Richardo Argentoratenſi epiſcopo,] Iſte aliis *Ruthardus*, ſeu *Rothardus* dicitur. Ipſe Voſsius *pag.* 346. *Rutharium* appellat.

Poſt. LVITHPRANDVS.] Præter ea quæ Voſsius producit, Chronicon etiam ejus ab ab a. 606. uſque ad a. 960. unà cum

cum Adversariis historicis, illustratum notis Hier. de la Higuera & Laurentii Ramirezii de Prado, prodiit Antverpiæ, a. 1640.

Pag. 345. ODO SEVERVS archiepiscopus Cantuariensis descripsit vitam Wilfridi.] At *pag.* sequenti scribit Vossius, *Fridegodum postulato hujus Odonis carmine complexum fuisse vitam S. Wilfridi.*

Pag. 346. FRIDEGODVS Diaconus] S. Odonis.

postulato Odonis Cantuariensis carmine complexus fuit vitam S. Wilfridi,] Vide pag. 345.

& Audoëni monachi. Vitam Audoëni Surius edidit die XXIV Aug. Eaque illi videtur esse illa ipsa, quam reliquerat Fridegodus. Surium in epitome sua sequitur Haræus. Sed obstat huic sententiæ, quod Fridegodus carmine Audoëni vitam tradidit : illa, quæ apud Surium, prosa est exarata. Nec hic fit, quod facere Fridegodus solet, ut græca passim admisceantur latinis.] Vita illa apud Surium d. 24. Augusti, est Audoëni præsulis

sulis Rothomagensis, agnoscente ipso Vossio pag. 266. Ille Audoënus autem nunquam fuit monachus. Vide in Samm. ejus vitam, & Abbates Fiscannenses.

Ibid. Eckenbaldum.] *al.* Archamboldum, Erlenhardum, Vrlenhardum.

Ibid. GVILIELMVS Moguntinorum archiepiscopus decimus quintus,] Juxta Brusschium & Merssæum: decimus quartus secundum Sammarthanos. Et Hildebertum, de quo *pag.* 344. isti decimum tertium, hi duodecimum statuunt.

Pag. 347. Odo Cluniacensis abbas Bernoni successit a. IƆCCCCXII.] Si Sammarthanis credendum, a. 926.

Ibid. FLODOARDVS Chronicon reliquit ab anno IƆCCCCXIX. ad annum IƆCCCCLXVI.] quo obiit d. 28. Martii, ætatis 73. Chronico illi addita est appendix.

Pag. 348. Fabianus iste fuit episcopus ille Constantinopolitanus, de quo Euagrius hist. II. lib. cap. IV.] Flavianus ille & Euagrio, & omnibus aliis dicitur: nunquam, quod memini, Fabianus.

Pag. 349. THEODORICVS Tre-

Trevirensis archiepiscopus in literas retulit vitam S. Lutrudis,] Ex hoc Theoderico, duos alios, adeoque tres nobis multiplicat Vossius, nempe & illum, de quo agit *pag.* 572. & illum de quo *pag.* 725. quartum quoque ex eodem facit, vel potius eundem secundo loco ponit *pag.* 765. Deceptus Vossius autoritate Simleri & Possevini, hunc errorem satis retractat in iis, quæ *pag.* 725 addit: unde non satis mirari valeo, Virum diligentissimum denuo circa Theodericum hunc lapsum, eundem bis posuisse, nempe h. l. & inter historicos prætermissos *pag.* 765.

Ibid. Ecbertum, fratrem Arnulphi, comitis Hollandiæ.] Alberico Ecbertus idem frater est Theodorici comitis Hollandiæ.

Mox. VNWONVS Albani martyris vitam ac passionem descripsit.] Vnwonum latine vertisse librum de S. Albano ex veteri lingua Britannica, observavit Balæus centur. 2. cap. 33. ex Matthæi Paris hist. abbatum cœnobii S. Albani.

Pag. 352. HERIGERVS abbas Lobiensis scripsit Leodiensium episcoporum gesta:] Hujus, & Anselmi Legiensis gesta episcoporum Legiensium recognocognovit, & additionibus amplissimis pluribus in locis auxit Ægidius Leodicensis.

Ibid. ALBERTVS monachus Lobiensis, ac pòst Gemblacensis monasterii abbas,] Inter Gemblacenses abbates ignotus Sammarthanis. Quia verò Vossius hunc *Albertum* eundem vult esse cum *Olberto*, cujus meminit *pag.* 369. utique *Albertus* dictus idem fuerit, qui Sammarthanis dicitur *Osbertus*: licet olim suspicatus fuerim eundem esse cum *Alvino* abbate Gemblacensi secundo, reformatore Lobiensi, qui obiit a. 986.

Ibid. Apud Gesnerum & Simlerum legas, toto seculo antè vixisse Albertum abbatem Gemblacensem. Etiam Possevinus ait, à Trithemio quidem ad annum IƆCCCLXXX referri.] Quorum error etiam inde vel maxime refellitur, quod istis temporibus monasterium Gemblacense nondum fuerat fundatum.

Pag. 353. *Euraclum:* pro quo perperam *Euradum* edidit Surius:] al. *Ewrardus*, Alberico *Eurardus* dicitur, adeoque Surii lectio vero propius accedit, quàm Vossii. Si autem verum nomen est *Heraclius*, quo

quo eum appellat Placentius Dominicanus, utique Vossius minus à vera lectione abest.

Ibid. Euraclus episcopus fuit Leodiensis usque ad annum IƆCCCLXXI, quo ei NOTGERVS successit.] Euraclus decessit 6. Kal. Novembr. a. 970. successit ei a. 972. Notgerus.

Pag. 355. ABBO FLORIACENSIS interemptus anno CIƆIII.] *Al.* a. 1004.

Ibid. AVMONIVS monachus Floriacensis vixit circa annum IƆCCCXC.] Paullò ætati nostræ vicinior fuisse videtur, quando de miraculis S. Benedicti scripsit ad Gauslinum, qui in abbatia Floriacensi Abboni successit, & pòst archiepiscopus Bituricensis creatus, defunctus est a. 1029. Confer quæ dixi ad *pag.* 311.

Post. LETHALDVS literis mandavit vitam S. Juliani Cenomanensis] scriptam ad Avesgaldum de Bellismo episcopum Cenomanensem.

Pag. 356. Eodem tempore & alter (coætaneus) ejusdem Adalberti vitam exaravit: quam Canisius edidit Tomo V. Antiqu. Lection. Ætatem in-

indicant verba hæc: *Erat autem istis diebus Romæ Imperatrix Theophania, mater ejus, qui modo regnat TERTIVS, & , Deo juvante, maximus OTHO.*] Hæc vita postea Hanoviæ a. 1607. denuo edita est, ubi autor ejus non solum Adalberto æquævus dicitur, sed & nominatur Cosmas Pragensis ecclesiæ decanus: quem tamen plusquam toto seculo recentiorem, a. 1126 scripsisse libros tres Chronicæ Bohemorum, docebo in Auctario Operis Vossiani. Tertiò vitam illam edidit Bzovius a. 1640. to. ultimo annalium, eamque vindicavit autori SILVESTRO II. PP. ab a. 999. ad a. 1003. sub hoc titulo: *S. Adalberti Vrsini, Comitis Rosembergi, Pragensis episcopi, Gnesnensis archiepiscopi, martyris, Boëmorum, Hungarorum, Polonorum, Prussorum apostoli, vita & passio, ab ejus synchrono & familiari Sylvestro II. P. M. nunc primum ex Bibliotheca Cassinensi suo autori vindicata.* Tradidit Bzovius in vita Silvestri, vitam dictam ab eo fuisse exaratam, cùm jam esset Pontifex Romanus. Commune habet initium cum vita, quæ edita in Lectionibus Antiquis, ac inter scriptores Bohemiæ cum Cosmæ Pragensis chronico: finem tamen ejus diversum esse observavi, nec non in medio, levissime eadem comparata cum editione ne Canisiana, differentiam animadverti. Errat verò Bzovius, quando ait vitam eam à Surio & Canisio anonymo autori adscriptam: diversitas enim in initio & fine, quam solam observavi, abunde testantur aliam esse vitam à Surio editam, aliam quæ lucem publicam debet Canisio.

Ibid. DVDONIS NEVSTRII opus de rebus in Galliis à Normannis gestis, extat MSum apud Cantabrigienses in bibliotheca Collegii S. Benedicti, teste Thoma James, cui inscribitur, *Libri* XVI *historiæ Rom. & Normannorum per Dudonem.*] Duchesnius edidit Dudonis à S. Quintino, seu decani S. Quintini, libros duos de moribus & actis Normannorum, inscriptos Adelberoni episcopo Laudunensi.

Pag. 357. S. Pyriminii, qui Meldensis, vel, juxta alios, Metensis fuit episcopus.] Nec Metenses, nec Meldenses inter episcopos Sammarthanis agnitus hic Pyriminius. Eundem Vossius *pag.* 365. & 458. vocat S. Pirminium episcopum Meldensem. Fuit verò is primus abbas Augiensis & Fabariensis. Cum Vossio eundem errorem (si tamen error est) errant Wiguleus Hundius, Andr. Saussèyus, aliique magni nominis viri

viri, qui Metensem episcopum fuisse volunt: ut & Tritthemius, qui ex monacho episcopum Meldensem facit; nec non Fundatio monasterii Althæ, & Bucelinus, cum tamen hic sub abbatibus Tholegiensibus Pirminium vocet tantum chorepiscopum vel Meldensem, vel Metensem, eundemque scribat recusâsse episcopatum Metensem sive Meldensem. Illud sane constat, Pyrimiuum ab Hermanno Contracto in Chronico auctiori, quod lucem debet Canisio, vocari tantum abbatem & chorepiscopum. Nec inter Metenses episcopos agnoscitur Bucelino: at præ cæteris maximo argumento est Pirminium non fuisse episcopum Metensem, quod ejus non meminerit Paulus Warnefridi Diaconus.

Ibid. Liudolfus ad fastigium archiepiscopatus Trevirensis pervenerat anno IƆCCCCXCIX, atque anno decessit CIƆVIII.] Sammarthani tradunt Luitolfum, seu Luidulphum archiepiscopum Trevirensem creatum a. 989. obiisse a. 1005.

Pag. 359. Anno CIƆV claruit THEODERICVS, S. MATTHIÆ prope Treverim monachus eruditus: qui argumentum elegit sui ævi, signando literis inventionem reliliquiarum S. Celsi Confessoris.] De ætate hujus Theoderici notanda verba G. Bucelini inter abbates S. Matthiæ Trevirensis: 1 *Gotherius obiit a.* 987. 2 *Gunderadus, cujus meminit diserte in miraculis S. Celsi Theodericus.* 3 *Richardus decessit 8 Id. Aug. a.* 1024. *Clarent suis apud posteros ingenii monumentis relictis Golscherus, Theodericus & Theodorus Monasterii D. Matthiæ alumni.* Vt tamen videant lectores, quàm diversa & sibi contraria hic author scribat circa ætatem & Theoderici, & Golscheri, placet subjungere, quæ de iis tradidit. Et de Theoderico quidem scribit sub 13 abbate Godefrido: *Is Godefridus cum Epternacensis monasterii abbas a.* 1181, *teste Theoderico monacho, qui ad eum scripsit, creatus*, &c. At de Golschero sub 16 & 17 abbatibus: 16 *Theodericus abbas ab a.* 1257 *ad a.* 1287, *gravissimas persecutiones cum suis sustinuit, quas prolixè refert Brouwerus in Annal. Treverensibus, ex Golschero monacho S. Matth. (si rectè memini) qui de hiis volumen conscripsit.* 17 *Alexander. Hic multa cum pace monasterium rexit an.* 19. *mensibus* 4. *d.* 29. *ob. an. Dn.* 1306. 7 *Cal. Iunii*; Brouwerus, *Iulii.* *Hoc abbate, ut refert Antonius Mesenich, floruit pereximium illud eruditionis jubar, Golscerus, hujus monasterii professus, sacerdos & scriptor ecclesiasticus, nulli pene secundus: quippe qui de laudibus SS. Eucharii & Valerii*

D 5 *at-*

atque Materni doctissimos commentarios absolverit: Gesta Trevirorum insigni volumine complexus sit, &c. Hæc obiter de Golschero, qui Vosii industriam fugit, occasione Theoderici addere volui.

Pag. 361. Anno CIƆXX florebat REINERVS, monachus Leodicensis cœnobii S. Laurentii.] Si hic autor idem cum Reinerio illo monacho S. Laurentii Leodicensis, qui descripsisse dicitur vitam Lamberti, Reginardi & Friderici Namurcensis, episcoporum Leodicensium, nec non abbatum & religiosorum scriptis celebrium ad S. Laurentii. utique toto seculo recentior fuerit. Obiit enim Fridericus iste a. 1120. 2. Cal. Julii.

Ibid. S. Woldobonis] qui aliis S. Woldo nuncupatur, diciturque obiisse a. 1020. 11. Cal. Maji.

Pag. 364. FVLBERTVS Carnotensis obiit anno CIƆXXXI, vel, juxta alios, CIƆXXVIII,] *al.* 1029.

scripsit vitam S. Autberti (episcopi Cameracensis,) quæ est apud Surium ad d. XIII. Decembr.] Sed mutila. Integra extat MSa Cameraci.

Pag. 365. S. Harvicus obiit anno Christi CIƆXXIV.] Rectius a. 1023. Errat

Errat ergò Voſsius, quando *pag.* 437. ait S. Hartvicum anno 915 Friderico in epiſcopatu Salisburgenſi ſuccesſiſſe.

Ibid. S. Harvici vita à S. EBERARDO, qui Conrado II Imperatore effulgebat, diſcipulo S. Harvici, Salisburgenſis epiſcopi, ſcripta reperitur apud Caniſium Tomo II antiquæ lectionis. Meminit Baronius quoque ad annum memoratum.] Baronius non ad annum memoratum, ſed ad præcedentem, nempe a. 1023. quo & S. Hartvicum recte tradit deceſſiſſe, ſcribit: *S. Hartvici res præclare geſtas ſcripſit ejus diſcipulus, æque ſanctus Eberardus, quas diligentiâ Henrici Caniſii editas, habes tomo 2. lectionum antiquarum.* Verum ipſe falſus Voſſium quoque fefellit. Nam vita illa non eſt ſcripta à S. Eberhardo, nec à diſcipulo S. Hartvici; ſed ab anonymo, diſcipulo S. Eberhardi, duobus fere ſeculis S. Hartvico juniore. Neque id ſolum diſertis verbis prodit Caniſius, ſed ex ipſis vitis SS. Rudberti, Virgilii, Hardvici, Gebhardi & Eberhardi, quas Caniſius repræſentat tomo 2. & plenius tomo 6. liquet autorem eas ſcripſiſſe circa a. 1186. Imò neque S. Eberhardus fuit diſcipulus S. Hartvici, ceu eo longe recentior. Recte de dictis vitis, earumque autore egit ipſe Voſſius *pag.* 437.

Pag. 367. BERNO monachus S. Galli,] Prumiensis Sammarthanis.

decessit anno gratiæ CIƆXLV. VII. Id. Jan.] Juxta Sammarthanos a. 1048. 7 Junii: quibus cum Vossio in eo est consensus: quod Augiense monasterium rexerit annos 39. Goldastus refert, Bernonem quoque Chronicon scripsisse.

Hincmari Rhemensis archiepiscopi discipulum fuisse, indicio esse videtur epistola ipsius Hincmari ad Æneam Parisiensem episcopum; quam ex Vaticana bibliotheca, occasione junioris cujusdam Bernonis, refert Baronius loco non suo; nempe demum ad annum IƆCCCCXII.] Cum Berno defunctus sit a. 1048. ex sententia ipsius autoris a. 1045. Æneas ante a. 876. Hincmarus a. 882. utique minime potuit Berno hic fuisse discipulus Hincmari Rhemensis, neque ejus mentio fieri epist. ad Æneam Parisiensem; sed non paullo antiquior illo Berno abbas Cluniacensis, quem Baronius a. 912 obiisse vult, Hincmari discipulus esse potuit: inprimis cum Bernonem illum Hincmarus adolescentem vocet, Baronius eundem quem Vossius errat errorem.

Ibid.

Ibid. Ætate Henrici II. **Conradi** II. ac Henrici III. Imp. fuit ROGE-RVS, *abbas Cœnobii de cruce S. Laufredi in Britannia, Ord. D. Benedicti, congregationis Cluniacensis.*] Abbatia de Cruce S. Leufredi in Normannia, abbatiæ S. Germani de Pratis data & counita fuit vel ante fundationem cœnobii Cluniacensis. Rogeri autem inter abbates de cruce S. Laufredi nulla mentio apud Sammarthanos.

Pag. 368. Ad hunc Rogerum Guitmundus contra Berengarium scripsisse creditur.] Si id verum est, Rogerus utique fuit recentior. Nam Henricus II imperare cœpit a. 1001. Henricus III vivere desiit a. 1056. At Guitmundus ex monacho S. Leufredi episcopus Aversanus superstes fuit post a. 1088. Ex diplomate enim Calixti II. PP. (quod Vghellus habet pro spurio) liquet Guitmundum ab Vrbano II. PP. qui præfuit ab a. 1088. ad a. 1099. consecratum episcopum Aversanum, licet Vghellus jam sub Gregorio VII. PP. qui sedit ab a. 1073. ad a. 1085. ea dignitate præditum velit. Ante Gregorium VII nulla sane mentio Guitmundi, qui ipse testis locuples est, se scribere sub Gregorii dicti pontificatu. Sammarthani circa a. 1079 tempore Guitmundi monachi abbatem S. Leufredi statuunt non Rogerum, sed Odilonem.

Ibid.

Ibid. EVERWINVS Germanus, monasterii S. Mauritii abbas Doleiensis, sive Toleiensis, in Trevirensi agro, in literas retulit vitam S. Symeonis Syracusani, monachi Trevirensis.] Suspicor hunc eundem esse, quem Gabriel Bucelinus in Germania Sacra nuncupat Eberwinum abbatem S. Martini Trevirensis, autorem vitæ S. Magnerici archiep. Trevirensis, & Historiæ sui monasterii, Vossio aliàs indictum. Ætas certè, præter nomen, patriam, vitæ institutum & diœcesim, convenit: utut Bucelinus sub abb. Dolejensibus scribat: 26, *Eberwinus vitam S. Simeonis Trevirensis scripsit.*

Pag. 369. ODORANNVS condidit Chronicon, ex quo fragmentum habes in annalibus Francorum à Pythœo editis. Vide de eo quædam apud Baronium ad annum IƆCCC-LXXV.] Chronicon illud edidit Quercetanus tomo 2.

Ibid. OLBERTVS Belga, ex Lobiensi monacho abbas Gemblacensis] & primus abbas Leodicensis S. Jacobi.

librum scripsit de vita S. Veroni Confessoris,] librum scripsit de pluribus Sanctorum vitis. Bucelinus German. Sacra.

Pag. 370. HERMANNVS CONTRACTVS ex Veringensium comitum sanguine natus.] Henricus Gundelfingen in historia Austriaca nuncupat Comitem de Veringen & Sulgow.

Augiæ majoris cœnobium est ingressus.] Teste ipso Hermanno. Contra Trithemius monachum S. Galli vocat: & Henricus Gundelfingen Canonicum Augustensem. Extat Viennæ Hermanni Contracti Chronicon MS. una cum continuatione usque ad a. 1347. item aliud à variis continuatum usque ad a. 1310. quorum unus vixit a. 1264. & pòst. Dabit Lambecius in suo Syntagmate rerum Germanicarum, Anonymorum illorum Autorum hactenus ineditas Continuationes Chronici Hermanni Contracti, usque ad a. 1347.

Pag. 371. Lupoldus Bebenburgensis, qui claruit anno CIƆCCXXV.] Errorem hunc notatum vide ad *pag.* 459.

Post. Ipsius ODILONIS vita postulato Hugonis, qui Odiloni surrogatus,

gatus, exarata fuit à Petro Damiani. Eam Surius repræsentat ad 1. Jan.] Sammarthani sub 56 episc. Carnot. allegant vitam Odilonis exaratam à Silviniaci monacho, diversam ab ea quam edidit Surius.

Pag. 372. ODILO obiit anno CIƆXLVIII. ætatis suæ LXXVII, cum cœnobio suo præfuisset annis LVII. Quippe electus abbas fuerat anno IƆCCCCXCII.] Obiit ætatis suæ 87. cum cœnobio suo præfuisset annis 55. quippe electus abbas fuerat anno 994. Secundum hanc sententiam ætatis a. 32. abbas fuit electus, at secundum Vossii sententiam anno ætatis 20. quod omnino minus verosimile. Magis tamen eò inclinat animus, ut credam errore typographi LXXVII. impressum esse pro LXXXVII; & LVII pro LVI. tum quia inter a. 992 & 1048. tantum 56 intersunt anni: tum quia in vita Suriana, seu autore Petro Damiani elaborata dicitur *Odilo periisse a. 1048. ætatis suæ 87, ordinationis 56.* seu *præfuisse cœnobio suo annis 56.* Minime tamen hic dissimulandum longe diversa tradere Chronicon Malleacense, nimirum *Odilonem obdormivisse a. 1048. postquam vixisset septuaginta sex annis, ex quibus unum & quinquaginta stetit in abbatia.*

Ibid.

Ibid. *Leodicum*, non *Leodium*:] Omnino rectius *Leodicum*, quia Belgice dicitur *Luyck*, Germanice *Lüttich*, Gallice *Liege*, unde *Legiensis*, pro *Leodicensis* apud scriptores Gallicos. *Luyck* autem dicitur contractè pro *Luydick*, τῷ *Leo* verso in *Luy*, sicut & *Leopardus* Belgis est *Luypard*.

Mox. *Guatonis episcopi*] Hic etiam dicitur *Vazo*, seu *Vuazo*.

Post. HAYMONIS CANTVARIENSIS sunt libri X de memoria rerum Christianarum.] De hoc errore egi ad *pag.* 314.

atque alia, quæ in catalogis suis commemorant Petrus Equilinus, & Bostonus Buriensis.] Vbi id quærendum in Petro Equilino, qui scripsit catalogum sanctorum.

Pag. 373. MARBODVS librum composuit de vita S. Magnoboldi episcopi Andegavensis:] Non solum S. Magnobodi, sed & Licinii episcopi Andegavensis vitam conscripsit.

Pag. 374. DROGO in episcopatu Morinensi Balduino successit anno CIƆXXXVI. Alii tamen referunt
ad

ad annum Christi CIƆXXXI. Præfuit annis XL. Obiit an. CIƆLXXVIII. —— Obiit anno Christi CIƆLXXIX, cum annis sedisset XLIV.] Posito primo anno episcopatus, sive 1031. sive 1036. & ultimo sive 1078. sive 1079. non potuit præfuisse vel 40. vel 44 annis, sed minimum 42. maximum 48. Verissima sententia est episcopum creatum a. 1031. obiisse a. 1078. præfuisse annos 47.

Nominis sui memoriam extendit vita S. Godolevæ virginis & martyris,] quam Ratbodo II episcopo Noviomensi inscripsit.

Post. WIBERTVS] *al.* Vigbertus. archidiaconus] Tullensis.

Ibid. S. Bertinus Audomaro successit anno IƆCXCV,] Audomarus quidem periit a. 695. sed successit ei Drantius, non Bertinus, quia Bertinus jam ante a. 657. abbas fuit dicti monasterii Sithiensis in pago Teruanense. Verum tamen est 1. S. Audomarum, (à quo oppidum Audomaropolitanum, denominatum fanum S. Audomari, hodie *S. Omer*,) apud Sithieu exstruxisse ecclesiam B Mariæ in monte, eamque S. Bertino dedisse. 2. Adroaldum dare voluisse hæreditatem suam, nempe villam Sithiu nuncupatam in pago Teruanensi,

nensi, Audomaro, ad ædificandum Xenodochium, sed Audomarum ipsum Adroaldo consilium dedisse; ut istam villam potius delegaret presbyteris Bertino, Momoleno, Ebertrando, ut ibi monasterium in honore Petri Principis Apostolorum construere deberent: quod etiam effectum; deinde illud monasterium à nomine primi abbatis Bertini denominatum, cujus secundus abbas fuit Mommolenus.

Pag. 376. GVAIFERIVS (qui & BENEDICTINVS SALERNITANVS vocatur) Casinensis cœnobii monachus:] Possevino *Guaiferius, qui & Benedictus Salernitanus.* Fuit monachus Casinensis Ordinis S. Benedicti.

composuit vitam S. Secundi, episcopi Trojani.] Scribit quidem Vghellus, in cathedrali ecclesiæ Trojanæ, jacere corpus episcopi *Secundini*: (ita enim recte legit, pro *Secundi*:) sed catalogo episcoporum Trojanorum eum non inserit, quem demum auspicatur ab a. 1028. quo electus & consecratus episcopus Angelus.

Ibid. ALPHANVS Salernitanus versu Hexametro ad Roffridum scripsit vitam, & agona duodecim sanctorum Beneventanorum. Commentatus

tatus quoque est de aliis sanctis. Baronius ad an. CIƆCVII, commemorat epitaphium, quod fecit Bernardo, episcopo Praenestino. Epitaphium itidem quod Petro Leoni scripsit, ex MSo bibliothecae Cassinensis codice refert ad annum CIƆCXI.]
Vossius V. C. hic duos Alphanos Salernitanos in unum confundit, quorum primus sedit ab a. 1058. usque ad annum 1085. secundus ab a. 1085. ad a. 1121. Primus scripsit hexametrum carmen ad Roffridum de vita & agone duodecim sanctorum Beneventanorum. Petrus Diacon. Cassinensis de viris illustr. hoc opus in duo distinguit, quando recensens opera Alphani, scribit: *ad Rofridum monachum Cassinensem; metrum heroicum in honorem sanctorum duodecim fratrum.* Alphanus primus quoque nudo & lucidissimo sermone, ut aït Petrus Cassinensis, composuit passionem S. Christinae, stylo soluto; multaque carmina de sanctis variis. Secundum vero Alphanum autorem agnoscunt epitaphia Bernardi Praenestini, & Petri Leonis, utut Ferd. Vghellus epitaphium Petri Leonis carminibus primi Alphani immisceat.

Pag. 379. Eodem Henrico IV imperante, fuit LAMBERTVS DE LEGIA, sive Leodicensis.]

Minimè alius hic esse videtur à *Lamberto Leodicensi*, de quo agit Vossius *pag.* 456. loco indebito. Præter nomen profecto, cognomen seu patriam, studium, & ætas convenit. Nam legi in Gabr. Bucelini Germania sacra, Lambertum abbatem Leodicensem ad S. Laurentium prosâ, metroque plura scripsisse; vitam inprimis S. Heriberti Coloniensis archiepiscopi, & Officia de diversis sanctis. Confer quæ dicentur ad *pag.* 456.

Pag. 380. LISIARDVS, Suessionensis episcopus, scripsisse dicitur ad Radulphum, Rhemensem archiepiscopum, vitam S. Arnulphi; cui in episcopatu successerat. Obiit autem Arnulphus an. Chr. CIƆLXXXVII. — Nec illud prætereundum, Lisiardo huic, à Guiberto abbate monasterii S. Mariæ Novigenti, dedicatos esse *&c.*] Si Lisiardus immediate successisset Arnulpho, justo loco eum statuisset Vossius: quia verò successit Manassi, Manasses Hugoni, Hugo Henrico, Henricus Hilgoto, Hilgotus Arnulpho; & quia Suessionensis episcopus adlectus a. 1108. obiit a. 1127. recentior utique est. Quæ ejus ætas etiam sciri potuerat à Vossio ex adjunctis Radulpho & Guiberto: quorum ille archiepiscopus

copus Remensis ordinatus a. 1108. hic monasterio Novigenti præpositus a. 1104. scripsit post a. 1124. ut demonstrabo ad *pag.* 772.

Habes vitam hanc Arnulphi in Sylloge Surii a. d. XV. Aug. Sed eam non tam Lisiardi esse, quam Hariulfi, ostendemus inferius,] Vide *pag.* 408.

Ibid. Ego de nomine Anglici scriptoris malo credere Anglis puta Lelando, Balæo, Pitseo, qui OSBERNVM vocant; quàm Surio, (quem Baronius sequitur) qui Osbertum appellat.] Rectissime. Nam hodieque in Anglia supersunt ex Normannica familia, qui *Osborn* vocantur.

Pag. 381. Albericus, monachus trium fontium, qui Chronicon scripsit ab initio mundi usque ad annum Ch. IƆCXXVI.] Hic scriptor non tantum ad a. 626. ut Vossius scribit, sed ad a. 1241. quo ipse florebat, Chronicon suum perduxit: quod manifestum adeò est, ut nulla probatione opus sit. Ipsum monasterium triumfontium in Gallia, (memini enim aliud triumfontium coenobium prope Romam esse in Italia,) exordium habuit a. 1118.

Ibid.

Ibid. GVNTHERVS monachus Elvonensis] *leg.* Elnonensis.

claruit tempore Henrici IV. circa a 1090.] Hallervordio circa a. 1160. Ratio differentiæ est, quod Vossius hunc Guntherum distinguit à Gunthero, autore Ligurini, de quo agit *pag.* 431.

Pag. 382. ALEXANDER, abbas secundus monasterii Salvatoris, quod est Aquiscincti, vixit circa annum CIↃC: successit autem in abbatia B. Gosvino;] Hic Alexander abbas octavus fuit monasterii S. Mariæ Aquiscinctinæ, vixitque circa a. 1200. successit enim in abbatia B. Gosvino septimo abbati, qui obiit a. 1196. 9. Octobr. Quantus ergò est error Vossii!

Ibid. THEOFRIDVS EPTERNACENSIS signavit vitam S. Willebrordi archiepiscopi & abbatis Epternacensis.] Primi episcopi Vltrajectini, primique abbatis Epternacensis. Vita illa 36 capitibus distincta est.

Pag. 384. ARNVLPHVS, oriundus ex Vogburgensibus regulis,] Ex hujus chronico quædam passim allegat

Fer-

Ferdinandus Vghellus. Inprimis notandus locus, quem tomo 4. sub archiep. Mediol. pag. 134. citat in hæc verba: *Eodem tempore obeunte Valperto cathedram suscepit Arnulphus*, (nimirum a. 971.) *verè declinans à malo, & faciens bonum, cujus æquivocus existo gestorum scriptor ego præsentium, fratris verò illius pronepos verus. Hujus in episcopatu vita fuit triennis, factus nec pro certo meliori dignitate perennis, cui successit Gothifredus:* (quod contigit a. 975.) ex histor. lib. 1. Allegatur autem ex codice MSo, quod dictum *Chronicon Rerum Germanicarum*. Ex dicto loco de ætate Arnulphi judicium fieri potest, utut hoc incertius, quò longius petita origo. Scripsit paullo post a. 1030. adeoque antiquior est, quàm Vossius putavit. Jo. Bapt. Pigna de Princip. Atest. Arnulphum Mediolanensem vocat, fallitur verò quando ait scripsisse circa a. 1000: quippe mentio apud cum Heriperti archiepiscopi Mediolanensis, (ipso Pigna allegante,) creati a. 1019. Sub idem tempus, quo *Arnulphus* vixit, Vossius *pag.* 766. statuit alium historicum, *Arnoldum* Comitem Vogburgensem. Rectene, an secus, judicarint peritiores.

Othonis Fruxinensis æmulus:] Imò tota annorum centuria Othone Fruxinensi vetustior. Et si verum esset Othonis Fruxinensis æmulum fuisse Arnulphum, quem Vossius sub Henrico IV. Imp. floruisse vult:

cur

cur *pag.* 427. tantopere adversatur Simlero in epit. Gesnerianæ bibliothecæ scribenti: *Othocus Fruxinensis mysta, deinde monachus Reginoburgensis, suæ ætatis theologus & poëta præstantissimus; scripsit historias sub Imperatore Henrico IV. Aventinus.* aut cur non statuit potius duos Ottones Fruxinenses, quorum prior dictus etiam fuerit Othocus, sive Othocarus, & scripserit sub Henrico IV. Imp. alter sub Friderico Barbarossa?

Pag. 387. Gregorius VII defunctus fuit anno CIↃLXXXVI.] Cum vero huic successerit Victor III. qui ultra annum Romanæ cathedræ præfuit, quâ ratione defendere queat Vossius, quod *pag.* 392 scribit: *Obitus Papæ Victoris III, contigit anno CIↃLXXXVI.* Revera Gregorius interiit a. 1085. Victor a. 1087.

Pag. 388. Marquardus Freherus, cum BRVNONIS hujus historiam primus ederet in lucem, velut antidoti loco subjecit apologeticum; quem de unitate ecclesiæ conservanda, & schismate inter Henricum ac Gregorium, animi atque affectus sui monumentum apud omnes esse voluit, seu Venericus Vercellensis,

E   qui

qui decessit anno CIƆLXXVII: seu Walramus, vel Walrabonus, Naumburgensis episcopus, qui anno obiit CIƆCXII: vel etiam, judicio quorundam, Conradus, episcopus Vltrajectinus, qui est defunctus anno CIƆXCVIII.] Vennericus episcopus Vercellensis potius creatus fuerit a. 1077. obiit a. 1083. hunc tradunt Sigebertus, & ex eo Trithemius, sub persona Theoderici Verdunensis, seu Virdunensis, cum ipse Vennericus adhuc esset clericus Trevirensis, scripsisse contra Hildebrandum, sive Gregorium VII. PP. *de discordia regni & sacerdotii*. Theodoricus ille episcopus Virdunensis coætaneus fuit Vennerico Vercellensi, & Gregorio VII maxime adversus, ceu Teutonicus natione, cum Imperatore sentiens contra Romanam curiam. Episcopus Virdunensis ordinatus fuit vel a. 1044. secundum chronicon Divionense S. Benedicti, vel a. 1046. secundum chronicon Virdunense Hugonis abbatis Flaviniacensis, vel denique a. 1047. juxta Sammarthanos. Obiit a. 1089. secundum Hugonem Flaviniacensem, vel, si Bucelini & Sammarthanorum sententia magis arridet, a. 1090. Vide *pag.* 545. Verum Trithemius distinguit librum *de discordia regni & sacerdotii*, ab *Apologia pro Henrico*, istius autorem statuens Venericum, hujus Sigebertum Gemblacensem.

Ibid.

Ibid. Formam pastoris nostris qui gessit in hortis;] Propter rhythmum legerem, *nostris qui gessit in horis*, i. e. temporibus nostris.

Post. epistola ad Petrum abbatem S. Remigii, quæ est inter epistolas Petri abbatis Cellensis.] Idem Petrus primò abbas Cellensis S. Petri Trecensis a. 1154. & 1169. deinde abbas S. Remigii Remensis, tandem episcopus Carnotensis a. 1182. obiit a. 1187.

Pag. 389. Vidi & volumen satis amplum MSum, quod inscribitur: *Historia succincta edita à venerabili Ivone Carnotensi episcopo, de gestis quorundam regum Assyriorum, & de gestis omnium Romanorum Imperatorum, & ad ultimum de Carolo Magno, rege Francorum, & ipsius successoribus.* Provehitur usque ad tempora Ludovici Pii.] Extat in Bibl. Cæsarea exemplar istius Chronici à Nino Assyriorum Rege usque ad Imp. Ludovici Pii obitum, cujus hic titulus: *Incipiunt excerpta Ivonis, Venerabilis Episcopi Carnotensis, in primis de gestis quorundam regum Assyriorum, & de gestis omnium Romanorum Imperatorum, & ultimum* de *Karolo Magno Rege Francorum*, & *ejus filio Ludovico Pio*. Finis : *Explicit de omnibus Imperatoribus Romanis, quorum quidam reges Francorum fuerunt usque ad tempus videlicet Ludovici Pii, Karoli Magni filii, qui Ludovicus ultimus Rex Francorum & Imperator Romanorum fuit ; anno scilicet Incarnationis Dominicæ octingentesimo quarto intronizatur.*

Ibid. Illud Chronicon integrum publici juris facere Oomsius decrevit.] Hoc an Oomsius præstiterit, mihi incompertum est. Cæterum edidit chronicon illud integrum Bernardus Rottendorff Monasterii, a. 1638. vindicatum Hugoni Floriacensi monacho. Eâ in re consentientem habet Labbeum to. 2. dissert. philolog. ad Bellarm. de script. eccles. Sed Lambecius de jam memorato MSo olim Ambrasiano, nunc Viennensi, *quod, inquit, utrum revera ab ipso Ivone sit compositum, quemadmodum in præstantißimo hoc Codice MSo æquè ac in illo, ex quo Freherus id primus publicavit, clarè & expreßè scriptum legitur ; an potius, ut nonnulli asserunt, Hugoni monacho Floriacensi attribuendum sit, & quantum illud à Freheriana editione differat, alio posthac commodiore tempore & loco indicabitur.*

Ibid. Cæsare Henrico IV imperante claruit HVGO FLORIA-CEN-

CENSIS monachus, qui chronica condidit libris sex, eosque Ivoni Carnotensi dicavit.——— Ex opere hoc non amplius nunc superest, quam usque ad mortem Irenes imperatricis; qui tertius fuit annus imperii Caroli Magni; Christi autem IƆCCIII.]
Vide quæ jamjam dixi. Blondellus opusc. de Joanna Papissa hunc Hugonem antiquiorem statuit, quando scribit: *Hugo Floriacensis (ante a. 1059. Philippi Regis I. cujus coronationi Hugonis successor Rainerius interfuit) Chron. lib. 6. in Romanâ ecclesiâ Papæ Gregorio Sergius successit, & Sergio Leo IV, & Leoni Benedictus, & Benedicto Nicolaus.* Hæc Vir Clarissimus, cujus error ex eo est, quod sibi persuasum habuerit, Hugonem hunc, qui tantum monachus fuit, abbatem Floriacensem fuisse. Nam Hugo abbas fuit circa a. 1044. cui successit Rainerius. In eundem locum annotat Maresius: *Cum Hugonis Floriacensis, diversa reperiantur chronica, ut D. Congnardus observat & probat pag. 74. (nimirum operis Gallici, quod contra Blondellum scriptum,) quorum alia res Galliæ spectantia incipiunt post tempora Iohannæ, aliud universale ab orbe condito desinit in Ludovico Pio, mortuo ante illius installationem, oportet verba hic à D. Blondello citata, esse alicujus alius*

alius qui Hugonis laborem continuare voluerit. Dicitur quoque idem Hugo præter historiam Galliæ exarasse vitam S. Sacerdotis, Lemovicensis episcopi.

Pag. 390. WARNERUS Westmonasteriensis scripsit fasciculum temporum.] Ejusdem tituli opus composuit Wernerus Rolevincde Laer. Fateor autem nescire me qualis sit ille *fasciculus temporum* impressus Coloniæ anno 1541. in quo Carolus Molinæus lib. de Monarch. Franc. testatur excusas esse aliquot disputationes Albiensium Merindolanorum & Cabreriensium.

Ibid. GAUFREDUS monachus Ordinis D. Benedicti, floruit anno CIƆXCVII, ac sui gesta temporis consignavit: quæ Hieronymus Surita primus protraxit in lucem.] Gaufredus hic non est diversus à Gaufredo, de quo Vossius *pag.* 770. *Gaufredus monachus S. Benedicti, Rogerii Comitis postulato, libros IV reliquit* de acquisitione regni Siciliæ, per gloriosum principem Robertum Guiscardum, & fratres de Normannia venientes. *Laudatur ab Dominico Portonario, qui primus in lucem produxit.* Tempus sane coincidit, quia Rogerius etiam floruit anno CIƆXCVII. Deinde de præter nomen & religionem, argumentum quoque libri convenit, nam acquisitio Siciliæ facta est tempore Gaufredi, quia Robertus Guiscardus erat frater & decessor Rogerii. Sed nec pugnat quod istum Hieronymus Surita primum, hunc Dominicus Portonarius in lucem protraxit. Opus enim illud sub titulo *Gestorum sui temporis*, edente Hieronymo Surita, imprimente Dominico à Portonariis, primò lucem vidit.

Pag. 391. Etiam temporibus Henrici IV, & fortasse ulterius claruit GVIDO Ambianensis.] Decessit è vivis Guido a. 1076.

Scripsit gesta Guilielmi Conquæstoris:] Ordericus Vitalis lib. 3. *Guido Senlacium bellum descripsit, Heraldum vituperans & condemnans, Guillelmum verò collaudans & magnificans.*

Ibid. De GVILIELMI PICTAVIENSIS historia actum fuit in Bibliotheca Collegii S. Benedicti: nunc verò (ut Th. James ait) *notam hujus libri reperies, librum autem nusquam loci.*] Accepit historiam Guilielmi Pictaviensis à Cottone Quercetanus, & edidit. Cæterum de compluribus MSSis ex variis Bibliothecis tum sacrilega manu sublatis, tum fraude de exectis, egi passim in Nucleo meo historiæ ecclesiasticæ: quibus etiam addi velim epistolas MSas Pauli Pontif. Rom. quas ex Bibliotheca Vaticana sublatas ait Spondanus.

Pag. 392. LEO MARSICANVS ex Casinensi monacho episcopus OSTIENSIS] Vixit adhuc a. 1115. 5. Cal. Martii, obiit verò ante a. 1118. ad 11. Cal. April.

Ibid. in obitu papæ Victoris III. hoc est anno CIƆLXXXVI.] Vide *pag.* 387.

Pag. 393. THEODERICVS abbas S. Trudonis posteris prodidit vitam S. Rumoldi, archiepiscopi, & martyris,] Episcopi Dublinensis.

Item vitam S. Bavonis confessoris, quæ apud Surium T. V. ad 1. Oct.] Non opus fuerat idem statim post lineas 3 repetere his verbis: *Præterea vitam S. Bavonis, quæ in Sur. T. V. die 1 Oct.*

Ibid. Sub Imp. Henrico V etiam vixit STEPHANVS abbas Leodicensis ad S. Jacobum.] Obiit a. 1112. 9. Cal. Febr.

Pag. 394. Ex Possevino cognoscimus,

scimus, in codd. manu exaratis etiam adscribi Thietmaro vitam, & miracula S. Remacli.] Vide quæ dixi ad *pag.* 332. Fuit autem S. Remaclus episcopus, primusque abbas Stabulensis.

Pag. 395. SIGEBERTI GEMBLACENSIS Chronico perducto usque ad a. CIƆCXII. Robertus, abbas Montis, adjecit, quæ subjunguntur usque ad annum CIƆCCX.] Vide *pag.* 420. & 447. Radulphus de Diceto ait Sigebertum scripsisse usque ad a. 1100. Robertum abbatem S. Michaëlis de Monte usque ad a. 1147.

Aubertus Miræus novam Sigeberti editionem Antwerpiæ dedit an. CIƆIƆVIII. (leg. CIƆIƆCVIII.) In ea Sigebertum continuat Anselmus, abbas Gemblacensis, usque ad a. CIƆCXXVI. Hinc auctarium Aquicinctinum producit Miræus usque ad an. CIƆCCXXV.] Longe aliter scribit ipse Vossius *pag.* 779. scil. *Anselmus chronicon Sigeberti perduxit usque ad annum* CIƆCXXXV *(rectius:) quemadmodum inde usque ad annum* CIƆCXLIX *continuavit alius incerti nominis: hinc usque ad annum* CIƆCCXXV *monachus quidam Aquicinctinus.*

ctinus. Valliscellensis monasterii anonymus quidam monachus conscripsit appendicem ad Sigeberti Gemblacensis chronicon. Prodiit Antverpiæ a. 1608. opera Auberti Miræi. Visch.

Ibid. Anselmus, abbas Gemblacensis VIII,] Nonus.

Pag. 396. *Scripsi vitam* (verba sunt Sigeberti) *Theoderici episcopi, conditoris ipsius* (Gemblacensis) *ecclesiæ, & abbatiæ,*] Loquitur Sigebertus de Theoderico episcopo Metensi, conditore ecclesiæ & abbatiæ S. Vincentii in insula urbis Metensis: non, ut Vossius intelligit & supplet, de ecclesia & abbatia Gemblacensi.

Scripsi vitam S. Guiberti Confessoris. Reperies apud Surium.] In Cod. MSo. Ambrasiano sequitur Narratio quædam de elevatione corporis ejusdem Guiberti, quam edidit Lambecius lib. 2. Bibl. Vindob. cap. 8.

Scripsi & gesta abbatum Gemblacensium. Hæc discipulus Sigeberti continuavit ad an. usque CIↃCCXXVI.] Sigebertus defunctus est a. 1112. quomodo ergo discipulus ejus adhuc a. 1236. scribere potuit? Dubio procul D. Vossius a. 1136.

1136. dicere voluit, ad quem annum Sigeberti Chronicon continuavit Anselmus, nonus abbas Gemblacensis.

Post. TVRGOTVS DVNELMENSIS, Anglus, (*Possevino* Scotus) prius monachus coenobii Dunelmensis, ac postea ab Henrico I Angliæ rege factus S. Andreæ in Scotia episcopus, & à Rege Scotiæ ibidem receptus. —reliquit commentarios de vita Malcolmi, regis Scotiæ, ejusque conjugis Margaritæ, quibus à confessionibus erat.] Non verosimile est Turgotum Dunelmensem ab Henrico I Rege Angliæ factum S. Andreæ in Scotia episcopum: non enim video, quid juris tunc temporis fuerit regi Angliæ in S. Andreæ episcopatum Scoticum. Rogerius Hoveden de eo scribit: *impetrante Alexandro Rege Scotorum ab Henrico Rege Anglorum, assumitur ad episcopatum ecclesiæ S. Andreæ.* Contra Balæus tradit, Turgotum à Malcolmo S. Andreæ episcopum electum, quando ait Turgotum longo tempore fuisse à fidei & conscientiarum consiliis Malcolmo Scotorum regi tertio, & conjugi ejus Margaritæ, à quibus effectus sit tandem Divi Andreæ antistes summus, ac Scotiæ regni primas, anno Domini 1107. ab Vlfrico

Car-

Cardinale ac Thoma Eboracensi archiepiscopo consecratus. Porrò Turgotum fuisse consecratum à Thoma Eboracensi archiepiscopo ad a. 1109. confirmant quoque Simeon Dunelmensis hist. de rebus gestis Anglorum regum, ut & Thomas Stubbs in actis Eboracensium episcoporum. Obiit Turgotus a. 1115, ut constans est sententia. Sed a. 1108. episcopum S. Andreæ creatum refert Historia Dunelmensis multò recentior Turgoto & Simeone, his verbis: *Anno ab incarnatione Domini 1108. ac tempore Regis Malcolmi & S. Margaretæ electus fuit Turgotus, Prior Dunelmensis, in episcopum S. Andreæ, consecratusque est Eboraci, & stetit per annos septem.* A Thoma archiepiscopo Eboracensi eodem anno consecrato id factum corroborat etiam Codex Mailrosensis, cum plerisque omnibus scriptoribus recentioribus. At cum Rogerio de Hoveden sentire necesse habent, quod ad regem attinet, quotquot volunt Malcolmum ante initium seculi duodecimi è vivis excessisse, adeoque & ante regimen Henrici regis Angliæ. Vide *pag.* 417.

reliquit annales sui temporis] Illos latinè scripsisse autor est Dempsterus.

Chronica Dunelmensia, quæ orditur ab anno IƆXXXV, ac perducit usque ad annum CIƆXCVII.] Simeon

meon Dunelmensis, de quo vide *pag.* 417. non levi plagio, paucis immutatis, quibus dolus facile detectus pateret, hoc Turgoti opus sibi tribuit: ediditque illam historiam Dunelmensem ab a. 635. ad a. 1096. præfixo Simeonis nomine, Rogerius Twysden.

Pag. 397. RAINALDVS abbas *Viceliacensis*,] Electus a. 1108. postea archiepiscopus Lugdunensis obiit a. 1129. frater erat Hugonis Cluniacensis abbatis, cujus vitam descripsit.

Pag. 398. Anno CIƆCXV, vel circiter, orbi literato innotuit RODVLPHVS S. Trudonis abbas. Composuit chronicon ad sua usque tempora, quod in cœnobio S. Trudonis adservatur MSum.] Scripsit a. 1136. Gesta abbatum Trudonensium O. B. dicta Chronicon Abbatiæ S. Trudonis, libris 13. ab a. 999 ad a. 1136. quod edidit Dacherius to. 7. Spicilegii Veterum Scriptorum. Allegant tamen Sammarthani Chronicon S. Trudonis, quasi in eo scriptum, Stephanum de Bar episcopum Metensem vitæ metam attigisse a. 1164. 4. Cal. Augusti.

Pag. 399. S. Valentini, episcopi Patavini] Nullus unquam Valentinus fuit episcopus Patavinus, i. e. civitatis Patavii, nunc

nunc Paduæ, in Lombardia; sed Pataviensis, ut ipse autor vitæ ejus tradit. Est enim S. Valentinus Paraviæ civitatis in Norico patronus. Verum nec hunc Valentinum, nec Dadericum, sub quo teste prædicto autore, ejus translatio Patavium contigit, in catalogo præsulum Pataviensium agnoscit Wiguläus Hundius.

Pag. 403. HILDEBERTVS CENOMANENSIS] Vide ad *p.* 469.

Pag. 404. Cenomanensi ecclesiæ præfuit annis XXII.] Rectius annis 28. Ordericus enim Vitalis coætaneus Hildeberti lib. 4. hist. Eccles. dicit annis fere 30 Cenomanensem præsulatum tenuisse.

Literis mandavit vitam S. Hugonis abbatis Cluniacensis.] Idem fecit Rainaldus abbas Viceliacensis & Hugo Cluniacensis monachus, ut Vossius refert *pag.* 379. & 397. Cæterum Petrus de Marca hist. Bearnii lib. 4. cap. 15. sect. 3. allegat Auctorem Relationis miracul. S. Hugonis Cluniacensis.

Ibid. in Guilleberti locum, anno gratiæ CIƆCXXIX, Turonensis episcopus creatus] A. 1125. juxta Ordericum. In quo tamen conciliare nequeo, quod meminit Pagani, qui a. 1136 episcopus factus Cenomanensis, & quod dicit Hildebertum fere 35 annis præsulatus officium exerercuisse, & adhuc illo tempore vivere, quem dicunt obiisse a. 1136. 18. Decembris. Conciliatione nulla opus esset, si cum Vossio Hildebertum anno gratiæ 1129 Turonensem episcopatum adeptum dicere liceret.

Pag. 405. GVILIELMI GEMETICENSIS libros VII ab interitu vindicavit Guilielmus Camdenus.] At in Gallia Christiana sub 48 & 49 archiep. Rothomagensi, allegatur libri octavi caput tertium, allegatur quoque liber octavus, ejusdemque libri cap. 24. to. 4. sub abb. Beccensibus.

Pag. 406. RVPERTVS, abbas TVITIENSIS elaboravit commentarios de divinis officiis anno CIƆCXI: quo sub Berengero, seu Berengario abbate, in monasterio S. Laurentii juxta Leodicum monachus degebat.] Gabrieli Bucelino Rupertus modò est monachus S. Laurentii, modo perperam S. Iacobi Leodicensis. *Contendunt* (inquit alio loco) *religiosi S. Iacobi, quod ad S. Iacobum professionem emiserit, sed ad S. Laurentii missus sit*, &c.

Item edidit vitam S. Hereberti, archiepiscopi Coloniensis. Ejus quidem non meminit Bellarminus in scriptoribus ecclesiasticis, ubi de Ruperto hoc agit: sed habes apud Surium T. II. die XVI. Mart. &, ut genuinam agnoscit Baronius. Quamquam non tam auctor ejus vitæ, quàm expolitor fuit.] Verissimè. Quippe Rupertus Tuitiensis vitam S. Hereberti a Lamberto Leodicensi, (de quo vide *pag.* 456.) elucubratam, *prioris styli rubigine subobscuram, novo rescripsit stylo.*

Obiit anno CIƆCXXXV.] Secundum alios a. 1127.

Pag. 407. S. BERNARDVS, abbas Clarævallensis, libro integro complexus est vitam B. Malachiæ, episcopi Hiberni. MSus ejus Codex adservatur Cantabrigiæ in bibl. Coll. S. Benedicti. Cæterum apud nonnullos reperio, vitam Malachiæ hujus ad B. Bernardum scriptam fuisse à Congano, abbate Hibernico, Ord. Cisterc. Sed Bernardo ipsi tribuit & Godfridus, discipulus Bernardi, item appendix Henrici de Gandavo: ut omittam Philippum Bergomatem.]

Ludo-

in Voßii Hist. Latinos.

Ludovicus Jacob à S. Carolo, in Bibl. Pontificia, refert Bernardum scripsisse *vitam S. Melchiadis Papæ*, quæ extet MSa Cantabrigiæ, in Bibl. S. Benedicti. Credit tamen Carolus de Visch, esse *vitam B. Melchiadis Scoti*, Religiosi Clarævallensis. Et licet præterea idem Visch Bernardo tribuat vitam Malachiæ archiepiscopi Armachani; ego tamen contra quoscunque ausim pignore deposito certare, eandem esse vitam Melchiadis & Malachiæ. Tutò de hac re sententiam pronunciet, qui vitam, quæ dicitur Melchiadis, extantem Cantabrigiæ in Coll. Benedict. contulerit cum vita Malachiæ impressa in Surio, & operib. Bernardi. Vischius utrumque Bernardo coætaneum statuit.

Ibid. vita S. Gerardi monachi] Clarævallensis, fratris Bernardi.

quæ apud Surium T. VII. die XIII. Jun.] Tomo 3 edit. 2ª, & Tomo 7 Mosandri.

Ibid. B. Bernardo, abbati Clarævallensi, familiaris fuit PHILIPPUS ab Eleemosyna, cognomine ab HARVENG, abbas secundus monasterii Bonæ spei.] Vischius familiarem Bernardo fuisse statuit Philippum Eleemosynæ abbatem, (qui obiit ante a. 1173. Sammarthanis ignotus,) autorem 25 epistolarum

rum, cumque distinguit à Philippo ab Harveng, abbate Bonæ spei, (cui *ab eleemosyna* cognomen indunt.) Sententiam Vischii præter ejus rationes, & Sylvii, confirmat & id, quod Robertus episcopus Carnotensis Theobaldo abbati Fontanensi concessit locum de Landa, præsentibus Hugone archiepiscopo Senonensi, Henrico Trecensi, Gaufrido Clarevallensi, Guilelmo Saviniacensi, & Philippo de Eleemosyna abbatibus.

prodidit vitam S. Amandi, Trajectensis episcopi,] Jo. Bunderius scribit, se in S. Bertino, ut & in antiqua Bibl. Dunensi, reperisse *Vitam S. Amandi*, & *Passionem SS. Cirici & Julittæ*, scriptas à Philippo abbate de Eleemosyna. *Abbas autem Bonæ Spei*, (inquit Visch) *licet forte cognominatus fuerit de eleemosyna, nunquam tamen fuit abbas alicujus Cœnobii, quod vocatur de Eleemosyna.* Vide paulò infra.

& S. Landelini abbatis.] Errat itaque Vossius, quando eum secundo loco reponit *pag.* 716. ibique pro autore incertæ ætatis immeritò habet. Confer & quæ dicam ad *p.* 731.

prodidit quoque passionem Cyrici & Julittæ.] Nimirum ut abolita illa, quæ di. 15. ca. S. Rom. apocrypha declaratur, alia existeret: quod & in passione S. Georgii accidit. Notandum autem hunc Philippum, seu qui obiit a. 1183. compluribus aliis

aliis, quibus præpositus est, postponendum fuisse. Vide quæ modò diximus hac *pag.* cùm de vita S. Amandi ageremus.

Ibid. AVCTVS FLORENTI-NVS, monachus instituti Vallis umbrosæ, ac generalis suæ congregationis abbas, contexuit vitam Joannis Gualberti, qui congregationem memoratam instituerat.] Vide *pag.* 462.

Pag. 408. HARIVLFVS, abbas S Petri Aldenburgensis,] Perperam dictus Arnulphus III. in Sanderi Flandria Illustrata, qui ex archivis istius monasterii petiit seriem abbatum Aldenburgensium.

in literas retulit vitam S. Arnolphi, Suessionensium episcopi,] & primi vel secundi hujus nominis abbatis Aldenburgensis.

quam Surius edidit sub nomine Lisiardi; sed sub nomine Hariulfi integra extat in Vrsicampo,] Sammarthani: *S. Arnulfi episcopi Suessionensis vitam scripsit Lisiardus episcopus Suessionensis, & Arnulfus abbas S. Petri Aldenburgensis.*

Lamberto Dei gratia Tornacensi episcopo] & Noviomensi.

scripsit præterea Hariulphus vitam B. Ger-

B. Gèrvini II. abbatis Aldenburgensis] Gervini abbatis tertii. Idem quoque scripsit chronicon ecclesiæ Centullensis, sive S. Richarii in regione Pontivensi, Ord. Bened. quod edidit Domnus Lucas Dacherius to. 4. Spicilegii veterum scriptorum: in eo agit de rebus gestis S. Gervini primi hujus nominis abbatis Centulensis, cui a. 1074. mortuo successit Gervinus secundus. De opere illo Sammarthani: *Hariulfus in Pontivo natus, historiam Centulensis monasterii à Saxovallo ante plures annos inchoatam* 1088. *quatuor libris absolvit.* At iidem sub abbatib. Aldenburg. *Arnulphus 3. religiosus S. Ricarii in Pontivio. sub eo levatur corpus S. Arnulphi:* ex Sanderi Flandria Illustrata. Memorat quoque Hariulfus in illo opere, dictum Gervinum I in cœnobio Gorziæ invenisse codicem, in quo de S. Angilberti, aliorumque Centulensium abbatum gestis quædam continebantur.

Ibid. **HVCO DE S. VICTORE, ita dictus, quod fuerit abbas S. Victoris**] Doctor Parisiensis, natus a. 1097. Canonicus, non abbas S. Victoris Parisiensis, cœtaneus Hugonis abbatis S. Victoris in Caleto.

Chronico memoratur] quod extat MS. in Bibl. ecclesiæ Lichfieldensis in Anglia.

quod perduxit usque ad annum CIƆCXXXVIII, ut Matthæus Paris auctor est.] Quo antiquior Radulphus de Diceto, asserit eum chronicon suum perduxisse usque ad a. 1123. Moritur Hugo a. 1140.

Mox. DIEMO Germanus, monachus Benedictinus, signando aliquot sanctorum vitas, sui memoriam posteritati reliquit.] Vix à me impetrare possum, ut credam duos fuisse hunc *Diemonem* & *Thimonem* monachum, familiarem S. Othonis, Pomeranorum apostoli, ejusque vitæ scriptorem, quem Vossius in medium producit *pag.* 411. idque eo minus, quod videam convenire nomen, patriam, ætatem, vitæ institutum, & studia seu labores.

Post. S. Nodberti] Plerisque Nortbertus dicitur, vel Norbertus.

Pag. 409. Item tum fuit is, qui vitam conscripsit æqualis sui B. Guilhelmi, primum abbatis ordinis Cisterciensis, post archiepiscopi Bituricensis, inque eâ dignitate defuncti anno plus minus CIƆCXXXVI:] Hic autem multò recentior est, fuit enim B. Guilhelmus abbas Caroliloci Ord. Cisterciensis
a. 1197

a. 1197. archiepiscopus Bituricensis creatus a. 1199. obiit a. 1209. Vitam hujus Guillelmi scripsit Petrus Caroliloci abbas, sed utrum illa sit quæ extat apud Surium, 10. Jan. non constat. Affirmant Arnoldus de Wion, Henriquez, & alii ; improbabile putat Joannes Bollandus, in notis suis ad hanc vitam, 10. Januar. & certè, cum Surius ipse fateatur se hanc vitam edere contractam, & mutato stylo, satis liquet, non esse illam ipsam vitam integram, quam scripsit abbas Caroli loci. Ipse verò Bollandus judicat probabile, vitam ab abbate memorato scriptam, esse illam quam ipse profert secundo loco, ad 10. Januar. ex MS domus professæ Soc. Jesu, Antverp. At de hoc etiam nihil certi. Ego æque probabile judico, esse illam, quam breviavit & edidit Surius. Hæc Carolus de Visch. Cæterum Petrus primus hujus nominis abbas Caroliloci fuit ab a. 1180 ad a. 1186. decessor ipsius Guillelmi. Secundus dictus de Virejo ab a. 1458 ad a. 1471. Porrò & a. 1261 in carta Regii Thesauri memoratur abbas P. sed incertum an Petrus dictus fuerit. Nullus horum ceu coætaneus vitam Guilielmi scripsisse dici potest, Præterea Labbeus to. 2. Novæ Bibl. MSS. sect. 2. edidit ejusdem Guilielmi vitam & miracula, auctore quodam Canonico Bituricensi, nunquam ante publicam in lucem typis editam: item, ejusdem S. Guillelmi vitæ ac rerum gestarum summa capita.

pita. Memini etiam alium quendam scripsisse vitæ Guillelmi compendium. Porrò memoriæ proditum est, Radulphum Caroliloci monachum, S. Guillelmi archiep. Bituricensis, ejusdem monasterii quondam abbatis scribam, edidisse *de gestis præfati Guillielmi opus insigne, quod ex multis authoribus collegit, & in unum volumen consarcinavit*, quod in membranis descriptum extat in Caroli loco, teste Seguino ejusdem loci Priore. Vixisse traditur Radulphus a. 1210. Fuit (inquit Carolus de Visch) & Petrus Caroliloci abbas, qui legitur scripsisse vitam ejusdem S. archiepiscopi; verum utrum diversa ab hoc opere, me latet. Hæc dictus Visch. Atenim ego non perspicio qui consistere possint, Radulphum vixisse a. 1210. fuisseque scribam Guillelmi ipsius, & tamen eundem ex multis authoribus gesta Guillelmi collegisse, & in unum volumen consarcinasse:

Ibid. ab obitu Papæ Victoris III, sive anno gratiæ CIƆLXXXVI.] Vide *pag.* 387.

Pag. 410. Alius autem ab hoc Petro Casinensi diacono est Petrus ille, itidem Casinensis diaconus, qui vitam S. Athanasii Neapolitani descripsit; ut libro proximo dicemus.]
Ferd. Vghellus to. 6. Italiæ sacræ ob vitam S.
Atha-

Athanasii Neapolitani non constituit duos Petros diaconos Cassinenses, sed negat solummodo dictæ vitæ autorem esse Petrum diaconum Cassinensem, eundemque Anonymum dicit. De supposito hoc Petro Cassinensi, ceu autore vitæ S. Athanasiii Vossius agit *pag.* 758.

Pag. 411. PETRVS VENERABILIS abbas Cluniacensis nonus, & generalis octavus,] Nonus & abbas & Generalis.

decessit CIƆCLVIII.] Sammarthanis verius a. 1157. 8. Cal. Januar. i.e. ipso Natalitiorum die.

Ibid. GVILIELMVS abbas S. Theoderici,] Jam a. 1120. octodecim annis ante imperium Conradi *Suevi*.

posteaque monachus Clarævallensis sub B. Bernardo:] Ex abbate S. Theoderici Remensis, sub Bernardo abbate Signiacensi, diverso à B. Bernardo Clarævallensi abbate, monachus abbatiæ Signiacensis seu *Signeiensis*, filiæ tertiæ Cistercii, quæ mater totius Ordinis Cisterciensis. Cæterum de errore, quo Guilielmus statuitur professus in Claravalle, vide Caroli de Visch Bibl. Cisterc.

Hujus est liber primus de vita Bernarnardi, qui apud Surium legitur die XX. Aug. Quatuor sequentes sibi vindicat Bernardus, Bonævallensis abbas.] *Brocardus prius Balernæ, post Bellævallensis diœc. Bisontic. Ord. Cisterc. abbas*, memoratur cap. ult. lib. 1. vitæ Bernardi censuram scripsisse, & quamquam idem à quibusdam etiam *Borcardus* nuncupatur, potior mihi tamen est autoritas inscriptionis sepulcralis. Abbatiæ Balernensis munus adeptus a. 1136. vivebat adhuc a. 1163. discipulus Bernardi Clarævallensis. Dicitque Visch Buchardum (ita eum vocat) scripsisse caput 14. & ultimum libri 4 vitæ S. Bernardi, conscripti à Guillielmo Sancti Theodorici : quod caput rectè dici posset, *Præfatio ad dictum librum.* Ejusdem abbatiæ Bellævallensis abbatem Bernardum a. 1173 fuisse referunt Sammarthani, qui & idem quod de Brocardo dixi tradunt. Iidem memorant Bonævallensis cœnobii diœc. Vienn. Ord. Cisterc. abbatem fuisse Bernardum, vitæ Bernardi Clarævallensis autorem : & sub dicto Bernardo Clarævallensi scribunt: *Vitam Bernardi primus edidit illo vivente Guilelmus abbas S. Theoderici Remensis ; deinde secundum librum exaravit Bernardus abbas Bonævallensis Cisterc. Ord. denique tres ultimos conscripsit Gofridus monachus Clarævallensis, prædicti S. Bernardi ab epistolis.* Hic Godefridus a. 1148. Cardinalis *Alba-*

banensis rogatu elucubravit historiam accuratissimam de S. Bernardi gestis. Fuit Godefridus abbas Clarævallensis quartus a. 1162. Sammarthani porrò in eo errant, quod librum 2 allegant sub nomine Guilielmi, sub 55 episc. Autissiodor. Iidem sub 51 archiep. Remensi, ex lib. 2. cap. 1. vitæ S. Bernardi conscriptæ à Bernero abbate Bonævallis, allegant, Pseudo-Pontificem Anacletum, unà cum schismaticis fautoribus excommunicatum. Fateor equidem fuisse Bernerum Bonævallensem abbatem, diœces. Carnot. Ord. Bened; eundemque coætaneum fuisse Bernardo abbati Clarævallensi inde liquet, quod Goffridus abbas Vindocinensis, qui interiit a. 1132, ad hunc Bernerum legatur scripsisse. At scio locum allegatum extare apud Surium lib. 2. cap. 1. vitæ S. Bernardi conscripto à Bernardo abbate Bonævallensi, diœc. Viënn. Ord. Cisterc. Porrò autorem lib. 2. vitæ *Bernardi*, pro Bernardo quidam vocant Arnoldum seu Ernaldum, Bonævallis Carnotensis abbatem, secundum Henricum de Gandavo, autorem librorum 4 posteriorum vitæ Bernardi. Scripsere quoque vitam Bernardi Vossio ignoti, Gerardus abbas Longipontis, Alanus, cùm abdicato episcopatu Autissiodorensi esset monachus Clarævallis, Philotæus, & Ægidius de Dammis, de quibus in Auctario. Porro librorum trium de miraculis, à Bernardo do in Germania & Belgio patratis, primum fertur scripsisse Philippus monachus Claraevallensis vivo Bernardo, secundum Eberardus itidem monachus Claraevallensis, tertium Godefridus monachus ad Hermannum Constant. episc. Quâ de re fusius agentem adi Carolum de Visch in Bibl. Cisterciensi. Controversia autem est inter eruditos, circa Gaufridum Autissiodorensem, quem Seguinus statuit autorem libri 3 miraculorum à Bernardo in Germania patratorum: Manriquez id negat, solo illo fundamento nixus, quod Gaufridum Autissiodorensem tutò supponit eundem esse cum Gaufrido notario Bernardi, & postea abbate Claraevallis, scriptore librorum 3 postremorum vitae Bernardi. Contra eum contendit Carolus de Visch, librum 3. miraculorum à Bernardo in Germania patratorum conscriptum esse à Gaufrido Autissiodorensi, diverso à Gaufrido notario Bernardi, & post abb. Claraevall. scriptore librorum 3 postrestremorum vitae Bernardi. Porrò ab utroque distinguit Gaufridum ex Priore Claraevall. (& abb. 1. Fontaneti) Lingonensem episcopum, quem Joannes Picardus Canonicus Regularis S. Victoris & Andreas Saussayus Martyrol. Gall. 22 Julii, affirmant esse autorem librorum 3 postremorum vitae Bernardi. Contra ipse vult, Gaufridum hunc tantum reliquisse *Annotationes quasdam in vitam Bernardi*, quibus Alanus usus compilavit vitam compendiosam Bernardi. Eundemq; esse cum Guarnerio, seu Garnerio, quem ex primo abbate Fonteneti, Lingonensem episcopum, scripsisse librum miraculorum Bernardi tradit Claudius Chalemot, cum Vischio consentientibus Sammarthanis. Cæterum judicio Vischii, tres illi Gaufridi eodem tempore religiosi Clarævallis fuere. Porrò ad libros tres de miraculis Bernardi in Germania & Belgio patratis, præter jam dictos contulere quædam Wolhemarus Constant. monachus, & Gerardus monachus, Vischio cognom. Leodicensis, O. C. & forte Clarævallensis.

Post. Samson factus est archiepiscopus Remensis, anno CIƆCXXXIX.] A. 1137.

Mox. THIMON monachus, & S. Othoni gratus, acceptusque, qui & quinquennis ejus fuisse mimulus creditur, scripsit vitam dicti Othonis, qui in Pomeraniam ad prædicandū euangelium profectus fuerat.] Vide *pag.* 408.

Pag. 412. RADVLPHVS Gallus monachus Cluniacensis] Pictaviensis.

Pag. 413. GVILIELMVS RHIEVALLENSIS obiit anno CIƆCXL.] Vixit adhuc a. 1160. quo Anglici regni clavum tenebat Henricus II. Carolus de Visch.

Pag. 414. **GVALTERVS HEMLINGTONVS** auctor à nonnullis putatur librorū V de gestis Alexandri:] *Gualterus Philipp. Castellionius* l. 9 expressit gesta ejusdem Alexandri Magni: ut ait Vossius p. 478.

Ibid. **GVILIELMVS MALMESBVRIENSIS**, cognomine **SOMERSET**, atque aliter **BIBLIOTHECARIVS**.] Hic metuo, ne fallatur Vossius. Quippe Blondellus lib. de Joanna Papissa tradit *Guilielmum Bibliothecarium* circa a. 880 scripsisse vitam Hadriani II. PP. Imò ipse Vossius *pag.* 319. ait: *Anastasius Bibliothecarius scripsit Pontificum vitas; quarum postrema est Nicolai I. Nam duæ sequentes, Hadriani II, & Stephani VI, Guilielmum, itidem Bibliothecarium, auctorem habent.* (Stephanus ille obiit a. 890. vel 891. unde apparet Blondellum justo antiquiorem statuere Guilielmum Bibliothecarium.) Neque verò Vossius inter opera Guilielmi Malmesburiensis recenset vitas Hadriani II & Stephani VI PP. neque alterum Guilielmum Bibliothecarium historicis accenset nisi d. l. ὡς ἐν παρόδῳ.

Historiam Novellam condidit: quæ MSa extat Cantabrigiæ in publica bibliotheca. In Epigraphe ἁπλῶς vocatur Guilielmus monachus:] Non fuerat ergò hic autor denuo repetendus inter incertæ ætatis scriptore *pag.* 705. his verbis *GVILHELMVS monachus historiam condidit novellam, quæ MSa Cantabrigiæ in bibliotheca publica exstat.*

Pag. 415. S. Benedicti] S. Trinitatis Vsserio antiqu. eccles. Britann.

Pag. 416. EALREDVS edidit vitam Eduardi, Anglorum regis, & confessoris; —— item librum composuit de miraculis ejusdem.] Rogerius Twysden edidit Ealredi tractatum unum continentem vitam & miracula Eduardi Regis & Confessoris.

quæ primum à Capravio edita, & apud Surium legitur] *Sed vero tum in principio & fine, tum sæpius in mediis adeò illa utraque curta & manca est, ut primæ Confessoriæ illius vitæ ab Ailredo conscriptæ editionis nomen hæc quæ jam prodit*, opera Rogerii Twysden, *satis mereatur:* judice eruditissimo Seldeno.

Adhæc egit de vita, & moribus quorundam Angliæ regum.] Hoc videtur opus, quod sub titulo *Genealogiæ regum Anglorum* edidit Rogerius Twysden. Diciturque epistola scripta ad Henricum tunc Normannorum, Aquitanorumque ducem & comitem, pòst Regem Angliæ: utut Pitseus distinguat *Genealogiam Regum Angliæ* ab opere *de vita & moribus quorundam Angliæ Regum.*

Insuper fecit Chronica de bello Standardi:] quod bellum gestum inter Regem Scotiæ & Barones Angliæ, apud Standardum juxta Alvertonam, circa a. 1138.

Cantabrigiæ superest ejusdem libellus MSus de quodam miraculo] Sanctimonialis de Wattun. Decessit Ealredus a. 1166.

Pag. 417. **SIMEON DVNELMENSIS librum reliquit de ecclesia Dunelmensi :**] Seldenus præfatione sua in libros historicos Anglorum à Rogerio Twysden editos, contendit opus illud esse Turgoti Dunelmensis Prioris, post S. Andreæ episcopi: constat libris 4. ac terminatur in a. 1096. Et ait quidem Seldenus se vidisse codicem Turgoti, cum hac inscriptione: *libellus de exordio atque procursu Dunelmensis ecclesiæ.* Contra Rogerius Twysden scribit: *Opus illud à Turgoto compositum aliqui credunt, cujus nomen recenti tamen manu, ei affixum, & cum dictus liber cum additamentis, quæ in fronte & calce reperiuntur, in bibl. publ. Cantabrigiensi, Simeoni Dunelmensi attribuitur, non potui alium autorem constituere.* Continuatio desinit in a. 1154. Scripsit quoque historiam de S. Cuthberto.

Præterea composuit librum de obsidione Dunelmi] & de probitate Vethrethredi Comitis, deque Comitibus, qui ei succeſſerunt.

& alium de archiepiſcopis Eboracenſibus, quem miſit ad Decanum Eboracenſem.] Hugonem. Eum edidit Rogerius Twyſden, & poſtea Labbeus to. 1. Novæ Bibl. MSS. ſect. 2. ſed mutilum, ex codice MSo epiſtolarum Ivonis Carnotenſis.

Pag. 419. GAVFRIDVS MONEMVTHENSIS edidit hiſtoriam Britannicam] Libris 12.

Pag. 420. Diverſus eſt hic ROBERTVS DE MONTE MICHAELIS à Roberto Montenſi abbate, itidem Normanno, qui Sigebertum continuavit.] Vide *pag.* 447. Hic Robertus de Monte Michaëlis præter appendicem ad Sigebertum vulgò dicitur aliud Chronicon ſcripſiſſe, necdum editum. Voſſius hoc Chronicon vult ſcriptum fuiſſe uſque ad a. 1158. non appendicem Sigeberti. Radulphus de Diceto tradit Robertum de Monte continuaſſe Sigebertum uſque ad a. 1147. Extat quoque ejuſdem hiſtoria Montis S. Michaëlis MSa. Porrò a. 1154 ſcripſit Robertus, de Monte cognomento dictus, tractatum, quo continentur catalogi, ſucceſſioneſque abbatiarum Normanniæ, ſeu Neuſtriæ.

Pag.

Pag. 421. JOANNES SARIS-
BVRIENSIS Roberti Pulli, seu
Pulleni, auditor.] Si id verum, diversus
utique ille fuerit à Roberto Pullano, seu Pul-
lo, archiepiscopo Rothomagensi ab a. 1208.
ad a. 1221.

episcopus Carnotensis ordine sexagesimus quartus :] Sexagesimus septimus Sammarthanis.

quem honorem adeptus fuit anno
CIƆCLXIV.] Secundum Sammarth. a.
1168. at secundum Robertum de Monte contin. Sigeberti a. 1170.

de Policratici opere nihil nunc dicam.] Ego itaque dicam scripsisse librum
Policratici (licet non historicum) distinctum
libris octo de Nugis Curialium, & vestigiis
Philosophorum, quod opus Theobaldo Henrici Regis Angliæ Cancellario inscripsisse auctor est Albericus; sed nihil in procemio: ut
scribunt Sammarthani. Mentio est quoque
in Philippi de Cabassola episcopi Sabinensis
(qui interiit a. 1372.) testamento, epistolæ
de Nugis Curialium, & miseria curiarum.

Idem putatur auctor *Architrenii.*]
Vide *pag.* 783.

Post. Itidem Henrici II. Anglorum

rum regis, tempore erat JOAN-
NES DE HEXHAM, five *Ha-
gulstadensis*, Britannus, monachus
Benedictinus. Hic Simeonis Dunelmensis operi de regibus Anglorum
addidit historiam XXV annorum.
Præterea descripsit bellum Scoticum.] Certe autor hic non debuerat secundo loco, idque inter ignotæ seu dubiæ
ætatis scriptores collocari, est enim ipsissi-
mus de quo *pag.* 709. *Ioannes Hagulstadensis
Prior, historia sua complexus est, quæ per aliquod tempus evenere post Henricum I Angliæ
regem.*

Alia quoque edidisse ex Balæo cognosces.] Ergo non *præteritur Balæo*, ut
autor *pag.* 709. ad quam *pag.* caussam hujus
erroris annotabo.

Pag. 422. Anno CIƆCLX fuit
JOANNES SERLO,] Lelandus in-
ter scriptores Angliæ quatuor Serlones agnoscit, ut ait Seldenus. At hic de quo agimus,
illi quartus est.

prius Eboracensi canonicatu gau-
debat: exinde factus est Cisterciensis abbas Fontanus.] *al.* ex Canonico
Eboracensi monachus Fontanus, deinde
Kirchstallensis.

Hu-

Hugoni de Kirkestede, monacho, dictavit monasterii sui Fontani res gestas: &c.] Vide pag. 470.

Ibid. ACHARDVS Canonicus August. posteaque abbas ad S. Victorem Paris.] *al.* monachus Claraevallensis.

Pag. 423. GVILIELMVS ALBANENSIS] Dicitur quoque *Guilielmus Martellus.*

latinè edidit, sed de Anglica latinam à se factam, B. Albani martyris passionem, eamque Abbati ejus loci dicavit,] Simoni, qui praefuit ab a. 1167 ad a. 1183. cujus etiam jussu opus illud fuerat aggressus.

Pag. 424. At non confundendus cum HERIBERTO DE BOSHAM, sive Bossenham, Herebertus, Anglus & ipse, & ei Hereberto, de quo diximus, aequalis; sed archiepiscopus Cusentinus:] Herebertum, qui in episcopatu Cusentino, assensu Regis Guilielmi, dicitur successisse Russo, a. 1185. & eodem anno interiisse, vocat Jo. Pitseus Herebertum Hoschomum, vel Horeschamum.

Vghel-

Vghellus autem contendit Ruffo mortuo a. 1184. successisse Petrum, nullumque agnoscit Herembertum; opinatur tamen Anglos pro *Cusentino* scribere voluisse vel debuisse *Compsanum*: vixisse enim iisdem temporibus Herembertum archiepiscopum Compsanum, Guillelmi Regis familiarem, qui & ipse Lateranensi concilio sub Alexandro III interfuerit a. 1178. quem alii Anglum, alii Hispanum fuisse tradunt. Radulphus de Diceto propius voci *Compsano*, pro *Cusentino* dicit *Consensanum*.

quem cum familia, & clero, civiumque multis, terræmotu absorptum fuisse, Nicolaus Thrivetus in Chronicis refert.] Ruffum archiepiscopum Cosentinum terræ motu periisse a. 1184. tradit Ferdinandus Vghellus.

Ibid. GVILIELMVS Cantuariensis,] De hoc aget Vossius *pag.* 425. sequenti, sub nomine GVILIELMI STEPHANIDÆ.

Pag. 425. RICHARDVS, Hagulstadensis cœnobii Prior,] Obiit a. circiter 1190.

Pag. 426. NICOLAVS WALKINGTON monachus Cisterciensis

sis studiis animum pavit in cœnobio Kirkeham:] Vischius egregie probat potius fuisse Canonicum Regularem in monasterio Kirkean: quem vide.

Pag. 427. *Anonymus de iis, quæ ecclesiæ Salisburgensi donata fuerunt. Theodoricus Thuringus de S. Elisabeth Vngara.*] De his Vossius nihil in hoc capite 53 agit, neque si id fecisset, suo loco de Theoderico egisset, quem extremis Rodulphi Habspurgensis temporibus claruisse ipse tradit *pag.* 493.

Pag. 428. in Morimundensi Burgundiæ cœnobio] diœcesis Lingonensis, ad differentiam Morimundensis cœnobii in Longobardia diœcesis Mediolanensis.

OTHO FRISINGENSIS octo libris complexus est Chronicon rerum ab initio mundi gestarum usque ad sua tempora.] Potius libris septem. Nam octavus agit de fine mundi, Antichristi persecutione, resurrectione mortuorum, judicio finali, gloria beatorum ac suppliciis damnatorum.

Pag. 429. Obiit anno CIƆCLVIII.] al. a. 1159. 11. Cal. Octobr.

Pag. 430. ECHEBERTVS, sive EGBERTVS composuit librum de obitu sororis suæ, S. Elisabethæ, virginis Schonaugiensis. Hunc Jacobus Faber Stapulensis subjunxit quinque libris visionum, sermonum, & epistolarum S. Elisabethæ.] Vischius exhibet summam septem librorum vitæ S. Elisabethæ exaratæ ab Eckberto.

Ibid. ALEXANDER Celesini cœnobii monachus, & abbas, Rogerio Siciliæ rege defuncto, ejus gesta signavit :] Scripsit illa adhuc vivente rege, ut ex ipso opere sub finem perspicere est, ubi reperitur amplum alloquium ad ipsum Rogerium.

Pag. 431. ROGERIVS, seu RVGGERVS, Fuldensis monachus,] Sub abbate Fuldensi Marquardo Bamberga. Georgius Wicelius præfat. Hagiol. Ruggerum monachum montis S. Mariæ dicit.

Ibid. GVNTHERVS] Vide *pag.* 381.

Pag. 433. S. Anthelmus obiit circa annum CIƆCLXXVI.] A. 1178. 6. Cal.

Cal. Julii, juxta monumenta Carthusianorum.

Ibid. PETRVS, presbyter Trecensis, cognomento COMESTOR,] primus decanus ecclesiæ Trecensis.

Pag. 434. Vixerit SICARDVS, Cremonensis episcopus circa annum CIƆCLX.] Sicardus ad Cremonensem episcopatum assumptus a. 1185. decessit a. 1215. die 26. Januarii, ut quidem memorat Vghellus. Quâ ergò ratione potuit Chronicon suum perduxisse ab origine mundi, usque ad a. 1221. ut refert Lambecius to. 2. de Bibl. Vindob. *pag.* 871.

Ibid. ARNOLDVS, sive ERNALDVS, abbas Bonæ-vallis] vel diœceseos Pictaviensis, O. C. vel Carnotensis O. B. ut vulgò creditur.

scriptis mandavit vitam Bernardi, abbatis Clarævallensis primi. De eo sic Henricus de Gandavo: *Ernoldus, abbas Bonævallis, vitam S. Bernardi in quatuor libris, præter illum, quem abbas S. Theodorici Wilhelmus scripserat, explicavit.*] Libri secundi autor putatur, qui aliàs appellatur Bernardus abbas Bonævallis.

Pag.

Pag. 435. BVRCHARDVS, notarius imperatoris Frederici Barbarossæ opusculum misit de victoria ac triumpho imperatoris sui, Barbarossæ.] Vide *pag.* 490.

Ibid. LAMERRTVS WATERLOSIVS Canonicus regularis cœnobii S. Auberti apud Cameracenses, reliquit historiam Cameracensium episcoporum, à temporibus Odonis episcopi, usque ad annum Chr. CIƆCLX, quo vivebat.] Odo ille episcopatum iniit circa a. 1105. Cæterum extat quoque vetus chronicon de gestis antistitum Cameracensium conscriptum circa a. 1040. à Sacellano Gerardi præsulis Cameracensis.

Mox. Arnoldus abbas] Præpositus Hildesemensis.

Pag. 436. GAVFRIDVS, abbas Altæ tumbæ,] Altæcombæ.

conscripsit vitam Petri Tarentasiensis episcopi, qui obiit anno CIƆCLXXI.] A. 1175 obiisse docet ipse Gaufridus abbas, vitæ ejus scriptor coætaneus, idem idemque confirmatur ex epitaphio Petri sequenti à Sammarthanis prolato:

Stirpe Viennensis fuit Abbas Stamediensis,
Maximus Alpensis Præsul Tarantasiensis,
Anno milleno centeno septuageno
Quinto transivit, ad cœlos Petrus *ivit.*

Hoc in opere desudando, paruit mandatis Cisterciensium, & Claravallensium abbatum: quibus istoc negotii dederat Lucius Papa, tertius ejus nominis, ut eam vitam literis mandari curarent:] Fecit id a. 1183. vel 1184. mandato Petri abb. Cisterc. & electi episcopi Atrebatensis, ac Petri Monoculi abb. Claravallensis. Et quamquam Visch debito loco eum vocat *Gaufridum*, sub Petro tamen, abbate Cistercii gravissimo memoriæ lapsu nuncupat *Guillielmum.*

Ibid. GVILIELMVS TYRIVS desinit anno CIƆCLXXX: —— cum Chronicon Hierosolymitanum desinat anno CIƆCXVIII, Tyrius historiam producit ulterius totis annis LVIII.] Positis præmissis, Tyrius historiam producit ulterius totis annis 62.

videtur Tyrius ea omisisse, quia ex chronico Hierosolymitano peti possent.] At vero omnino simile est, Guilielmum Tyrium si non ante Albertum Aquensem, Chronici Hierosolymitani autorem, eodem certe cum ipso tempore scripsisse.

Pag. 437. auctor eruditus περιεργομένων in Tom. Hist. Orientalis:] Jacobus Bongarsius.

Ibid. Hoc tempore etiam vixit auctor libri de episcopis Salisburgensibus, qui apud Canisium extat Tom. II. Antiquæ Lect. In eo, præter aliorum episcoporum gesta reperias vitam, & miracula S. Ruperti Salisburgensis episcopi.] Immerito Vossius autorem hunc *pag.* 733. Anonymis incertæ ætatis accenset.

Ibid. S. Virgilii, qui Carinthios convertit, atque anno obiit IƆCLXXX.] al. 784. vel 785. Fuit hic S. Virgilius episcopus Juvaviensis, sive Salisburgensis, quem de antipodibus disserentem calumniabatur stolidus, superstitiosus Bonifacius, Romanæque aulæ mancipium, quasi alios homines, aliumque Christum introduceret. Nempe hæc consequentia à baculo ad angulum petita digna est autore suo. At non

no-

novum id est, ut eruditi homines à fatuis & stupidis hæreseos insimulentur, invidiâ instigante, per consequentias asininas: quando enim non satis cerebri habent, ut hæresin fingere & defendere ipsi possint, orthodoxiæ titulo gloriosi videri volunt, carpuntque quod non capiunt, ac condemnant quod non intelligunt.

Mox. S. Hartvici, qui anno IƆCCCCXV, Frederico in episcopatu Salisburgensi successit.] Secundum Bruschium a. 991. at a. 989 juxta Wigulæum Hundium. Vnde liquet Vossium errare, inprimis cum ipso agnoscente Hartvicus obierit a. 1024. *pag.* 365.

annus millesimus octogesimus sextus,] in ipso auctore legitur *annus millesimus centesimus octogesimus sextus.* idque rectissimè, ut potuerit esse discipulus S. Eberhardi, qui decessit a. 1164. vel 1166. imò & ipse Vossius statim subjungit, *annum* CIƆCLXXXVI.

Pag. 441. ELYMANDVS, seu Elimandus,] Perperam Vossius ex hoc authore & Helinaldo, qui & Helinandus correctius dicitur, de quo agit *pag.* 445. duos facit historicos, cum unus idemque sit. Neque enim multum abit *Elimandi* nomen à nomine *Helinandi*: & cum *Elimandum* dicat contexuisse Chronicon libris 48. *quibus omne ævum*

ab

ab orbe condito ad sua usque tempora complexus fuerit: idem *Helinaldum* ait *condidisse historiarum opus libris* 47. *quos ab orbe condito orditur:* ubi rursus differentia nulla est. Nec in tempore, quo utrumque vixisse statuit Vossius, alicujus momenti diversitas est. Deinde utrumque dicit *Frigidi montis monachum*, ubi sub *Elimando* solum addit, in agro *Beluacensi*; at sub *Helinaldo* dicit Vincentium *Bellouacensem* chronico illo usum. Tandem quod Vir Cl. sub *Elimando* scribit: *Multa ex hoc Elimando, adscripto auctoris nomine, referuntur in Magno Chronico Belgico:* id sub *Helinaldo*, quem etiam *Gallum* dicit, his exprimit verbis: *Sæpius eum exscribit, nec nomen dissimulat Magni Chronici Belgici auctor.* Terminatur chronicon illud a. 1212. Adeoque autor paulo recentior est, quàm Vossius putat, dum eum sub Henrico VI Imp. (qui obiit a. 1198. al. secundùm Vossium a. 1200.) floruisse tradit: inprimis cùm Helinandus obierit a. 1223.

Pag. 442. GODEFRIDVS VITERBIENSIS,] Præter Pantheon scripsit etiam Speculum Regum ad Henricum VI Romanorum regem, de genealogia omnium regum & imperatorum, Trojanorum, Romanorum & Teutonicorum, à tempore diluvii usque ad Henricum VI. secundum chronica Vener. Bedæ, Eusebii &
Am-

Ambrosii. Vide Lambecium to. 2. de Bibl. Vindobon.

Pag. 443. Imperante Philippo STEPHANVS Hispanus, monachus congregat. Cluniacensis coenobii Cellæ novæ, in Hispania degebat. Conscripsit miracula S. Rodosindi, episcopi, & monachi. Opus hoc in dicto Cellæ novæ monasterio adservari MSum testis est Ambrosius Morales.] *Pag.* 460. Vossius scribit: *Anno CIƆCCXXVII vixit Oldonius monachus Hispanus, ac Prior monasterii Cellæ Novæ, Congregationis Cluniacensis. Hic vitam Rodosindi episcopi, & monachi, exaravit. Opus hoc in Hispania extare MSum, testis est Ambrosius Morales.* Hinc videri possit idem auctor, idem opus, inprimis 'cum inter obitum Philippi Imp. & annum 1227, nonnisi octodecim intersint anni.

Ibid. Eodem Philippo imperante, (qui circa annum CIƆCC habenas imperii suscepit, & annis prope novem rexit,) claruit ROBERTVS, monachus S. Mariani. Hic Chronicorum opus elaboravit, quod Trecis edi-

editum, & Parisiis ex officina Nivelliana, anno CIƆCIX.] Non alius hic est ab illo, de quo Vossius *pag.* 784. ROBERTVS S. MARIANI APVD ALTISSIODORVM *monachus vivebat anno* CIƆCCX. *Chronologiam composuit.* Sammarthani, licet sub abbatibus S. Mariani hunc Robertum mortuum dicant a. 1212. tamen iidem sub 71 episc. Parisiensi, eum allegant ad a. 1220. quo periisse statuunt Petrum de Nemoroso episcopum Parisiensem, eique successisse Guilielmum de Siligniaco, quando scribunt: de ejus electione Robertus monachus Altissiodorensis in chronico sub a. 1220. *Per idem tempus*, inquit, *mortuo Parisiensi episcopo; ortaque dissensione inter Canonicos majoris ecclesiæ super Episcopi electione, Wilelmus Autissiodorensis episcopus, vir religiosus ac prudens, & in hostes ecclesiæ rigidus executor justitiæ, jussu Honorii Papæ ad episcopatum transmigrat Parisiensem.* Cæterum Honorius iste Romanum Pontificatum adeptus est a. 1216. Chronicon illud Roberti dicitur Chronicon *S. Mariani*, distinguiturque ab alio Chronico recentiori, quod speciatim *Autissiodorense* vocatur.

Pag. 445. REINERVS, Prior monasterii S. Jacobi Leodicensis ab anno CIƆCXCIV, usque ad annum CIƆ-

CIƆCCXXX condidit historiam Leodicensem] Hæc est continuatio Chronici Lamberti Parvi, monachi S. Jacobi Leodicensis, de quo vide Vossium *pag.* 441.

Ibid. HELINALDVS] Rectius *Helinandus.* Seguinus eum verius appellari putat Helmundum. Vide quæ de eo ad *pag.* 441 dixi. Quidam etiam putant Helinandum autorem esse *Exordii magni* (dicti ad differentiam *Exordii parvi*) *Ordinis Cisterciensis*; sed eos refellunt Angelus Manriquez & Carolus de Visch. *Exordium* autem *parvum* scriptum est circa a. 1120. tempore Helinandi, jussu Stephani tertii abbatis Cisterciensis.

condidit historiarum opus libris XLVII.] Potius 48. ut Autor *pag.* 441 dixerat.

S. Antonium] Antoninum.

Pag. 447. ROBERTVS MONTENSIS, seu NORMANNVS, *abbas Montis Navalis*,] Nulla est, quod sciam, abbatia Montis Navalis; quia verò Vossius mox dicit hunc Robertum fuisse abbatem Abrincensem, videndum quis locus illi inter abbates diœceseos Abrincensis debeatur. Sunt in dictâ diœcesi quatuor abbatiæ virorum, nimirum S. Michaëlis de Monte, Montismorelli, Savigniaci & Lucernæ. S.

Michaëlis de Monte Robertus abbas, vulgò dictus Robertus de Monte est is, de quo agitur *pag*. 420. ille præfuit monasterio ab a. 1154 usque ad a. 1186. Montismorelli cœnobium demum initium cepit circa a. 1190. cujus abbas Robertus I rexit dictam abbatiam ab a. 1270 usque ad a. 1287. Inter abbates Savigniacenses nullus est Robertus. Lucernæ abbas Robertus Joannes præerat a. 1290. Adeo ut ille Robertus, quem Vossius supponit, locum nullum inveniat inter abbates Abrincenses. Imò ipse Vossius *pag*. 422 ait, Robertum abbatem Montis S. Michaëlis in contin. Sigeberti ad a. 1162 meminisse Achardi. Forsan alius quis Roberti de Monte chronicon continuavit ab a. 1158 usque ad a. 1210. Quæ sane P. Æmilius ex Roberto abbate de Monte allegat, de provincia S. Ægidii, & jure regis Angliæ in comitatum Tolosanum, inveniuntur in opere illo, quod continuatur usque in annum 1210, ante annum 1158. In eodem ad a. 1158 mentio fit Roberti abbatis de Monte S. Michaëlis Abrincensis, & a. 1177 mentio est Roberti de monte. In Scriptoribus Germaniæ ex bibl. Pistorii editis, idem hujus chronici auctor dicitur ex Tritthemio, Rupertus monachus cœnobii S. Remigii Remensis, qui dicitur vixisse a. 1120. & de quo ad *pag*. 774. dicam aliquid. In ipso Trithemio hoc non observavi: perperam verò admodum in epit. Gesneri Simlerus

Robertum Montenſem, continuatorem Sigeberti ſtatuit vixiſſe a. 1112.

Ibid. confudit duos Robertos Montenſes Normannos: quorum uterque abbas, ſed unus coenobii S. Michaëlis, alter abbas Abrincenſis.] Quaſi verò in eo differant: cum tamen notum ſit, cœnobium S. Michaelis de Monte ſitum eſſe *in* diœceſi Abrincenſi: ſic ut illud nomen ſpeciale, hoc generale ſit.

Poſt. ARNOLDVS HILDESEMENSIS Chronico Slavorum Helmoldi ſupplementum addidit.] Alius ab eo eſt anonymus presbyter Bremenſis, qui chronicon Slavorum Helmoldi continuavit ab a. 1164 uſque ad a. 1448. Lambecius Catal. libr. ſuorum.

Pag. 445. JOANNES OXFORDIVS, Lelando auctor videtur voluminis, cui nomen *Scalæ chronici.* Sed hunc eo refellit Balæus, quod hoc in chronico citetur Otterburnus Minorita. Imo nec iſtud ſatis ſcio, rectene nomen operis extulerit. Suſpicor enim potius illud vocari *Scotochronicon,* quia Scotorum tempora persequatur. Quomodo opus suum inscripsit Joannes de Forda.] Magna quidem est convenientia nominis *Ioannis de Forda* cum nomine *Ioannis Oxfordii* ; sed nec *Ioannes de Forda*, nec *Ioannes Oxfordius* autor esse possit istius operis, quia in ejus prologo mentio est Otterburni Minoritæ : non quod satis certò constet quo tempore floruerit Otterburnus, sed quod scribentibus prædictis authoribus Minoritæ nondum exorti essent. Porrò nec opus illud potest agnoscere autorem *Ioannem de Fordun*, qui scripsit *Scotichronicon*, adeoque multo minus potest esse ipsum *Scotichronicon* : quia secundum Seldenum Joannes de Fordun scripsit Scotichronicon inter a. 1370 & 1380. at secundum Balæum Otterburnus Minorita floruit temporibus Henrici IV Anglorum regis ab a. 1400 ad a. 1414. Adeoque si *Scalæ chronicon* sit *Scotichronicon*, vel Seldenus aberraverit, qui justo antiquiorem nobis fecerit Joannem de Fordun ; vel Balæus, qui recentiorem immeritò statuat Otterburnum Minoritam. Vide *pag.* 453. & 725.

Ibid. ROGERIUS DE HOVEDEN] Annales suos congessit usque ad a. 1200. Perperam Catello hist. Comit. Tolosanorum ubique nuncupatur *Rogerius de Hodeven*.

Pag.

Pag. 451. Et sane quàm parum credibile est, tantum gratiæ apud Gallos valuisse Cantuariensem præsulem, ut ejus postulato, hominem Anglum JOSEPHVM DEVONIVM, facerent archiepiscopum Burdegalensem.] Ratio hæc adeo nullius valoris est, ut potius sententiam contrariam confirmet. Erat enim tunc Aquitania & in ea Burdigala non in Gallorum, sed Anglorum ipsorum potestate.

Ibid. GERVASIVS TILBERIENSIS Chronicon, cui titulus de Otiis Imperialibus, dedicavit Othoni IV Imperatori.] Dedicavit quoque eidem suam descriptionem universi orbis, quam edidit sub titulo, *de mirabilibus mundi*. Ejus commentarium de Imp. Rom. & Gothorum, Lombardorum, Britonum, Francorum, Anglorumque regnis edidit Maderus a. 1673.

Pag. 452. GERVASIVS DOROBERNENSIS] A. 1162 circiter monachus factus, & non multo post ad clericatum evectus, vixit adhuc a. 1200.

condidit historiam gentis Anglicæ, in qua Britannorum originem, item Saxonum, & Normannorum res gestas persecutus est.] Rogerius Twysden edidit ejus chronica de tempore regum Anglorum Stephani, Henrici II & Ricardi I. nempe ab anno gratiæ (ut ipse Gervasius ait) secundum Dionysium 1100. secundum Euangelium vero 1122. usque ad a. 1199.

vitas quoque descripsit Cantuariensium archiepiscoporum,] Præter eas vir laudatus etiam edidit hujus Gervasii tractatum de combustione (facta a. 1174.) & reparatione Dorobornensis ecclesiæ: item imaginationes de discordiis inter monachos Cantuarienses & archiepiscopum Baldwinum.

est etiam Cantabrigiæ in bibl. colegii S. Benedicti, *Mappa mundi* ab eodem auctore.] Pag. 532 scribit Vossius Ranulphum Hygden scripsisse *Mappam mundi*. Et Joannes Germanus episcopus Cabilonensis concedit a. 1460 in usum bibliothecæ ecclesiæ Cabilonensis construendæ, unam *Mappam mundi* Spiritualem, cum libro super eam elucubrato, dicatam Philippo Bono Burgundiæ Duci, ab a. 1419. Porro Jacobus de Susato, (referente Vossio *pag.* 801) circa a. 1415 nomen sibi cudebat *Mappæ mundi*. Sed & aliàs diversi scripsisse referunruntur Speculum historiale, rationale divinorum officiorum, flores historiarum, flores temporum, manipulum florum, memoriale historiarum, mare historiarum, fasciculum temporum, deflorationes, de sex ætatibus mundi, &c.

Pag. 453. RADVLPHVS DE DICETO transmisit posteritati historiarum imagines,] Ab a. 1148 ad a. 1199. licèt Radulphus ipse initio dicat se scribere ab a. 1147 usque ad a. 1193. *Bostonus Buriensis MS.* (allegante Seldeno) *aït finire a. 1195. qui numerus biennio est major fine ejus in editis hisce,* (opera Rogerii Twysden,) *cum nomine ejusdem inter alios scriptores memorato, & quinquennio eo qui in optimis MSSis sic reperitur, sed demum quadriennio minor ipso historiæ ejus fine:* ut diximus.

abbreviationes chronicorum,] ab a. 589 ad a. 1197. Scripsit etiam seriem caussæ inter Henricum Regem & Thomam archiepiscopum ab a. 1162 ad a. 1172. additur Thomæ canonizatio & quædam ad a. 1178. 1179. & 1194.

Ibid. JOANNES DE FORDA, vel *Fordeham*, vel *Fordon*, Britannus, Fordensis cœnobii abbas, Joanni Regi ab auriculari confessione erat, an. CIƆCCX: præter alia scripsit Scotichronicon.] Joannem de Forda, Fordensis cœnobii abbatem a. 1210 vixisse, ac Joanni Regi à confessionibus fuisse in confesso est: eundem verò minime autorem esse Scotichronici, sed quendam *Ioannem de Fordun* dictum, (quem non dubitat Seldenus Scotum asserere) aliquot seculis recentiorem contendit & probat Seldenus prolegom. in scriptores historicos Anglorum editos à Rogerio Twysden: quem Joannem de Fordun ait ab origine in Britannia Scotorum suorum historiam libris sex, usque in annum 1360. seu Edwardi tertii tempora plusquam media, deduxisse, inque ea citare Vincentium Bellouacensem, imò & lib. 4. cap. 36. Polychronicon Radulphi Cestrensis. De autoris nomine præfigitur tristichon sequens.

Incipies opus hoc Adônai, nomine nostri
   Exceptum scriptis dirigat Emanuel.
Fauces ornate ructent, dum verbera nectant.
i. e. *Ioannes de Fordun.* Sequitur enim
Compilatoris nomen superis elementis
  Construe, quem, lector, precor, ora scandere cœlum.
  Atque Pater noster offer amore *Dei.*

Vixit anno circiter 1370. vel 1380. sub regibus Anglorum Eduardo III. vel Richardo II. Scotorum Davide II. ut tuto affirmat Seldenus. Locus cùs unde nomen sumpsit, haberi dicitur in Marni regiuncula Scotiæ mari Orientali obversa: qua de re Guilielmus Cambdenus: *A mari remotior Fordon locatur; cui à Ioanne de Fordon aliqua gloria, qui hinc oriundus Scotichronicon magno labore sedulo congeßit. Cujus studio recentiores Scotorum historici plurima debent.* Vide pag. 449. Ferdinandus Vghellus, *S. Fulco*, inquit, *Scotus Placentinus, episcopus Papiensis, è nobili gente Scotta fuit Placentinus, non verò natione Scotus, ut probare nititur Thomas Dempsterus, ut Scotiæ suæ sanctorum numerum augeat in suo Scotichronicon.* Carolus Visch: *Robertus Graimus scripsit Conciones varias. Scotichronicon, lib.* 15. *cap.* 51. *florebat a.* 1420. Edidit autem Thomas Dempsterus suam historiam ecclesiasticam gentis Scotorum, libris 19. scribens libro secundo, *cum sanctus Anselmus primus abbas Kilosensis obiisset, sanctus Nervus succeßit, ut in Scotichronico lib.* 8. *cap.* 25. *habetur.* Porro jam citatus Vischius, *S. Serlo*, inquit, *affectus est martyrio, dominica infra octavam Nativitatis B. Mariæ, ut loquitur Scotichronicon, lib.* 9. *cap.* 37. *annus erat* 222. Demsterus lib. 17. n. 1035. item: *Simon de Thondi obiit anno* 1184. *Demsterus ex Scotichronico, lib.* 8. *cap.* 15. & 16.

Ibid. LAMBERTVS LEODICENSIS, monachus Ord. Bened. S. Laurentii Tuitiensis.] Gabrieli Buccel-

celino, abbas S. Laurentii Leodicensis Ord.
Bened. ab a. 1059 ad a. 1069. Et omnino
fallitur Vossius, est enim Tuitiense coenobium S. Hereberti, fundatum ab eodem in
honorem B. Virginis. Error verò ex eo est,
quod hic Lambertus abbas S. Laurentii Leodicensis, scriptor vitæ S. Hereberti, confundatur cum Ruperto monacho S. Laurentii
Leodicensis, & pòst abbate Tuitiensi, emendatore istius vitæ, cujus ipse Rupertus hactenus à multis creditus fuit auctor.

quem aliqui prope seculo antiquiorem; alii plusquam duobus seculis recentiorem esse arbitrantur.
Sed omnino hujus loci est, (sub Friderico Imp.) si vixit sub Werimbaldo, III abbate, ut Valerius Andreas
in Bibliotheca Belgica refert.] Non
quidem vixit sub Werimbaldo, III abbate,
ut errat Vossius, quando supponit Lambertum monachum Tuitiensem fuisse; sed coætaneus fuit Werimboldo, abbati III Tuitiensi: & propterea non est hujus loci, quia Werimboldus floruit seculo XI. Estque hæc series
primorum abbatum Tuitiensium: 1 Fulbertus obiit a. 1021. 2 Radolfus. 3 Werimboldus. 4 Otto. 5 Hartmannus claruit a.
1077.

Ibid.

Ibid. Multum metuo, ne & isti, & cum istis Arnoldus Wion aberret, dum statuunt LAMBERTVM LEODICENSEM floruisse Imp. Friderico II. Nam Tritthemius, tum in viris illustribus, tum in Chronico Hirsaugiensi, refert LAMBERTVM LEODICENSEM ad annum CIƆLX: & auditorem fuisse ait Adelmi grammatici, episcopi Brixiensis. Facile hanc controversiam decident, qui integram Brixiensium episcoporum seriem habent:] Si Vir doctissimus Tritthemium potius, quàm Arnoldum Wion secutus fuisset, non certe ita aberrasset, ut Lambertum Leodicensem hoc loco statuisset, qui duobus seculis est antiquior. Adelmannus enim, sive Alamannus grammaticus, Brixiensem præsulatum suscepit a. 1048. eratque adhuc in vivis a. 1061. Potuisset etiam Vossius Adelmanni ætatem discere ex Jo. Frisii Bibl. Patrum, & Bellarmini libro de script. eccles. nisi forte putavit Adelmum, quem mendosè ita vocat, diversum esse ab Adelmanno.

Hic post Rupertum, abbatem Tui-

Tuitiensem, scripsit vitam Hereberti archiepiscopi Coloniensis,] Falsissimum. Ante Rupertum abbatem Tuitiensem scripserat Lambertus vitam, & potissimum miracula S. Hereberti, vitamque illam pòst Rupertus expolivit. Vide *pag.* 406. ubi ipse Vossius negat, Rupertum esse autorem vitæ S. Hereberti.

Pag. 457. Ea in vita mentio sit Garini, abbatis S. Genovefæ, qui Odonis, primi abbatis ab Eugenio III constituti, successor fuit:] Odoni circiter a. 1167 suffectus Albertus abbas secundus. Sed Guarinus fuit decimus tertius abbas electus a. 1283, vel 1284. Hinc liquet autorem vitæ S. Guilielmi abbatis Roschildensis omnino post tempora Friderici II Imperatoris collocandum.

Ibid. VINCENTIVS CADLVBCVS anno obiit CIƆCCXXVI.] *al.* 1224. Chronicon s. Annales Polonorum perduxit usque ad sua tempora. Vischius vocat *Vincentium Cadlubæum*.

Pag. 458. HONORIVS AVGVSTODVNENSIS vixit an. CIƆCCXX.] Vixit a. 1140. Jo. Frisius etiam

etiam viginti annis, sed minus recte, antiquiorem facit cum Trithemio, dum ait floruisse a. 1120. Idem addit, Chronicon sub ejus nomine editum Basileæ a. 1544. esse epitomen majoris operis, quod Wolfg. Lazius habuit, recteque arbitratur, illud esse in Bibl. Imperatoris translatum, confirmante id autoritate Lambecii. Operis titulus est: *Honorii de Mundo, & Temporum ac Rerum usque ad Imp. Conradum III, sive a. 1137. successione libri tres.* Lambecius lib. 2. de Bibl. Vindob. pag. 3. & 70. Non perduxit itaque chronicon suum usque ad Lucium III PP. qui sedere cœpit a. 1181. Verisimilius id de Lucio II dictum fuisset, qui cœpit sedere a. 1144. Vide Hallervordium. Blondellus scribit Honorium seriem Pontificum continuasse usque ad a. 1130.

Ibid. S. Pirminii, primi Augiensis abbatis, posteaque Meldensis episcopi:] Vide *pag.* 357.

Post. ECKERHARDVS decanus S. Galli,] Hic est *Eckerardus* ille *junior* dictus, qui post Ratpertum scripsit de origine & casibus monasterii S. Galli. Dicitur etiam *Burchardus* scripsisse librum de casibus monasterii S. Galli: cujus nominis duo fuere abbates S. Galli, ambo sanctitatis titulo insignes: prior a. 959. posterior ab a. 1007 ad ad a. 1028. Præterea & Conradus de Fabaria memoratur scripsisse de casibus monasterii S. Galli.

Pag. 459. Anno Chr. CIƆCC-XXI B. Dominico successit JORDANVS SAXO, Theologus Parisiensis: periit anno Chr. CIƆCCXXX-VI. *libellum de initio ordinis Dominicani composuit, in quo primorum Patrum, & fratrum sanctorum gesta gloriosa, & mirabilia opera conscripsit.* Prodiit is liber Romæ an. CIƆIƆ-LXXXVII.] Si hic Jordanus idem qui autor Chronici de rebus Germanis, usque ad Rudolphum Habspurgensem, de quo Vossius *pag.* 788. ut aliqui volunt, (qui eundem cum Theoderico Engelhusio vocant secundum magistrum generalem ord. Prædic. fratrem Raimundi, qui tempore Gregorii IX PP. Decretales ordinavit,) utique vel obiit post a. 1236. vel non pertigit ad imperium Rudolphi, i. e. ad a. 1273. Extant quoque Jordani de Saxonia, *al.* dicti Jordani de Quedlinborch Vitæ Patrum 2 Tomis MSæ in Bibl. Trajectensi: quæ an conveniant cum libro impresso Romæ, facilius dixerint, qui utrumque viderint. Porro hic videtur esse, qui Volaterrano dicitur Jordanus Osnaburgius.

Ibid.

Ibid. Circa annum CIƆCCXXII GILO Gallus, monachus Cluniacensis, postulato abbatis sui Pontii, in literas misit vitam S. Hugonis, abbatis Cluniacensis:] Hic Hugo immediatus decessor fuit Pontii: eratque tum temporis in more, ut abbates decessorum suorum vitas vel ipsi conscriberent, vel ab aliis conscribi curarent. Inde autem apparet toto seculo antiquiorem esse Gilonem. Pontius enim Hugoni successit a. 1109. obiit a. 1125.

Post. CÆSARIVS HEISTERBACENSIS.] Visch Bibl. Cisterc. etiam chronicon episcoporum Coloniensium exarasse refert. Cæterum ipse Cæsarius sua scripta enarrans, refert se scripsisse inter alia, *actus, passionem, & miracula Engelberti Coloniensis archiepiscopi:* item, *dialogum magnum visionum & miraculorum, libris* 8. item, *vitam B. Elisabeth Lantgraviæ*, ad petitionem fratrum domus Teutonicæ de Marpurg. Nulla ibi mentio Chronici episcoporum Coloniensium. Cum vero hic autor absolverit libros de vita Engelberti a. 1237. non satis accuratè utique Sammarthani scribunt: *Henrici abbatis Claravallensis, (qui spiritum Domino reddidit a. 1188. 4. Iul.) gesta Cæsarius coætaneus auctor in libro miraculorum refert.*

Mox. LVDOLPHVS BEBEN-
BERGIVS, qui nonnullis LVPOL-
DVS,] Lupoldus, seu Leopoldus Baro de
Bebenburg, episcopus Babenbergensis, seu
Bambergensis, ut fertur, ordine vigesimus
septimus.

ab Eisingrinio traditur vixisse circa annum CIƆCCXXV. Hujus ad Rudolphum, Saxoniæ ducem, libellus editus est *&c.*] Falsus hic Vossius. Non enim vixit hic Lupoldus a. 1225. quo nullus Rudolphus Saxoniæ Dux, sed a. 1330. vel 1340. Scribebat cùm adhuc esset Decretorum Doctor. Imò & contra Vossium, ait Lambecius lib. 3 de Bibl. Vindob. Eisengreinium tradere, Ludovicum (ut dicit mendosè ab Eisengreinio vocari) de Bebenburg a. 1352 electum episcopum Bambergensem, & a. 1363 obiisse. Sane & Bruschio & Bucelino vicesimus septimus episcopus Babenbergensis dicitur Ludovicus, nobilis regulus de Bebenburg. At a. 1341 obiit Leopoldus ab Egloffstein, vigesimus quintus episcopus Bambergensis. Porrò ætatem recentiorem hujus auctoris discere potuisset Vossius ex opere ipso, in quo allegatur Martini Chronica.

quo constantem veterum Germaniæ

niæ principum, ac regum Galliæ in amplificandis religionis Christianæ finibus, industriam comprobat.]
Titulus editionis Basileensis a. 1497. est: *Germanorum veterum principum zelus, ac fervor in Christianam religionem, per Lupoldum Behenburg.* In fine dicitur *Opus Lupoldi Bebenburgensis de veterum principum Germanorum fide, religione & fervore in Christum, ecclesiam & sacerdotes.* Antiquitus vocabatur hoc opus *Epitoma* de *rebus Germanorum veterum*, ut observavi in Fundat. monasterii Althæ.

Pag. 460. OLDONIVS,] Vide pag. 443.

exaravit rationale divinorum officiorum,] Extat quoque sub eodem titulo Guilielmi Duranti Mimatensis opus.

Ibid. CONRADVS à LICHTENAW, IX ABBAS VRSPERGENSIS,] Ex abbate incerti cœnobii nonus Præpositus Vrspergensis. Nam Henricus de Rayn vigesimus septimus Præpositus electus a. 1349. factus est primus abbas Vrspergensis. Gabriel Bucelinus Germania Sacra.

Pag. 461. Anno CIↄCCXXX JOANNES GALLVS, monachus & abbas Fontanellæ erat.] Hoc tempore nullus erat Joannes abbas Fontanellæ: videturque

turque hic Joannes confundi cum Jona, de quo vide *pag.* 279. inprimis cum Vossius utrobique dicat vitam illam legi in Surio ad d. 20 Martii, qui tamen ibidem unam tantum vitam autoris Jonæ exhibuit.

Pag. 462. JACOBVS FORNERIVS abbas Montis Frigidi] Ex monacho Bolbonæ non *Frigidimontis*, sed *Fontisfrigidi* abbas fuit Jacobus Fornerius. Hæc verò monasteria adeò sunt diversa, ut *Fonsfrigidus* in Narbonensi sit diœcesi, *Frigidusmons* in Bellouacensi.

Mox. an. CIƆCCXXXIV creatus est Pontifex Romanus, vocatusque Benedictus XII, qui aliis Benedictus X, vel XI.] Quia Vossius errore manus CIƆCCXXXIV scripserat pro CIƆCCCXXXIV, eo evenit, ut Jacobum Fornerium medium sisteret inter historicos toto seculo antiquiores.

Ibid. Eidem tribuitur vita S. Joannis Gualberti; qui an. CIƆXL claruit, ac ordinem Vallis Vmbrosæ primus instituit. Sed constat, hujus Gualberti vitam quoque scriptam fuisse à BLASIO MELANESIO, qui Generalis fuit Ordinis Vallis

Vmbrosæ. Præterea HIERONYMVS FLORENTINVS, ejusdem ordinis monachus, miracula Gualberti literis mandavit. Vitam Gualberti apud Surium habemus. Sed nomen auctoris in MSo desiderabatur. Quare utrum Fornerii, an Blasii sit, haut facile dixerim. Sed magis eò inclinat animus, ut monachi Vallis Vmbrosæ minus siverint perire vitam fundatoris sui ordinis, à monacho scriptam ejusce loci, quàm ab abbate Montis Frigidi.] Hic oblitus erat Vossius, dum hæc scribebat, quod *pag.* 407 scripserat, AVCTVM FLORENTINVM quoque monachum instituti Vallis Vmbrosæ, ac Generalem suæ congregationis abbatem, contexuisse vitam Joannis Gualberti: nec cogitabat se scripturum *pag.* 769. ANDREAM monachum Vallis Vmbrosæ temporibus Henrici IV consignasse vitam magistri sui, S. Joannis Gualberti.

Ibid. GAVFREDVS de BELLO LOCO, confessarius S. Ludovici Francorum Regis, mandavit literis regis hujus vitam.] Vossius hunc justius
pag.

pag. 478 repetit, ubi scribit: GODEFRI-DVS, seu Geofridus, BEAGLERIVS literis signavit vitam S. Ludovici, Francorum regis: cui ab eleemosynis, & annis XX à confessionibus fuerat.

Pag. 463. RODERICVS XIMENES, TOLETANVS, multum gloriæ comparavit libris IX de rebus Hispaniæ, quas perducit usque ad tempora Ferdinandi III.] Appendicem ad Roderici opus scripsit Gaufridus archidiaconus Toletanus, quæ MSa extat in Collegio Parisiensi Navarræ, teste Petro de Marca hist. Bearnii lib. 7. cap. 8. num. 6.

Pag. 466. obiit JACOBVS DE VITRIACO anno CIƆCLX: ut est apud autorem Chronici Belgici Magni:] A. CIƆCCXL scribere voluit Vossius. Vghellus tamen tradit obiisse a. 1244. prid. Kal. Maji.

Ibid. GVILIELMVS Gallus, monachus S. Dionysii Parisiensis, ordinis S. Benedicti, claruit temporibus ejusdem Frederici II. ac præter alia quibus nomen sibi peperit, etiam reliquit historiarum volumen tripartitum:

titum: ut tradidit Jac. Phil. Bergomensis Chron. Suppl.] Etiam Joannes Quadrigarius monachus & cantor coenobii S. Dionysii in Francia, (sive Parisiensis,) Guilielmi Quadrigarii episcopi Parisiensis vel frater, vel patruelis, Caroli VII Regis, (qui obiit a. 1461) historiographus, scripsisse traditur chronica Franciæ tribus voluminibus, quæ vulgo dicuntur Dionysiana magna, seu magna Franciæ chronica, vel etiam magna chronica S. Dionysii in Francia. Vivebat sub Philippo de Gamaches, abbate S. Dionysii in Francia, qui obiit a. 1463. Idem volumine tertio scribit, Rainaldum Borbonium mortuum a. 1483. die 7 Junii. Vide de eo plura in Auctario, & ad *pag.* 480. Dacherius to. 2 Spicilegii edidit chronicon S. Dionysii in Francia.

Pag. 467. GODEFRIDVS CALVVS, Bituricensis archiepiscopus,] Nullus fuit istius nominis archiepiscopus Bituricensis.

retulit vitam S. Guilhelmi, episcopi Briocensis in minore Britannia.] Auctor Genealogiæ de Flisco observat ab Innocentio IV Pont. ex Fliscorum familia, elucubratam vitam Guillelmi Briocensis episcopi. Sammarth.

Pag.

Pag. 469. RODVLPHVS sive RADVLPHVS NIGER, propagavit nominis sui famam Chronico majori, quod ab Orbe condito incipit: item altero Chronico, quod succinctum, discriminis caussa, vocatur; atque à Christo nato producitur usque ad annum CIƆCCXIII.] Forte 1113. Namque ab illo anno continuasse refertur Radulphus Coggeshalensis Radulphi Nigri Chronicon, (nisi per id Chronicon majus intelligitur,) agnoscente ipso Vossio *pag.* sequente. Agitur in Radulphi Nigri chronico de Imperatoribus, Regibus Franciæ & Angliæ.

Ibid. ALEXANDER ESSEBIENSIS in literas retulit vitam S. Agnetis,] Hanc arbitratur Daumius epist. 52 ad Th. Reinesium, esse eandem, quam Barthius sub nomine Hildeberti edidit.

Pag. 470. Cum rerum in Anglia potiretur Henricus III, Joannis filius (qui regnavit ab a. 1217 ad a. 1273.) HVGO KIRCOSTALLENSIS effulsit; qui aliis *Kirkestedus.* Hic ad Joannem abbatem cœnobii Fontanennensis, exaravit librum de ejusce monasterii origine. Idem composuit volumen de rebus à monachis Cisterciensibus in Anglia gestis.] Hugo antiquior est, minime verò autor dicti libri. Namque Joanne Serlone monacho Fontano, deinde & Kirchstallensi (qui claruit circa a. 1160) dictante, Hugo Kirchostallensis refertur perscripsisse res gestas Fontani monasterii. Ipse Vossius *pag.* 422. *Ioannes Serlo (qui anno 1160 fuit) Cisterciensis abbas Fontanus, Hugoni de Kirkestede, monacho, dictavit monasterii sui Fontani res gestas: item originem & incrementum Bernardinæ sectæ in Anglia.* Si verò Hugo istius operis fuerit autor, non utique tribuendum fuerat Joanni Serloni.

Ibid. RADVLPHVS COGGESHALE, abbas Coggeshalensis, ad Radulphi Nigri chronicon appendicem addidit, ab anno CIƆCXIII usque ad annum CIƆCCXXVIII, quo vivebat.] Initium ejus: *Anno gratiæ 1114 Rex Henricus* &c. Ranulphus præses, seu abbas Coggeshalensis in Anglia, strenuam in contexendis chronicis operam dedit, teste Harpsfeldio, in historia Anglicana, seculo 13. cap. 14. Quænam tamen, & qualia fuerint illa chronica, non exprimit. Credit Carolus

rolus de Visch, huic eundem esse cum Radulpho Coggeshalensi. Neque id immeritò, cum præter ætatem, dignitatemque concurrat cum studio summa nominis similitudo. Insigne fragmentum ex hac historia MS producit Boxhornius Hist. univers. & ego ex eo lib. 3. Histor. eccles. seculo 12. Creditur eodem anno 1228 defunctus esse.

Chronicon etiam terræ sanctæ condidit,] quod incipit: *Quantis pressuris & calamitatibus* &c.

Pag. 471. S. Eadmundus archiepiscopus Cantuariensis obiit anno CIƆCCXL.] Vischio a. 1242.

Pag. 472. MATTHÆVS PARIS, sive Parisius, (familiæ id cognomentum est) patria Anglus,] Errant itaque maximopere, qui eum vocant Matthæum Parisiensem. Hic error tamen paucis est communis, iisque recentioribus eruditulis.

Pag. 474. Neque liber ille additamentorum MATTHÆI PARIS hactenus lucem adspexit.] Imò editus est in Anglia, post historiam dicti Matthæi, Londini a. 1640.

Pag. 475. JOANNES GVALEN-

LENSIS] Eidem tribuit Balæus *Manipulum florum*, ut & Henrico Danieli.

Pag. 477. Ordiar à VINCENTIO Gallo, natione Burgundo, monacho Ord. Prædicatorum, & postea BELLOVACENSI seu Beluacensi episcopo.] Non fuit Vincentius Bellouacensis episcopus, sed inter Bellouacenses monachus Ord. Dominicani, ut vel tironibus notum est: licet ad eundem lapidem offenderint magni viri, Bellarminus & Possevinus.

Pag. 478. Anno item CIƆCCLVIII CONSTANTINVS VERBERETANVS *præsul*,] Vossius ex corrupta lectione Leandri Alberti hunc Constantinum *Verberetanum* dicit, quem *Vrbevetanum* dicere debuerat. Vixit enim a. 1254 Constantinus præsul Vrbevetanus. Nullus vero est episcopatus Verberetanus.

Post. Circa annum CIƆCCL etiam claruit GVALTERVS PHILIPPVS CASTELLIONIVS, patria Insulensis Flander. Hic reliquit carmine, ac quidem libris IX expressit gesta Alexandri Magni.] Galtherus hic non paullo antiquior est, siquidem Alexanxandriadem suam heroicis versibus compositam dicavit Guilielmo hujus nominis primo archiepiscopo Remensi, qui electus a. 1175. i. e. seculo XII. obiit a. 1202. Membranaceus Codex Daumii, teste eodem epist. 89 ad Reinesium, scriptus a. 1208, clarè Vossium circa ætatem refutat. Sed ut videas cum Vossio labi Daumium, en quæ scribit epistola dicta: *Vossii de Poëtis liber non una habet, quæ vellem præclariss. virum scripsisse aliter. Galterus non IX, sed X seculo scripsit libros Alexandreidos. Membranaceus meus Codex scriptus a. 1208, clarè Vossium circa ætatem refutat.* Memini tamen in iisdem epistolis modò confundi nostrum Gualterum cum Gualtero episcopo Magalonensi, de quo mox dicam, modò rectè statui scripsisse post a. 1171. Memoratur noster Gualterus in opere Matthæi Vindocinensis, de quo dicam ad pag. 508. & in Alani Anticlaudiano. Cæterum gravius errat Daumius, qui autorem hunc seculo X vixisse statuit, & falsò Vossio adscribit gravissimum errorem, quasi ipse dixerit, Gualterum vixisse seculo IX. cum & hoc opere de Historicis latinis, & illo altero de Poetis latinis, disertè dicat, scripsisse circa a. 1250. i. e. seculo XIII. Lambecio lib. 2. de Bibl. Vindob. cap. 6. dicitur Philippus Gualterus Castellionius, episcopus Magalonensis, ut & Vossio lib. de Poetis latinis. Contra fratres Sammarthani : *Gualterus ad hanc*

hanc sedem (Magalonensem) *promotus fuit a.* 1108. *illum confundit Claudius Robertus noster cum Galtero Insulensi, auctore commentariorum in Psalmos, & epistolarum, de quo Ioannes Trithemius. Gallum enim origine fuisse demonstrant carmina Verdalæ ibidem edita, quibus satis liquet sub Gothofredi disciplina in Magalonensi ecclesia prius meruisse.* ——— *sedit annis viginti tribus, mensibus* 8. *diebus* 22. Et quamquam hi in eo sibi minimè constant, quod eī successorem statuunt Raimundum subrogatum a. 1129. quod tamen ad rem nostram pertinet, inde certum est, Gualterum hunc episcopum Magalonensem antiquiorem esse Gualtero autore Alexandreidos. Porrò perperam distingui videtur Galterus Insulensis ab Alano de Insulis antiquiore; videntur enim duo fuisse Alani de Insulis.

Ibid. GODEFRIDVS, seu Geofridus, BEAGLERIVS,] Pro BEAVLIEV, i. e. de BELLO LOCO, quem Vossius jam *pag.* 462. sed non suo loco posuerat. Idem sanè nomen est. *Galfredus, Gaufredus, Gofredus, Geofridus, Godefridus*, &c.

Post. S. Hedwigis Ducissæ] Poloniæ, & postea

Sanctimonialis] Trebnicensis in Silesia.

Pag. 479. Apud Eisingrinium legere est, CONRADVM, Bavariæ ducem, & Cardinalem Sabinum, condidisse chronicon rerum Moguntinarum. Possevinus eundem suspicatur. Sed obstare videtur, quod prior ille *episcopus* vocetur.] Nihil obstat, quo minus idem dicatur & Bavariæ dux, & episcopus, quando constat omnes filios & nepotes ducum in Germania, ducum etiam titulo insigniri: imò certum est, Conradum ducem Bavariæ, fuisse Cardinalem episcopum Sabinum, & simul archiepiscopum Moguntinum ac Salisburgensem. Quod vero hic Conradus obiit a. 1202. hoc magis obstare videtur, quo minus idem sit autor chronici istius, quod desinit in anno 1250. nisi illud ab alio continuatum malumus affirmare.

Pag. 480. JOANNES COLVMNA quantus vir foret, declaravit libris decem, quos *Mare historiarum* inscripsit.] Sammarthani. sub 75 episc. Constant. Normann. allegant vitam Caroli VII. Reg. Franc. per Joannem Quadrigarium monachum S. Dionysii lib. 4 Maris Hist. & in Patriarchio Bituricensi cap. 16. allegatur Joannis des Cortils Mare historiatiarum, capitulum 24. §. 3. libri primi, de origine Francorum.

Mox. Trithemius hunc non recte recenset inter eos scriptores, qui Ludovici Bavari temporibus, lucis usura fruerentur. Nempe eâ parte errantem sequitur ducem, Philippum Bergomatem; qui lib. XIII supplementi Chronici illum ad annum refert CIƆCCCXIII. Ab alterutro etiam deceptus videtur Joannes Rioche Minorita, ut qui de eo loquatur post Bernardum, quem vixisse ait an. CIƆCCCXXV.] Vivebat quidem illo tempore Stephani Columnæ filius, Joannes Columna, ad quem scripsit Franciscus Petrarcha epistolam consolatoriam super obitu fratris ejus Jacobi Columnæ episcopi Lomberiensis, qui excessit è vivis ante a. 1342. Dictus Joannes de Columna Cardinalis diac. S. Angeli creatus a. 1327. obiit a. 1347.

Ibid. Possevinus diversos facit JOANNEM, & JACOBVM, COLVMNAS, utrumque Ord. Prædic. utrumque historicum: atque addit B. Antoninum plura ex

Jacobo derivasse in historiam suam. Puto falli. Sane Antoninus Joannem Columnam testem advocat, cum alibi, tum Tit. XIX. cap. 1. At Jacobum Columnam historicum, quantum meminisse possum, planè nescit: nec fuisse ejus nominis historicum censeo.] Imo Nauclerus gener. 11. allegat historiam ex Jacobo de Columna. Cæterum Joannes de Columna scripsit etiam librum de Viris Illustr. & Christianis.

Pag. 481. M. JVSTINVS LIPPIENSIS,] Disquirant eruditiores, diversusne sit hic *Iustinus* à *Iustino* Dominicano, de quo Vossius *pag.* 784. Ætas certe convenit.

Pag. 483. MONACHVS PADVANVS prodiit typis Wecheli.] At post Venetiis a. 1636. unà cum adjecta Mantissa, opera Felicis Osii.

Pag. 484. Robertum Habspurgensem] Rudolphum dicere debuit.

Ibid. MARTINVS cum POLONVS nuncupetur; tamen si Raphaëlem Volaterranum audimus, patriam habuit Carsulam, sive Casclnam, scinam, in Vmbria sitam. Nec desunt, qui Scotum fuisse tradiderint. **Mihi quin Polonus fuerit, dubium non est.**] Ipse Martinus in præfat. Codicis MSi cujusdam Bibl. Viennensis, seipsum ait de regno *Bohemiæ* oriundum, patria *Opimensem*; vel, ut in alio MSo, ut & Codice monasterii Gamingensis rectius legitur, *Oppaviensem*, observante Lambecio lib. 2. Bibl. Vindob.

Pag. 485. **Fuit archiepiscopus Consentinus, ac pœnitentiarius Innocentii IV Pontificis. — Alii tamen Beneventanum fuisse episcopum autumant.**] Labbeus negat Martinum Polonum fuisse Innocentii IV Pontificis Pœnitentiarium. Inter archiepiscopos Beneventanos nullus eidem potest esse locus, ac ne vix quidem inter Consentinos, quorum tamen catalogo eum inseruit Vghellus. Lambecio lib. 2. Bibl. Vindob. a. 1278 archiepiscopus Gnesnensis creatus, eademque anno mortuus.

Pag. 486. **anno CIƆCCLXXVIII moritur.**] Si Vghellum audimus, anno sequente 1279. postquam archiepiscopus Gnesnensis electus fuerat a. 1278.

Ibid. **Bononiæ in templo S. Dominici, ante aram majorem juxta sa-**

cellum S. Thomæ, monumenti inscriptio talis fuit: HIC JACET MARTINVS POLONVS, ORD. PRÆD. ARCHIEPISCOPVS GNESNENSIS. Quemadmodum à Bzovio proditum est.] Ferdinandus Vghellus scribit, se ipsum inspexisse Bononiæ in ecclesiâ S. Dominici tumulum Martini Prædic. ordinis, & brevem inscriptionem legisse, sic in parvo lapide exaratam: *S. Fratris Martini archiepiscopi provinciæ Poloniæ.* Hunc aliqui autorem putant Chronici. Vghellus verò distinguit Martinum Ord. Præd. archiepisc. Gnesnensem, qui obiit a. 1278 vel 1279, à Martino Ord. Cisterc. archiepisc. Consentino, Innocentii IV pœnitentiario, & autore Chronici, qui nostris temporibus quidem propius obierit, at non post a. 1290. Lambecio d. l. autor Chronici est Monachus Dominicanus. Sanè in prologo Martini in suam Tabulam alphabeticam Decreti & Decretalium, vulgò *Martinianam* dictam, legitur: *Ego Frater Martinus Ordinis Prædicatorum, Domini Papæ Pœnitentiarius & Capellanus*: imò in tribus MSis Viennensibus Chronici ipse Martinus dicit: *Ego Frater Martinus Ordinis Prædicatorum.* in uno: *Ego Martinus Ordinis Prædicatorum.* in duobus aliis: *Ego frater Martinus Ordinis fratrum Prædicatorum.* inque eorundem fine:

Ex-

Explicit Chronica fratris Martini Ordinis Prædicatorum. in duobus legitur tantum, *Ego Frater Martinus.* nunquam, quod sciam, additur *Ordinis Cisterciensis.* ubique verò subjungitur: *Domini Papæ Pœnitentiarius & Capellanus*: duobus extremis verbis *& Capellanus* in duobus duntaxat MSis desideratis. Adeò ut luce clarius pateat, Vghellum cæco studio Ordinis sui, Autorem Chronici Cisterciensibus vendicare voluisse. Simili studio Dempsterus vel quemvis virum illustrem Scotum fuisse vellet, in suam rem violenter abrepto quovis testimonio, licet vix umbram veritatis sapiat. Majore candore & æquitate de scriptoribus Cisterciensibus egit Carolus de Visch.

usque ad Ioannem XXI papam deduxi inclusivè.] In quodam MSo Viennensi observat d. l. Lambecius legi: *usque Quartum Honorium Papam deduxi inclusivè*: qui obiit a. 1287. Codex iste descriptus a. 1457, continuatur usque ad a. 1438. Alius Codex MSus Viennensis MS legit: *usque ad Gregorium Papam X deduxi inclusivè*: de quo Lambecius: *Quod autem Chronicon Martinianum hic dicitur pertingere ad Papam Gregorium X inclusivè, non est intelligendum de anno obitus ejus, qui fuit annus Christi 1276, sed de initio Pontificatus, sive anno Christi 1271, quo is post Papam Clementem IV electus est. Hoc enim manifestè apparet ex ipso illo codice, utpote ubi de Gregorio X nihil aliud antiqua manu scriptum cernitur, quàm hoc:* Gregorius natus Lombardus de civitate Placentia sedit ——. *Quæ autem deinceps sequuntur, multò recentiori manu adjecta sunt.* Tandem tria alia MSa Viennensia legunt: *usque ad Clementem IV Papam deduxi inclusive:* quousque etiam pertingit Codex MS monasterii Carthusiani Gamingensis in Austria.

Pag. 487. THOMAS DE CANTIPRATO Cameracensis diœcesis episcopus suffraganeus.] Revera fuit sub Nicolao de Fontaines episcopo Cameracensi coadjutor & coëpiscopus, tradentibus Sammarthanis. Dictus fuit etiam hic autor Henricus, & Guilielmus, imo & Joannes. Nam in Gallia Christiana sub 56 archiep. Rotomog. allegatur Joannis Cantipratensis lib. 1. Apum.

Pag. 488. S. BONAVENTVRA anno CIƆCCLXXIV concilio interfuit Lugdunensi: inque illo obiit eopse anno.] Decessit Lugduni a. 1275. dum ibidem generale celebraretur concilium, die 15 mensis Julii. Vghellus.

Mox. monachus S. Quirini] Henricus Gandavensis, qui mox allegatur, rectius, ut videtur, S. *Quinctini.*

Ibid.

Ibid. Claruit iisdem temporibus (sub imperio Rodolphi Habspurgensis) GODESCALCVS Leodicensis ecclesiæ diaconus & canonicus: qui postulatu Agilfridi, episcopi sui, vitam descripsit S. Lamberti.] Godescalcus quingentis annis vetustior est. Agilfridus enim (seu Egilfredus) qui vitam D. Lamberti conscribi mandavit per Godescalcum clericum, creatus episcopus Leodicensis a. 768. obiit a. 784. Idem perperam dicitur Godefridus.

Pag. 489. Tempore Rodulphi II Imp. HERMANNVS Altaichii inferioris antistes,] Præfuit abbatiæ suæ, referente Wigulæo Hundio, usque ad a. 1273. quo ad imperium pervenit Rodulphus II. *Quæque igitur*, ait Lambecius Catal. oper. *in codice Vindobonensi, de rebus sub Albino* (successore Hermanni) *ejusque successore Volcmaro, ut & sub Imp. Rudolpho I gestis, referuntur, ea post mortem abbatis Hermanni adjecta sunt.* Quorum Albinus obiit a. 1279. At a. 1273 abbatiæ cessisse Hermannum refert Hundius Metrop. Salisburg.

Christophorus Gewoldus conqueritur ejus *rebus Bavaricis* omnem nunc posteritatem carere.] Immerito, cùm extet Hermanni chronicon Altaichiense (quod cum rebus Bavaricis idem opus esse autumo) MS. idque autographum in Bibl. Cæsarea Viennæ.

Pag. 490. In libro de viris illustribus, seu de scriptoribus ecclesiasticis, mirum HENRICVM DE GANDAVO non meminisse operum Thomæ Aquinatis. Suspicor id dedisse Scoto.] At Scotus Henrico de Gandavo junior est, quod & ipse Vossius V. Cl. agnoscit, quando subjungit : *à quo Henricus ob insignem doctrinam commendatus fuit.*

Ibid. Temporibus Rodulphi II. præclarè de eruditis merebatur MARCVS PAVLLVS VENETVS,] Celebris fuit & ante & post Rudolphum, ab a. 1261. usque ad a. 1295.

Mox. Non defuit ejus ætate, qui descriptionem Orientis dicti Authoris ex Italico latinè verteret :] Fuit is Franciscus Pipinus Bononiensis, ut observavit Mullerus, qui addit alios putare Venetum latinè scripsisse, detentum Genuæ in diutino carcere, eumque librum paullò post à Genuate quodam Italicè versum : versionem autem

tem Italicam, de novo latine redditam esse ab aliquo monacho, eamque nunc originalis textus vicem supplere. Hæc allegat Hallervordius, qui tamen sibi minime constat, quando eundem Franciscum Pipinum Marco Paullo Veneto coætaneum, mox Ordinis Prædicatorum, mox Franciscanum monachum dicit. Inspicienda est ipsa præfatio novæ editionis M. Paulli Veneti, quæ opera Andreæ Mulleri prodiit Coloniæ ad Spream a. 1671.

Post. BROCARDVS anno CIƆCCLXXXIII in notitiam hominum venit descriptione terræ sanctæ.] Thomas Malvenda lib. 3. de Antichristo, cap. 7. ait *Brocardum* terram sanctam lustrasse a. 1383. (nisi forte hic est error typothetæ pro 1283.) Ejus opus olim multis in locis mutilum & castratum, tandem integrum ex MSo Bibl. Alvenslevianæ edidit Reinerus Reineccius Magdeburgi 4º. a. 1587. Ejusdem autoris opus MS est in Bibl. Basileensi, sub titulo, *Legatio in Ægyptum.* Errat vero Vir eruditissimus Petrus de Marca, quando Hist. Bearnii lib. 1. cap. 16. sect. 4. tradit Brocardum (quem Burchardum cum quibusdam vocat) scripsisse ante annos sexcentos.

Eundem Brocardum esse arbitror, cujus annales de gestis Friderici in terra ra sancta, &c.] Sane *Burchardus* (de quo Vossius *pag.* 435.) *notarius Imperatoris Frederici I. Barbarossæ* seu Ænobarbi dicti, qui Iconium in Armenia cepit, fertur scripsisse opusculum de victoria ac triumpho Imperatoris sui. Fridericum autem primum etiam h. j. à Vossio intelligi, liquebit inspicienti Simlerum.

Pag. 491. Anno CIƆCCLXXXVII, fuit GUIDO DE COLUMNA, ——addit, hanc se historiam condidisse postulato Matthæi de Porta, archiepiscopi Salernitani.] Verum Matthæus de Porta in archiepiscopum Salernitanum electus a. 1263. obiit a. 1272. Vixit tamen Guido de Columna adhuc a. 1288.

Ibid. Hic nomen suum posteris commendavit Chronico magno, quod librorum est XXXVI. Item multa tradidit de regibus & rebus Anglorum. —— Præterea historiam condidit de rebus Trojanis.] Theodericus Engelhusius Chron. ait eum scripsisse 35 libros de rebus Trojanis, & totidem de Britannorum gestis, ut aït in præfat. Crediderim ego historiam Britannorum eandem

dem esse cum chronico, quod memorat Vossius.

Pag. 493. Etiam imperante Rodolpho, comite Habspurgensi, (ni fallor) claruit BALDVINVS NINIVENSIS Flander, Canonicus Ordinis Præmonstratensis. Reliquit Chronicon breve ab nato Christo ad an. CIƆCCXCIV.] Idem videtur appellari *Balduinus de Avesnis*, cujus genealogias ex chronicis Hainoniensibus collectas edidit Dacherius, to. 7 Spicilegii. Præter nomen sanè convenit patria, uterque enim Flander; estque *de Avesnes* familiæ nomen, cum idem *Ninevensis* possit denominari ab oppido *Nienoven*. Nec ætas disconvenit. Nam & Balduinum de Avesnis floruisse circa a. 1280. observavit Dacherius in nota marginali ad eundem.

Ibid. Extremis quoque Rodulphi Habspurgensis temporibus, THEODERICVS THVRINGVS edidit libros VIII, de S. Elizabeth, — refert, eos se libros scribere cœpisse an. Christi CIƆCCLXXXIX. — ait, se jam plusquam sexagenarium esse,] Vide *pag.* 497.

Pag. 494. THOMAS SPOT-TVS, vel SPROTTVS memoriam sui propagavit vitis abbatum Benedictinorum ad fanum B. Augustini, usque ad annum gratiæ CIƆ.CCLXXII.] Ita quidem Guilielmus Thorn in prologo, at in chronicis aït id præstitisse usque ad a. 1228.

Pag. 497. Temporibus imperatoris Rodolphi, comitis Habspurgensis, item Adolphi Nassovii, & Alberti Austriaci claruit in Germania THEODERICVS DE APPOLDIA, Erfordiensis. —— Aït Possevinus, atque adeo etiam Leander Albertus ab eodem exaratam esse Legendam Elizabethæ, filiæ Regis Vngariæ. Sed ejus auctor est Theodericus Thuringius, de quo alibi.] Idem est Theodericus Thuringius (de quo *pag.* 493.) & Theodericus de Appoldia Erfordiensis: cum enim Erfordia sit civitas Thuringiæ, quid obstet, quo minus idem optimo jure & Erfordiensis nomine speciali, & Thuringius nomine generali dici mereatur? Neque vero in ætate ullum est discrimen.

Nam

Nam ab a. 1289, quo Theodericus Thuringius scribere coepit vitam S. Elisabethæ, usque ad imperium Alberti Austriaci, qui imperare coepit a. 1299, decem tantum intersunt anni. Cumque Theodericus Thuringius non addat, quando vitam illam octo libris constantem absolverit, ponamus saltem sequenti anno absolvisse, & sic Alberto imperante non fuerit septuagenario major, si simul supponamus 61 duntaxat annorum fuisse, cum absolvisset dictam vitam. Codex MSus Ambrasianus est in fine aliquanto auctior editione Canisiana, continetque Appendicem in sex capita divisam, quæ in Codd. MSS. quibus Canisius usus est, defuit, ideoque istius defectus supplendi causâ integrè à Lambecio publicata est lib. 2. de Bibl. Vindob. cap. 8.

Ibid. STEPHANARDVS E VICOMERCATO Mediolanensis, Ord. Præd. *detulit* CHRONICAM *metricè ab se scriptam. Qui primus ex ordine Prædicatorum Theologiam in domicilio Mediolanensi publico stipendio docere coepit circa annum salutis* CIƆCCXCII.—— MSum vero Chronicorum Stephanardi exemplar est apud Laurentium Pignorium. Inscribitur autem *Manipulus florum.*

Pag. 498. Dispiciendum annon idem sit STEPHANARDVS FLAMMA. Nam præterquam quod nomen convenit: etiam metro historiam tractabat: nec ætas disconvenire videtur.] Vide *pag.* 512. In opusculo de Poëtis latinis autor Stephanardum è Vicomercato refert in a. 1280.

Pag. 499. HENRICVS A KLINGENBERG, quinquagesimus primus Constantiensium episcopus, dignitatem eam adeptus est anno CIƆCCXCIX, atque annis septem tenuit:] Fuit quinquagesimus nonus episcopus Constantiensium in Germania, quod addo ad differentiam Constantiensium in Normannia. Electus a. 1294. atque annis duodecim præfuit.

Ibid. BERNARDVS GVIDONIS episcopus Laudonensis,] Nullus, quod sciam, est episcopus Laudonensis; sed Bernardus Guidonis, seu Bernardus Guido, fuit episcopus Lodovensis in provincia Narbonensi, quæ nunc dicitur Lingua Occitana, seu Occitania.

cla-

claruit anno CIƆCCC.] Obiit a.
1331. die 13 Decembris, ætatis 71. Chronicon suum, seu Speculum historicum Romanorum Pontificum, Imperatorum, & Regum Francorum, exaratum usque ad a. 1322, quod Berengarii 13 ordinis sui generalis jussu composuerat, dicavit Joanni XXII PP. scripsit etiam jussu ejusdem Berengarii circa a. 1320 Speculum sanctorale, quatuor magnis voluminibus constans ; item chronologiam episcoporum Lemovicensium, ac Tolosanorum; nec non episcoporum Lodouensium nomenclaturam edidit, testibus Sammarthanis. Nomina ac gesta episcoporum Lemovicensium usque ad a. 1273. edidit Labbeus to. 2. Bibl. Novæ MSS. pars ea sunt Speculi sanctoralis, ex quo idem Labbeus d. l. aliique passim plurimas in lucem prodire jusserunt Sanctorum vitas. Clementis V & Joannis XX PP. vitas publici juris fecit Franc. Bosquetus. Tractatulus de ordinibus Grandimontensi atque Artigiæ, & monasterio S. Augustini Lemovicensis, opera Labbei lucem vidit to. 2. Bibl. Novæ MSS. Tractatum de sanctis, quorum corpora Lemovicensem dioecesim ornant: item, de sanctis Lemovicensibus extra dioecesim sepultis: & tractatum de Stephano Obasinæ fundatore, de Gaufrido, Rogerio & Auberto, habes ibidem. Flores chronicorum, seu catalogum Pontificum Romanorum circa

ca a. 1320 traditur dedicasse Joanni XXII. Porrò scripsit tractatum, cui titulum dedit *de temporibus & annis generalium & particularium conciliorum.* Comites Tolosanos edidit Catellus Tolosæ a. 1623. fol. probatque opus illud non esse diversum ab historia Comitum Tolosæ MS. Bibl. S. Benedicti Cantabrigiensis. Hujus historiæ Vossius quoque aliud agens perfunctorie meminit *pag.* 466. ubi scribit: *Agit & de Iacobo de Vitriaco historia comitum Tolosæ, quæ MS a extat Cantabrigiæ in bibliotheca collegii S. Benedicti.* Eoque argumento utitur Catellus, ut probet unum idemque opus esse, quod locus de Iacobo de Vitriaco ex MSo codice Bibl. S. Benedicti exscriptus, verbatim legatur in codice à se edito. Auctor appendicis ad Bernardi Guidonis vitas Rom. Pontif. perperam allegatur in Gallia Christ. sub 46 archiepisc. Rotomag. sub ipsius Bernardi Guidonis nomine.

Pag. 500. *Petri Trecensis,*] i. e. Petri Comestoris.

Pag. 501. MSi codicis, quem cum hac inscriptione, RICOBALDI FERRARIENSIS POMERIVM ECCLESIÆ RAVENNATIS, habet Petrus Scriverius, editionem jamdiu idem mente concecepit : ac, quamquam annalibus patriæ aliisque multis diftentus, tamen necdum animum illum abjecit.] Nondum difcere potui, quò devenerit nobilis ille Codex. Afferuit mihi Jo. Georgius Grævius, Vir Clariffimus, illum jam defuiffe, cum Bibliotheca Scriveriana celeberrima auctione publica divenderetur. Boxhornius teftimonium ex eo allegat de Suetonio, nec dubium mihi eft, quin eodem codice ufus fuerit.

Pag. 502. Petrus ab Alliaco, archiepifcopus Cameracenfis,] potius epifcopus : quia illo tempore Cameracenfis fedes nondum evecta fuerat in metropolim.

Ibid. ufque ad annum CIƆCCLXXIV, quo Rodolphus Habfpurgius imperium eft confecutus.] Eadem hac *pagina*, paullo poft, & *pag.* 484. verius ait anno 1273 Rodolphum Habspurgium cœpiffe imperare.

Poft. HENRICVS STERO hiftoriam contexuit de rebus Rudolphi Habfpurgii : item Adolphi Naffovii, & quibusdam geftis Alberti Auftriaci, ufque ad annum CIƆCCC. Appendicem vero ufque ad an-

annum CIƆCCCXXXV addidere ei VLRICVS, & CONRADVS WELLINGI fratres, monachi cœnobii S. Vdalrici, & Afræ Augustæ. Et illa Steronis post annum CIƆCCLXXII, & Wellingorum appendicem de annis XXXIV proxime consecutis, reperies in scriptoribus rerum Germanicarum.] Vlricus Krigius, nobilis Tigurinus, subditus Comitum Habspurgensium, tempore Rudolphi I Imp. (asserente Lambecio) composuit chronicon hactenus ineditum, in quo Comitum Habspurgensium originem à Romanis derivat. Allegat illud Jo Stumpfius histor. Helvet. lib. 7. cap. 12. Si verò eo solo argumento asserit Lambecius, hunc autorem tempore Rudolphi dicti scripsisse, quod Stumpffius dicat, *So nun dieser historienschreiber bey König Rudolphi zeiten selbs gelebt:* sciri velim illud nimis infirmum esse, quia conditionatè accipi possunt. Conradum Thuricensem, i. e. Tigurinum, allegat Jo. Bapt. Pigna in opere suo de Principibus Atestinis. Sed hæc obiter.

Pag. 503. GVILHELMVS DE NANGIACO monachus fuit

fuit Benedictinus S. Dionysii (in Francia;) inque notitiam posteritatis duplici pervenit chronico. Vnum est ab orbe condito usque ad annum CIƆCCCI, quo vivebat, *&c.*] Probe considerandum, annon Guilielmus hic idem sit, de quo *pag.* 466. Catellus Hist. Comit. Tolosan. lib. 1. cap. 7. eum vocat *Ioannem Guilielmum de Nangiaco*, minus recte, ut videtur, quando ipse in Indice autorum, ex quibus historiam suam congessit, tantum *Guilielmum* appellat.

Pag. 504. VOLCOMARVS res Boicas consignavit, --- Christophorus Gewoldus præfatione sua in chronicon Reicherspergense, (quod ante quadringentos annos scriptum erat) conqueritur, Conradi hoc opus, quo necdum integro ante seculo usus esset Aventinus, suo jam tempore nusquam amplius comparere.] Non memor erat autor sibi hic propositum de Volcomaro agere, non de Conrado.

Res Boicas consignavit usque ad ann. CIƆCCCXIV.] Vischio 1313.

quo obiit.] Vischio a. 1318.

Pag.

Pag. 505. BERNARDVS DE CASTRIS S. VINCENTII, ejusdem cœnobii præfectus, scripsit *chronica Ord. Præd. usque ad annum* CIƆCCCIV. *Floruit circa annum* CIƆCCCV.] Ab a. 1294 ad a. 1305 floruit *Guido de Castris* abbas S. Dionysii in Francia, Vossio indictus, cùm tamen scripserit satis magna volumina de vitis sanctorum. Vossius quoque *pag.* 406 refert *Guidonem* Priorem Generalem Carthusiæ à nonnullis appellari *Guigonem de Castro*.

Pag. 506. Ludovici IV Bavari] Hic secundum Vossium meritò quintus est. Vide *pag.* 336.

Pag. 507. LANDVLPHVS DE COLVMNA,] Ex ejus chronico MSo ad Joannem XXII PP. edidit Labbeus to. 1. Novæ Bibl. MSS. elogia Philippi Pulchri, ejusque filiorum Ludovici Hutini, & Philippi Longi.

Ibid. nisi Martinus Carsulanus est Martinus Polonus, Papæ pœnitentiarius: de quo antea dictum. Quod si est, perperam eum vixisse ait anno CIƆCCCXX, qui anno obiit CIƆ-

CIƆCCLXXVII.] At pag. 486 Vossius dixerat Martinum Polonum è vivis excessisse a 1278. quod omnino veritati magis consentaneum.

Post. Quod verum est,] leg. *Quod verum non est.*

Pag. 508. MATTHÆVS VINDOCINENSIS vixit anno CIƆCCCXV. Ex barbaro ævo meminere Alanus in poetarum floribus, & Sparanus in Rosario.] Inde liquet autorem hunc minimum seculo integro vetustiorem esse, quia Alanus ipse floruit ante a. 1315. Nam secundum Trithemium ipsumque Vossium lib. de Poëtis latinis, claruit a. 1300. In Epitaphio dicitur obiisse a. 1294. Contra Albericus, qui scribebat a. 1241. tradit obiisse a. 1203. Alii memorant a. 1215. floruisse. Ipse Alanus memorat se puerulum fuisse, cùm Theodericus de Alsatia in Comitem Flandriæ eligeretur, i. c. a. 1128. Sammarthani ponunt vixisse sub abbate Cisterciensi Roberto III ab a. 1293 ad a. 1305. Vide de ætate Alani plura in Caroli de Visch Bibl. Cisterc. ejusdemque edit. Oper. Moral. Alani. Mihi certum est confundi duos Alanos, & illum qui se dicit fuisse puerulum a. 1128. fuisse constitutum primum abbatem Ripatorii Ord. Cisterc. a. 1140 à Bernardo: & post creatum epi-

episcopum Autissiodorensem. Inscripsit Matthæus opus suum Bartholomæo archiepiscopo Turonensi, ab a. 1175 ad a. 1206. ut ex his versibus patet:

Ecclesiæ Turonensis apex, ovium speculator,
Vt speculum, præsul Bartholomæe fave.

Adeò Alanus ejus commodè meminisse potuit. Sed res nondum salva est. Matthæus enim abbas S. Dionysii Parisiensis electus a. 1260. animam exhalavit a. 1286. d. 25 Sept. ut fidem faciunt versus sequentes, qui in eius Epitaphio ultimi sunt:

Si sexcentenus, quadragenusque dupletur,
Ac annus senus Domini simul annumeretur,
Septembrisque dies vicesima quinta notetur,
Firmiter inde scies, quando sua mors recitetur.

Atqui ratio ætatis humanæ vetat simul consistere, Matthæum obiisse a. 1286. Bartholomæum a. 1206. & huic nihilominus Matthæum inscripsisse poëma suum. Sed utut sese res hæc habeat, nihil tamen certius est, quam Vossium lapsum, quando statuit Matthæum vixisse a. 1315. Reinesius epist. 85 ad Daumium, *Matthæus*, inquit, *Vindocinensis, cujus ætatem plane indagavimus, meminit extr. Tobia, Gualteri; hic igitur paullo superior, si non æqualis ei fuerit. Inconsiderate Vossius inter incertæ ætatis scriptores eum retulit: male quoque circa a. 1200 floruisse conjicit.* Imò hoc verius: licet nihil prorsus inveniam de hoc Matthæo in Vossii de Poetis latinis. Cæterum in epistolis Reinesii & Daumii mira occurrit fluctuatio circa ætatem & Gualteri, & inprimis Matthæi Vindocinensis, retractaturque sententia, qua hic statuebatur scripsisse circa a. 1059, errore orto ex confusione Bartholomæi I episcopi Turonensis cum Bartholomæo II. Toto cœlo autem errant, qui ponunt eum vixisse seculo XV. Nec levis est error Sammarthanorum, quando scribunt: *Matthæus Vindocinensis Abbas* (cujus nominis Vindocinensis abbas nullus memoratur, nisi forte inter *Vindocinensis* & *abbas* comma omissum,) *vel alius Goffridum de Lieues episcopum Carnotensem* (ab a. 1116 ad a. 1138) *sic alloquitur:*

Maxime Pontificum Romanæ signifer aulæ
Carnotensis apex, & Pater urbis ave.

Primus publici juris fecit anno CIƆIƆCXLII Joannes Heringius.] Falsissimum hoc. Nam primò editum opus illud Lugduni a. 1505. Secundus edidit Jo. Heroldus Basileæ a. 1563. Tertius demum Jo. Heringius Bremæ a. 1642. Quando autem Jo. Heroldus ait historiam illam elegiaco carmine conscriptam ante 300 annos, i. e. circa a. 1263. stat utique ejus sententia cum ea, quâ Matthæus dicitur abbas S. Dionysii electus a. 1260. & obiisse a. 1286.

Ibid.

Ibid. ANTONIVS DE GO-
DIS] Scripsit Chronicon suum, seu Antiquitates Vicentinas ab a. 1194 usque ad annum 1311. teste Bapt. Pajarino lib. 1. Chronicorum Vicentinorum, quæ tamen hodie tantùm extant usque ad a. 1260.

Pag. 510. Memorat PTOLOMÆVM DE LVCA, sive LVCENSEM, Mejerus lib. XI. Annal. quo loco ex eo Henricum VII Imp. veneno (in pane eucharistico exhibito) à monacho Dominicano necatum probat.] Procul dubio ex ejus historia ecclesiastica: probat verò hanc historiam Mejerus tam solide ex scriptoribus coætaneis, Benevenuto Imolensi, Ptolemæo Lucensi, Ephemeridibus tunc temporis de Henrici Actis conscriptis, Chronicis Flandriæ, & Joanne Beka, qui addit monachum Florentiæ fuisse excoriatum, ut nihil ultra dici possit. Frustra itaque eam oppugnat Spondanus, quando ait continuatorem annalium Ptolomæi Lucensis nihil de eo scribere, uti nec Joannem Villanum: qui cum Florentinus esset, Florentinisque imputatum, eos monachum ad hoc parricidium patrandum corrupisse, sibi minime fas esse norat, crimen Florentinorum propalare, quod &, opinor, minime impune feciscisset. Notet autem Lector Regicidam hic esse monachum Dominicanum, cujus Ordinis etiā erat Clemens, percussor Henrici III Regis Galliæ, qui Regem occidit cultro venenato. Adeo Dominicani Regum, quos hæreticos vocant, sunt carnifices, inquisitores tyrannici conscientiarum, ipsi olim æternis tormentis ignis infernalis excruciandi. Cæterum hac occasione addo, quid de Victoris III PP. qui periit a. 1087. interitu testati sint antiquissimi historici: 1 Bertholdus presbyter Constantiensis (qui mortuus est a. 1100.) 2 Hugo Flaviniacensis (qui chronicon suum perduxit usque ad a. 1102. & obiit a. 1110.) 3 Sigebertus (qui chronicon produxit usque ad a. 1112, quo & defunctus est.) 4 Leo Ostiensis (qui interiit post a. 1115.) 5 Autor Chronici Malleacensis, (qui scribebat circa a. 1141.) & 6 Guilielmus Malmesburiensis, (qui vivebat a. 1142.) Leo Ostiensis & Chronicon Malleacense genus morbi mortisque prætereunt. Bertholdus ait: *Romæ Victor Papa jam pluribus annis, & in eadem infirmitate ordinatus, post quartum mensem sui Pontificatus diem clausit.* Hugo Flaviniacensis scribit, *cùm missam apud sanctum Petrum diceret, Dei judicio infra ipsam actionem percussus interiit.* Nimirum cum esset adversarius dicti Pontificis, scelus suæ factionis detegere metuit, quod clarissimis verbis exponit Guilielmus Malmesburiensis lib. 4. dum ait Victorem periisse, *dum primam*

Mis-

Missam caneret, veneno in calice propinato: hunc secuti Martinus Polonus, *veneno in calicem injecto*; Matthæus Palmerius, *hausto in sacro calice veneno*; Wernerus Rolevinck, *per venenum in calice missum*; mortis genus exprimunt. Quia verò veneficii consequens est dysenteria: ideo Sigebertus memorat Victorem *dysenteria periisse*, quem in eo sequitur Vincentius Bellouacensis: rectè Platina observante, non esse contradictionem, eundem & veneni haustu, & dysenteria periisse. Ex dysenteria porro, ad similitudinem mortis Judæ, vel fit, vel fingitur disruptio, omniumque intestinorum ejectio, secundum illud, *Rumpantur ut Ilia Codro*: quod deinde *judicium Dei* vocant cum Hugone adversarii sceleris autores, tum ut ipsi sint extra suspicionem, tum ut adversarius à Deo ipso, ceu vindice hæreseos, perculsus videatur. Omnium sane historicorum, qui de Victoris morte scribere potuere, antiquissimus est Bonizo episcopus Placentinus, interemptus a. 1089, autor *Chronicæ Romanorum Pontificum* usque ad Vrbanum II. Operæ autem pretium fuerit inquirere, quid de genere mortis Victoris scribant tum dictus Bonizo, tum Landulfus de S. Paulo, qui circiter a. 1134, vel paullo post, scripsit Chronicon perductum usque ad sua tempora, de rebus multis quibus ipse interfuit. Consulendum quoque Chronicon Hugonis de S. Victore, &

Or-

Orderici Vitalis historia ecclesiastica, quæ mihi nunc præstò non est. Deinde notandum de Guilielmi seu Henrici (utroque enim nomine appellatum invenio) archiepiscopi Eboracensis interitu, qui periit a. 1154. quod Rogerius de Hoveden (qui a. 1199 scribebat) ait: *proditione clericorum suorum post perceptionem Eucharistiæ infra ablutiones liquore lethali infectus, extinctus est.* Gervasius (qui vivebat a. 1200) Chron. *Willelmus Eboracensis in sacra solempnitate Pentecostes, inter Missarum solempnia veneno infectus est, & paucos post dies migravit ad Dominum.* At Matthæus Paris, qui obiit a. 1259. *Henricus Eboracensis cum divina celebraret mysteria, hausto in ipso calice (ut ajunt) veneno obiit.* Denique & Raynerius episcopus Magalonensis, a. 1248. Id. Januar. intoxicata sacrosanctæ Eucharistiæ hostia, morte sublatus est, testibus Sammarthanis. Confer quæ de simili historia scribo in Nucleo Histor. Eccles. lib. 3. sec. 6. ad a. 534. pag. 324. Sed hæc oblata occasione obiter dicere volui, existimans Lectori hanc digressionem non fore ingratam.

Pag. 512. GALVANVS FLAMA Mediolanensis Ord. Prædic. Chronicon condidit imperatorum, & civitatis Mediolanensis, ad suam usque ætatem. MSus codex est apud

Franciscum Ellium, patricium Mediolanensem. In cujus fine, ut ex clarissimo Laurentio Pignorio accepi, hæc verba reperies. *Scripsi anno* CIƆ-CCCXXXVI.] Sub Jacobi Galvanei Flammæ nomine allegat Ferd. Vghellus tomo 4 Italiæ sacræ, opus historicum dictum *Manipulum florum*, stylo soluto exaratum. Forte hic *Manipulus* est *Chronicon urbis Mediolanensis*, quod *Minus* dicitur: constat enim Galvaneum Flammam autorem esse etiam *Chronici Majoris urbis Mediolanensis*, prosaice conscripti. Vide & confer quæ dicuntur *pag.* 497 & 498. Quidam nomine Georgius Flamma descripsit vitam S. Guillelmi ducis Aquitaniæ, & comitis Pictavorum. Cujus gentilis dubio procul fuit, qui circa annum 1028 florebat, Radulfus Flamma Pictaviensis.

Pag. 513. NICOLAVS TREVETH, seu THRIVETH composuit annales regum Angliæ, qui à comitibus Andegavensibus originem ducunt juxta stirpem masculam.] Hoc chronicon continens historiam ab a. 1136 usque ad a. 1307. edidit Lucas Dacherius to. 8. Spicilegii vet. Script. Estque dubio procul idem cum eo, quod Vossius eadem hac pagina à dicto opere distinguit, vocans historiam

riam sex Angliæ regum, cùm & hanc historiam, & illos annales dicat extare MSos in collegio S. Benedicti Cantabrigiæ. Id autem me potissimum movet, ut unum opus credam, quod ab a. 1136, quo cœpit regnare Stephanus Gallus, comes Blesensis, usque ad a. 1307, quo obiit Eduardus I post Guilielmum Conquestorem, sex reges in Anglia regnarunt, nempe Stephanus, Henricus II, Richardus, Joannes, Henricus III, Edouardus I; quorum quinque posteriores fuere ex familia comitum Andegavensium, juxta stirpem masculam.

Pag. 516. ROGERUS CESTRIUS, Anglus, monachus Benedictinus, qui etiam Robertus Cestrius dicitur, effulsit sub Eduardo III, ac elaboravit Policraticon *temporum*, quo ab orbe condito incipit, ac historiam imprimis Anglicanam tradit, usque ad annum CIƆCCCXXIV. Sed postea illud, additis annis XV, usque ad annum CIƆCCCXXXIX perduxit. Chronica Cestrensis (idem opus signari puto, ac Cestrii Polycraticon) habes & MSa Oxonii in bibliotheca Collegii Novi.]

Ita

Ita Vossius h. l. at pag. 532 scribit: *Tam prioribus 20 annis Eduardi III, quam 26 sequentibus, claruisse dicendus est* RANVLPHVS HYGDEN, *vel Hygeden, vel Hikeden, Anglus, Ord. Bened. Gloriam hic non minimam reportavit Polychronico, quod opus sex constat libris, pro numero tum sex dierum, quibus operatus est Deus, tum sex ætatum, in quas universa mundi historia dispescitur. Ab orbe creato exorsus procedit usque ad annum* 1343. *Exstat hoc opus MSum Oxonii in bibliotheca Collegii Novi. Iam ætate confectus obiit anno Eduardi Regis* 37, *Christi* 1363, *cùm annos* 64 *monachus fuisset Benedictinus.* Ranulphus ille fuit monachus Cestrensis: idque mihi ansam dedit suspicandi idem esse opus Polycraticon, quod Polychronicon, alterumque nomen ex altero levi mutatione corruptum. Præter ea quæ dixi, sane ætas, ordo, patria, argumentum, numerusque septenarius (secundum quosdam) librorum operis utriusque exactè conveniunt. In eo verò differunt, quod teste Balæo chronicon dictum Polycraticon incipit: *Introibo in agros priscorum subsequ.* Polychronicon autem: *Post præclaros artium scriptores.*

Pag. 524. FRANCISCVS PETRARCHA] Præter illa, quæ Vossius memorat, etiam extat MS sub ejus nomine in Bibliotheca Vaticana, de vitis Cæsarum

usque

usque ad sua tempora: ut & liber de Herculum numero. Librum de Pontif. & Impp. allegat Blondellus tract. de Joanna Papissa. Sane liber ille de vitis Cæsarum, qui extare dicitur in Bibl. Vaticana, quemque allegat Blondellus, videtur esse opus Benevenuti de Rambaldis: quâ de re adi *pag.* 661. In Bibl. Cæsarea MSa est vita Terentii per Franciscum Petrarchum & Paulum Orosium.

denatus fuit XIII Kal. Sextil. anno CIƆCCCIV.] Imò eo anno, dieque natus fuit, denatus 14 Cal. Sextil. a. 1374.

Pag. 525. vitam ejus paucis retulit Raphael Volaterranus, & Jacobus Bergomensis. Sed fuse eam descripsit, imo librum pene integrum illi impendit Xicco Polentonus,] & Jannotius Manettus.

Pag. 527. PETRVS CORISINVS] *rectius* Petrus Corsinius, qui decrepitus obiit a. 1405. 16 Aug. Scripsit quoque aliquot Cardinalium vitas.

Pag. 529. JOANNES HONSEMIVS, sive ut aliis vocatur HOXSEMIVS, reliquit historiam, & res gestas episcoporum Leodicensium ab anno CIƆCCXLVII, usque ad ad annum CIƆCCCXLVIII.] Hæc est continuatio Ægidii Leodicensis.

Pag. 530. AMALRICVS AVGERII.] Idem alias dicitur *Almaricus Augerius*. Et quamquam lib. 3. histor. Eccles. probavi, reipsa idem nomen esse *Eimericus*, *Aimericus*, *Almaricus*, *Amalricus*, *Amalaricus*, malim tamen cum Vossio hunc autorem vocare *Amalricum Augerii*, quia ipse nomen suum ita prodidit, dum scribit:

Amalricus Augerii de Beuvis, (Forte *de Beunis*. hoc est Bononiensis.)] Omnino legendum *de Beterris* vel *Biterris*. Erat enim *Biterrensis*. Scripsitque præter *Chronicon Pontificale* Vossio memoratum, seu vitas Pontificum, de bello contra Albigenses gesto. Allegatur à Baronio.

Pag. 532. RANVLPHVS HYGDEN scripsit Polychronicon. Ab orbe creato exorsus procedit usque ad annum CIƆCCCXLIII.] Seu potius usque ad initium anni 1344. quod in quibusdam codicibus ab alio usque ad a. 1377 reperitur continuatum. Initiales literæ capitum libri primi, usque ad cap. 52 coactæ, ita leguntur, referente Seldeno: *Præsentem Cronicam compilavit frater Ranulphus Cestrensis*: unde & in fronte operis scriptum:

Cram-

Grammata dant prima capitalia nomen A-gentis.
Eadem ratione nomen suum orbi notum fecit præter alios & *Guilhelmus Coventrius.*

Pag. 536. MATTHÆVS WESTMONASTERIENSIS historiarum flores collegit:] Blondellus autor est eum chronicon suum inscripsisse *Flores temporum.* Falli puto.

Pag. 538. LOBARDVS SIRICHIVS Pataviensis,] Olim quidem ita scribebant, sed nunc usus obtinuit, ut Patavinus quis dicatur ex Patavio Italiæ oppido; Pataviensis à Patavia seu Patavio Germanico. Ita & Brixinenses episcopi suffraganei sunt archiepiscopi Salisburgensis, Brixienses Mediolanensis.

Ibid. BENEVENVTVS DE RAMBALDIS de vitis Cæsarum edidit libellum, qui dicitur Augustalis.] Vide *pag.* 661.

Pag. 539. JOANNES DE KIKELLEW,] Cum hic antiquior sit Joanne Turocio, non potuit ejus chronicon continuasse, quod putat Hallervordius, ex male intellectis verbis Vossii *pag.* 572.

Pag. 540. GVILIELMVS THOR-

THORNE memoriæ prodidit gesta abbatum Cantuariensium à primordiis usque ad a. CIƆCCCLXXV.] Imò verò in editis à Rogerio Twysden ab a. 578 usque ad a. 1397. Iis addidit idem Rogerius *Evidentias ecclesiæ Christi Cantuar.* ab a. 616. usque ad Anselmum archiepiscopum Cantuariensem, qui obiit a. 1109. item *Chronologiam Augustinensem* ab a. 597 usque ad a. 1419. Idem Vischio mendose, ut videtur, dicitur *Tornay*, sive *Tornacensis*.

Pag. 541. Ut vel hinc liqueat error Gesneri; uti & ejus, qui illum, sed tacito auctoris nomine, exscribere solet, Possevini dico: quorum uterque Thorneum floruisse ait CIƆCCCXXXIV.] Hunc errorem inconsideratè Carolus de Visch vel sequitur, vel probat.

Ibid. Anno CIƆCCCLXXX vivebat HENRICVS KNYGHTON, Anglus: qui gentis suæ gesta posteritati sacravit;] Henrici Knighton, Canonici Leycestrensis, Chronica de eventibus Angliæ à tempore regis Edgari usque mortem fere Regis Ricardi secundi (qui decessit a. 1400.) seu ad a. 1395. edidit Rogerius

rius Twysden. Autor ipse literis initialibus capitum primorum sedecim libri secundi, nomen suum ita exprimit: *Henricus Cnitthon.*

Pag. 542. ADAMVS MVREMVTHENSIS duplex Chronicon fecit: unum ab an. Chr. CIƆCCCII, usque ad annum CIƆCCCXLIII: alterum inde usque ad annum CIƆCCCLXXX.] Hos vocat Carolus de Visch *Tomos duos Annalium rerum Anglicanarum.*

Ibid. GVILHELMVS GILLYNHAM] leg. *Gillyngham.*

Pag. 544. JOANNES WEENTIVS,] Sammarthanis gravissimo errore hic dicitur Vuecutius; per literarum corruptionem ex similitudine ortam.

Ibid. JACOBVS CONGELSHOVIVS consignavit res Argentinensium usque ad annum CIƆCCCC.] Hunc quidem pulcrè conjicit Hallervordius, eundem esse cum *Iacobo de Königshofen*; sed quid diceret ad id, quod autor hic Chronicon suum perduxerit usque ad annum 1456. Non dubium autem, quin idem sit cum *Iacobo de Küningshofen*, Argentinensis chori præbendario, quem refert

Wim-

Wimphelingius scripsisse de vitis episcoporum Argentinensium, in Dedicat. libri sui. Hallervordius illum perperam vocat *Ioannem de Küningshofen.*

Pag. 545. HERMANNVS DE LERBEKE Chronicon comitum Schawenburgensium incipit ab an. CIƆVI. à primo Schawenbergensi comite Adolpho, ac desinit in Ottone Schawenburgensi, quem fatis concessisse narrat an. CIƆCCCCXIV. Primus hunc scriptorem edidit Henricus Meibomius.] Hallervordius tract. de Histor. latinis scribit: *Hermannus de Lerbeke chronicon comitum Schawenburgensium ab Adolpho primo comite, sive a.* 1030 *ad a.* 1404, *quo Otto comes fato cessit, perduxit. Primus illud Henricus Meibomius luci exposuit.* Mirum Hallervordium tam diversa à Vossio tradere. Uter illorum erraverit, haut facile dixerim, quando autorem ipsum videre mihi necdum contigit. At si vera scripsit Henninges in Theatro Genealogico, vel uterque erraverit, vel ipse Hermannus. Tradit enim Henninges, Adolphum a. 1032 comitem primum investitum à Conrado II, qui imperare cœpit a. 1027. Ottonem II obiisse a. 1388. ejusque nepotem Ottonem III a. 1464. *Ibid.*

Ibid. THEODORICVS A NIEM, episcopus Verdensis.] In nomenclatura episcoporum Verdensium nullum reperio Theodoricum; sed fuit olim Theodericus quidam episcopus Verdunensis, sub cujus persona similis argumenti liber conscriptus. De eo egi ad *pag.* 388. At Theodoricus à Niem in fine operis se tantum clericum Lucensis diœceseos dicit. Nam *Nemus Vnionis* concludit his verbis: *Hoc opus novum recollectum & completum est per me Theodoricum de Niem clericum Lucensis diœceseos, anno Domini 1408. die 25 mensis Iulii.* & lib. 3. de schismate: *Et sic sit finis hujus operis completi Bononiæ per me Theodoricum de Niem, anno Domini 1410, in festo S. Vrbani, in quo prædictus Ioannes Papa suæ coronationis insignia recepit Bononiæ.* Quo sane tempore admodum senem fuisse Theodoricum oportet, quando jam ab a. 1372 fuerat scriba Pontificius. At Gaspar Bruschius & Gabriel Bucelinus in Germania Sacra tradunt, *Ottoni episcopo Verdensi, qui cathedram absolvit & dedicavit a. 1390. & paullo post episcopatu illo resignato electus fuit archiepiscopus Bremensis, substitutum à Bonifacio IX PP. Theodericum de Niem, eumque cum Ottone supradicto frustra & diu contendisse de arce Rottenburg ab illo detenta; rediisse post pauculos annos Romam, ibi resignata Pontifici ecclesia ab eodem Pontifice creatum*

Cameracensem episcopum in Brabantiæ finibus; ei substituto, qui Bruschio dicitur Conradus de Vechta, Bucelino Carolus de Vechta. Sed & illum, resignata Pontifici Verdensi ecclesia, ab eo creatum archiepiscopum Pragensem, substituto eidem ab eodem Pontifice Bonifacio IX, Conrado à Sultow, eumque a. 1395 recepisse arcem Rotenburg. Hic Conradus à Sultow in jam allegata nomenclatura episcoporum Verdensium, excerpta ex Alb. Krantzio, immediatè subjungitur Ottoni. Inter Cameracenses autem episcopos non collocatur Theodoricus de Niem à fratribus Sammarthanis, qui eo tempore statuunt episcopum Cameracensem Andream de Luxemburgo, electum a. 1360. 31 Januar. quem dicunt peregrinationem piam Hierosolymitanam confecisse, & fato suo concessisse a. 1396. extra B. Virginis chorum humatum cum inscriptione: eique successisse Petrum ab Alliaco, de cujus obitus tempore dicam ad *pag.* 548. Imò nec ipse Bucelinus inter episcopos Cameracenses Theodoricum de Niem agnoscit. Henricus Meibomius Francofurti a. 1620 edidit vitam Joannis XXII PP. sub nomine autoris Joannis Niemii, quem cum Theodorico eundem autorem esse, Theodoricumque vitam scripsisse Joannis XXII PP. Hallervordius observavit.

Ibid. PAVLLVS BONETVS Narbonensis Carmelita, tum Viridadarium mundi condidit, tum alterum Viridarium, de ortu & floribus sui Ordinis.] Sunt qui putent unum tantum *Viridarium* ab eo scriptum, dictum *Viridarium Mundi*, in quo agat de ortu, fructibus & floribus Ordinis sui, i. e. Carmelit. libris tribus. Eodem tempore traditur vixisse Joannes Grossus Tolosanus, Carmel. vita excessisse a. 1424. & scripsisse libros tres de Ordinis sui institutione ac progressu, sub titulo *Viridarii Ordinis Carmel.*

Pag. 546. THOMAS OTTERBVRNE, Anglus, Franciscanus: cujus & mentio fit in prologo Scalæ chronicorum. Sed de ætate nec Lelando, nec Balæo liquebat.] Vide quæ dixi ad *pag.* 449. & quæ dicam ad *pag.* 725.

Pag. 548. PETRVS AB ALLIACO, archiepiscopus Cameracensis,] Seculo demum præterito cathedra Cameracensis in archiepiscopatum evecta, adeoque Petrus ab Alliaco episcopus tantum fuit; quod & monui ad *pag.* 502.

decessit Avenione an. CIƆCCCC-XXXVI.] Quidam cum Bucelino decessisse volunt in Germania a. 1425. 6 Id. Aug.

ex Necrologio Parisiensi, sed Antonius Pouillonius ait obiisse a. 1416. errore typographico dubio procul in Sammarthanorum opere commisso, pro 1426.

Ibid. POGGIVS BRANDOLINVS, uti vocat Possevinus: vel Brandolinus, ut nuncupat Franciscus Albertinus, civis Poggii, vel BRACCIOLINVS, FLORENTINVS.] In Epitaphio *Ioannes Franciscus Poggius Florentinus:* ubi etiam dicitur vixisse annos 79. menses 3. Idem perperam traditur à nonnullis exspirasse a. 1420, vel 1422. 25 Junii: cùm constet etiam sub Nicolao V Pontificiis scriniis præfectum fuisse, & deinde anno ætatis 72 Florentiam accitum, ut Reip. patriæ à secretis foret.

Pag. 550. Sigismundi Imp. temporibus clarescebat ANDREAS presbyter RATISBONENSIS.] Cùm Sigismundus vivere desierit a. 1437. Andreas verò Chronicon suum perduxerit usque ad a. 1439. liquet eum post Sigismundum floruisse & scripsisse.

Pag. 552. Auctor incertus antiquioris chronici S. Petri Vivi Senonensis vixit anno CIƆCCCCXXIX. Su-

Supereſt MSum. — Cœnobium illud & alterum habet chronicon, itidem MSum, ſed recentius.] Dacherius to. 2 Spicil. edidit chronicon vetus S. Petri Vivi Senonenſis conſcriptum autore CLARIO monacho. Idemque to. 3. luci expoſuit Chronicon Senonenſe autore Richerio monacho S. Petri Senonenſis Ord. Bened. quod conſcripſit tempore Ludovici Regis Francorum, dicti Sancti, poſt a. 1262. Verum notandum Senonam, vel S. Petri Senonenſis cœnobium, diœc. Tullenſis, cujus Richerius fuit monachus, longe diverſum eſſe à cœnobio S. Petri Vivi Senonenſis. Extat & *Gofridi de Callone* (Gallicè *de Coulon*) monachi S. Petri Vivi Codex MS de archiepiſcopis Senonenſibus, teſtibus Sammarth.

Pag. 555. BARTHOLOMÆVS FACIVS reliquit librum de humanæ vitæ felicitate, quem è MSSis codicibus primus in lucem produxit Marquardus Freherus.] Ante editionem Freheri opus hoc jam a. 1566 Antverpiæ in 8° in lucem prodiiſſe notat Hallervordius.

Pag 556. AMBROSIVS CAMALDVLENSIS è græco vertit vitam Palladii à Chryſoſtomo ſcriptam

ptam,] Retulit mihi Clarissimus Laurentius Panciatichi, Abbas, & Serenissimi Cardinalis Medicei quondam Bibliothecarius, vitam Palladii à Chrysostomo exaratam, summa cura adservari MSam in Bibliotheca Ambrosiana Mediolani. Vossius autem *pag. ult.* scribit, *Ambrosium Camaldulensem è græco latine vertisse vitam Chrysostomi à Palladio scriptam.* Scripsit quoque idem Ambrosius Hodœporicon, quod MSum extat in Bibl. Florentino-Medicea.

Defunctum funebri oratione decoravit discipulus ejus, Poggius Florentinus.] Hoc verum esse vix potest, cùm non tantùm Poggius Florentinus diu defunctus sit ante Ambrosium, si verum est hunc extremum diem obiisse a. 1490. ut scribit Bellarminus; sed & filius ejus Jacobus, qui decessit a. 1478. Cæterum Poggius Florentinus in græcis condiscipulus fuit Ambrosii: discipulum fuisse ætas Poggii major non permittit, licet jam a. 1428 celebre esset nomen Ambrosii.

Ibid. LEONARDVS ARETINVS] Autor quoque vitarum Aristotelis & Ciceronis, MSS Parisiis in Bibl. Reg. num. 2156. teste Jonsio de script. hist. Philol.

Pag. 559. THOMAS RVDBVR-

BVRNE Anglus, insigne chronicon reliquit: sive, ut aliàs dicitur, Historiam majorem.] Vossius *pag. 636. THOMAS RVDBVRNE Anglus, geminum Chronicon de rebus gentis suæ exaravit: unum majus: alterum, quod breviarium chronicorum vocavit.* Sane si verum fuerit, diversos hos fuisse autores, non temere mirum videatur, utrumque *Thomam Rudburne* scripsisse *chronicon majus.*

Pag. 563. JOANNES STABVLARIVS] Bucelino *Ioannes Stabulaus,* Historicus Leodicensis.

Ibid. JOANNES LOSSENSIS, abbas Leodicensis in cœnobio S. Laurentii ad urbis muros, quo in munere Joanni Stabulario succesfit an. CIƆCCCCXLIX.] At paullo superius hunc Ioannem Stabularium tantum monachum dicit, his verbis: *Ioannes Stabularius monachus cœnobii S. Laurentii apud Leodicenses. Condidit Chronicon Leodiense à S. Materno ad annum Chr.* 1449. *quo ipso obiit,* & pag. 571. *anno* 1449 *desinit Ioannes Stabularius monachus cœnobii S. Laurentii, juxta Leodicum.* Et revera monachus tantum fuit, neque Ioannes Lossensis abbas fuit S. Laurentii Leodicensis. Successit verò in labore solo,

nisi

nisi forte etiam in cella, Joanni Stabulario.

Pag. 565. JOANNES LONGINVS, qui & DVGLOSSVS,] Scripsit quoque catalogum omnium episcoporum Poloniæ.

Ibid. ADRIANVS BVTIVS vixit anno CIƆCCCLXVIII.] Obiit a. 1488. Scripsit *Supplementum Chronici Magistri Ægidii de Roya, & Bartholomæi de Beca, Religiosorum Dunensium,* ab anno 1463 *usque ad annum* 1478. Quod typis excusum extat Francofurti apud Aubrios a. 1620. una cum Chronico ipsius Ægidii. Scripsit insuper *brevem historiam,* seu potius *Chronicalem collectionem Abbatum Dunensium.* Item, *Gesta Comitum Flandriæ,* ab anno 1465 *usque ad annum* 1478. Carolus de Visch. Supplementum continuavit ad annos aliquot *Iudocus Badius Gandensis,* qui etiam eidem post obitum epitaphium posuit. Vide *pag.* 606.

Pag. 567. Quæri possit, utrum PETRVS RANZANVS, qui Annalium libros scripsit LXI, idem sit ille, cui libri V de vita B. Vincentii Valentini adscribuntur.] In re tam manifesta quæstione nulla opus est. Est enim unus idemque utriusque operis scriptor.

Pag. 568. domo Panormitanus,]

Natus in urbe Panormo, Ord. Prædicatorum.

Pag. 569. Anonymus auctor Chronicorum Salisburgensium,] Annales Salisburgensium allegat Stephanus Vinandus Pighius Herc. Prodic.

Ibid. ANDREAS, S. Michaëlis Bambergæ abbas, anno floruit CIƆCCCCLXXXIII.] Errat maxime Vossius, dum hunc Andream diversum facit ab illo, de quo *pag.* 643 scribit: *Andreas, abbas monasterii S. Michaëlis extra Bambergam, eum honorem adeptus est anno* CIƆCCCC-LXXXIII.

Pag. 570. FELIX FABRI] Autor est etiam rerum Suevicarum.

Pag. 572. THEODORVS, Trevirensis archiepiscopus,] *Theodoricus* vocari debuit. Vide quæ dixi ad *pag.* 349.

Ibid. JODOCVS BEISSELIVS Aquensis patricius, claruit anno CIƆCCCCXC. Is præter dialogum Platonico more scriptum ; præter item orationes, carmina, & alia, etiam opus condidit de gestis Flandrodrorum.] Immerito hunc autorem Vossius *pag.* 808 in prætermissis reponit, ubi scribit: *IODOCVS* (in Indice *IVDOCVS*) *BEYSSELIVS, patricius Aquisgranensis, prosa & carmine pollens, floruit circa annum CIↃCCCCLIV. — Item gesta Flandrorum.* Sed ea, *aliis occupatus, absolvere non potuit.* Eodem tempore nempe a. 1490, & a. 1519 floruit *Iudocus Badius Gandensis*, qui traditur Supplementum Adriani Butii Flandri (de quo *pag.* 565.) ad annos aliquot continuasse. Memorat quoque Carolus de Visch, *Iudocum Horenbout*, monachum de Baudelo *Gandavi*, scripsisse vitam B. Balduini de Bocla, primi ejusdem monasterii fundatoris.

Pag. 573. HARTMANNVS SCEDEL, Norimbergensis, scripsit chronicon usque ad annum CIↃCCCCXCII, quod vulgo *Norimbergense chronicon* appellatur, quia Norimbergæ an. CIↃCCCCXCIII prodiit cura Antonii Koberger,] Distributum est hoc chronicon per sex mundi ætates. Est autem error gravissimus, quem Maresius refut. Blondelli tract. de Ioanna Papissa, exprimit his verbis, *Æneas Sylvius Pontifex tandem factus historiam de Papissa exscripsit in 6 mundi ætate, pag.* 170. *operis historici impressi Norimbergæ anno* 1493. *per Ko-*

ber-

bergerum, inquit Ioannes Gerhardi, Augustanæ Confeßionis Theologorum doctißimus, Loco de Eccles. edit. in 4. p. 1004. Vt taceam errorem hunc & inde satis superque refutari, quod Æneas Sylvius interiit a. 1464. Extat fabula de Joanna Papissa in dicto opere Hartmanni Schedel, 6 ætate, fol. 169. b. nulla ibi injecta mentione Æneæ Sylvii.

Pag. 574. MARINVS BARLETIVS, Dalmata, Scodrensis sacerdos, ac postquam Scodra in manus Turcarum venit, Brixiensis professor: qui & MARINVS BECICHEMVS nuncupatur.] Sententiam hanc mox refellit ipse Autor, ubi scribit: *Video hunc scriptorem Iovio in elogiis doctorum virorum vocari Marinum Becichemium Scodrensem. Sed duos Marinos Scodrenses Barletium, & Becichemium confudit. Quorum Becichemius Brixiensis professor fuit, Raphaëlis Regii, Ioannis Calpurnii, Georgii Vallæ, & aliorum ejus ævi æqualis. Ac literis mandavit panegyricum Leonardo Lauretano, principi Veneto.*

Pag. 576. Sed spero, meliore fato totus vivet MATTHÆVS PALMERIVS, quàm Prosper, cujus prior ac melior operis pars planè deperiit.] Imò verò extat Prosperi chro-

chronicon integrum, editumque à Labbeo Novæ Bibl.MSS. to. 1. sect. 1. nec tamen prior pars, meo judicio melior est: quia Eusebium & Hieronymum Autor in ea presso pede sequitur. At Matthæi Palmerii chronicon integrum extare, asseverare non ausim.

Ibid. ANDREAS DOMINICVS FLOCCVS FLORENTINVS.] Nescio annon & hujus autoris sit liber de vita & morte S. Virginis Mariæ, cujus autor appellatur *Fr. Dominicus Florentinus.*

Pag. 583. JOANNES ANTONIVS CAMPANVS, episcopus Aretinus, —— Paullus Jovius in elogiis Interamnatium fuisse episcopum ait; Lilius Gyraldus autem Prætutinorum, sive Prætutianorum: nempe sedes episcopalis fuit Interamnii Prætutianorum oppidi, quod vulgo à circumfluo Nare fluvio Terami, vel Terani vocatur.] Nec Aretinus, nec Interamnensis ad fluvium Narem fuit episcopus; sed Interamnensis ad fauces Tordini fluminis, qui veteribus dictus fuit Albula, i. e. Aprutinensis seu Teramus.

prope quadragenarius anno obiit CIƆ-

CIƆCCCCLXXVII.] Vixit annos quinquaginta. Nam a. 1463 creatus est episcopus, cùm esset annorum 36. Aliàs secundum Vossii calculum ante 26 ætatis annum ad episcopatum allectus fuisset.

Pag. 585. BLONDVS FLAVIVS] aliàs mendose *Flavius Blondus.*

Pag. 586. *Vixit annos* LXXV.] Nicolaus Reusnerus legit 71. quod magis cum sententia Jovii convenit, qui refert septuagenarium obiisse.

Anno salutis Christianæ CIƆCCCCLXIII.] *al.* minus rectè 1464.

Pag. 588. B. PLATINA, utrum Baptistæ, an Bartholomæi prænomen habeat, non satis convenit: Baptistam vocat Jac. Bergomas & Albertus Leander, item Floridus Sabinus: at Bartholomæum appellat Volaterranus, item Arnoldus Bostius. Atque his plane fidem habemus, non quidem ob majorem dicentium auctoritatem; sed quia epistola ejus ad Jacobum Piccolom. sic inscribitur: *Barth. Platina Ia. Car-*
K 2 *di-*

dinali Papienſi. Ac Piccolominæi ad Platinam, *Barth. Platinæ.* Patria fuit Cremonenſis.] Aliàs dicitur *Baptiſta Sacchus*, à vico patrio *Platina* cognominatus. Vide *pag.* ſequent.

Pag. 589. poſteris prodidit libros tres de rebus urbis Mantuæ, & familia Gonzagæ,] Baptiſtæ Sacchi Platinæ hiſtoriam urbis Mantuæ & familiæ Gonzageæ, libris ſex diſtinctam, ſperamus brevi lucem viſuram, beneficio Lambecii.

Mirum autem, poſt Pontificum vitas de re culinaria ſcribere voluiſſe. Quod epigrammate quodam feſtive ridet Actius Syncerus.] Epigramma tale eſt.

Ingenia & mores, vitaſque obituſque notaſſe
Pontificum argutæ lex fuit hiſtoriæ.
Tu tamen hinc lautæ tractas pulmenta culinæ.
Hoc, Platina, eſt ipſos paſcere Pontifices.

Pag. 593. ÆNEAS SYLVIVS,] Hiſtoriam Auſtriacam etiam ſcripſiſſe fertur, quæ imperfecta uſque ad a. 1458. MS extat in Bibl. Vindobonenſi.

Pag. 596. FRANCISCVS CASTI-

STILIONENSIS dicitur scripsisse vitam S. Petri Veronensis martyris. Sane S. Petri vita est à Joanne Garzone. Parum autem verisimile, Garzonem actum agere voluisse.] Vitam Petri Veronensis scripserit sive *Franciscus Castilionensis*, sive *Ioannes Garzo*., actum certè egit, quia eam olim composuerat *Thomas Lentinus*, ut ipse Vossius docet *pag.* 480.

Ibid. Orlandus Bonardus vitam Castilionii hujus tradidit:] Rectius dicitur *Orlandus Bonarlius*, qui spiritum exhalavit a. 1462. A. 1459 mortuus est *Antoninus Florentinus*, cujus vitam scripsit *Castilionius*: & Castilionii vitam ante a. 1463. scripsit *Bonarlius*.

Pag. 600. PETRVS DE NATALIBVS, episcopus Equilinus, sanctorum historias edidit.] Episcopatus iste alio nomine videtur notior esse, nisi forte titularis, isque incelebris est. Sammarthani sub 1 archiep. Aquensi, mire allegant Petrum Equilinum antistitem, in catalogo seu Natalibus sanctorum. Catellus hist. Comit. Tolos. l. 6. dictique Sammarthani sub 1 episc. Agathensi, ac alii, Petrum Venetum vocant.

Petrum hunc quoque *in aliquibus*

cum

cum judicio legi debere, meritò censet Vasæus.] Nec id mirum, quando martyrum & sanctorum catalogo adscripsit Priscillianum hæresiarcham, ejusque sectatorem Latrocinianum, hunc dicens cæsum pro veritate & defensione catholicæ fidei, (Hieronymo utrumque Scriptoribus ecclesiasticis accensente, utut reipsa Romano-catholici, nomine saltem mutato, Priscillianistæ sint, inprimis qui in Hispania religionem Christianam à Gothis diversam olim sectabantur:) ut & Arianos Georgium, Eusebios Cæsar. & Emesenum, Constantinum M. Theodotum Laodicenum, Theodorum Perinthium, Liberium, Felicem II PP. & ante Arium ei ὁμοδόξους Patres, Hermam, Ignatium, Clementem Rom. Justinum martyrem, Melitonem Sardensem, Theophilum Antioch. Irenæum, Clementem Alexandr. Hippolytum, Gregorium Thaumaturg. Cyprianum, Dionysium Alex. Pierium, Pamphilum, Methodium: Chiliastas Papiam & Victorinum Pictabionensem: & Origenistam Theotimum Scytham, &c.

Pag. 601. PALLADIVS FVSCVS, sive NIGER claruit circa annum CIƆCCCCLXX — scripsit de situ & ora Illyrici.] Palladium hunc a. 1470 vixisse, id Vossio videtur esse argumento,

mento, quod Antonius Sabellicus de Linguæ Latinæ reparat. scribit: *Nec est, ut Palladium Nigrum sileam, per quem proximis annis Romanæ in ea terra literæ, in antiquum sunt statum restitutæ.* Sed quicquid hac de re sit, illud certum est, Palladium Fuscum, autorem libellorum duorum de situ Illyrici, longè esse recentiorem, adeò ut nec recensendus sit inter historicos Vossii; libros enim illos inscripsit Gaspari Cardinali Contareno Veneto, qui Cardinalis fuit ab a. 1535 usque ad a. 1542. uti eos edidit Joannes Lucius in fine suæ Historiæ Dalmaticæ.

Pag. 603. JACOBVS PICOLOMINÆVS libris septem reliquit quinquennii historiam gesta sui temporis continentem.] Ex Piccolominei Commentariorum libro sexto edita in Scriptoribus Bohemiæ, historica narratio de Hussitis & Georgio Pogiebracio Bohemiæ Rege.

Pag. 606. ÆGIDIVS DE ROYA annales Belgicos concinnavit, qui ab anno Chr. IƆCCXCII auspicantes, desinunt in an. CIƆCCCCLXXX, quo & obiit.] Quibus verbis Vossius mox ipse contradicit, quando ait Ægidium fatis concessisse anno 1478. quod & Sammarthani statuunt: imò Vossius pergit:

git: *Sed non satis capio, quod Adrianus testetur, magistrum suum Ægidium obiisse anno 1478, cum Ægidius narret etiam historiam totius anni sequentis:* (imò secundum ea, quæ Vossius ante tradiderat, duorum annorum sequentium.) *Quare omnino putem aliqua ab alio esse Ægidio adjecta.* Hac ergò ratione Vir Cl. primam sententiam destruit, qua ajebat Ægidium obiisse a. 1480. Imò ipse hic *Adrianus*, de quo Vossius *pag.* 565, longe ante magistrum ejus egit, supplementum chronico Ægidii subtexuit ab a. 1463 usque ad a. 1478. Cæterum ipse Ægidius jam antè Chronicon suum dicaverat Imberto abbati Cisterciensi ab a. 1462, qui obiit a. 1476. 7 Ca. April. Dicunturque annales isti Chronicon Dunense.

Inde ubi Brando desierat exorsus, cætera est persecutus, nempe LXV annos sequentes. Desierat enim Brando anno CIƆCCCCXIX.] Hæc cum jam dictis à Vossio consistere nequeunt. Vel legendum itaque LXI pro LXV. ut mox ipse autor: *Sed etiam intermedios LXI annos descripsisse, satis ex historia ejus apparet.* vel potius pro CIƆCCCCXIX leg. CIƆCCCCXIV, ut rectissime Vossius *pag.* 551. *Brando Ioannes Chronodromon perducit ab orbe condito usque Chr.* CIƆCCCCXIV. Verissima sententia est *Brandonem* scripsisse ab O. C. usque ad a. 1414.

1414. cumque continuatum à *Bartholomæo de Beka* usque ad a. 1431. hunc ab *Ægidio de Roya* usque ad a. 1463. Ægidium de Roya ab *Adriano Butio* usque ad a. 1480. & Adrianum Butium continuasse *Iudocum Badium Gandensem*.

Pag. 607. JOANNES JOVIVS PONTANVS] *Rectius* Joannes Jovianus Pontanus.

Christi CIƆIƆV] *al.* 1503.

Pag. 611. Joannis Galeacii Mediolanensis comitis,] Joannes Galeatius hujus nominis secundus, Dux erat Mediolanensis.

Pag. 616. anno CIƆCCCCXII, quo Ferdinandus alterius Hispaniæ Rex, Siciliæ regnum fuit adeptus.] Forte Vossius scribere voluit: *quo Ferdinandus Arragoniæ Rex alterius Siciliæ regnum fuit adeptus.*

Pag. 618. Non me fugit BERNARDINVM CORIVM Italice scripsisse; attamen dicere haut possim, nihilne ejus vel latine ab illo exaratum, vel ab interprete translatum supersit, propter quod Simlero memoretur. Neutrum si erit, praeteriri debuit, quia de latinis me scriptoribus acturum receperam.] Audio ejus historiam rerum Mediolanensium in latinum conversam esse sermonem.

Pag. 620. PHILIPPVS CALLIMACHVS EXPERIENS obiit Cracoviæ.] N. Reusnerus in Icon. Clar. Vir. *Fatis cessit exul Viennæ, sepultus Cracoviæ.*

Pag. 626. VERINVS] Dicitur quoque *Varinus.*

Pater fuit Michaelis Verini, qui anno ætatis suæ XVII obiit.] *al.* 22. a. 1483.

Pag. 627. De excessu Vgolini ita refert is, qui poematibus quædam de vita ejus præmisit: *Cæterum Verinum hunc, annos cum peregisset LXXV, aut plures, perhibent fato functum anno salutis* CIƆCCCXC: *qua tempestate Leo X urbem Florentiam ingressus est*: Quibus non possum penitus assentiri. Nam Vgolinus deplorat obitum discipuli sui Criniti, quem decessisse ait undecima trieteride; hoc est

est anno trigesimo primo, vel alterutro eorum, qui proximi consequuntur. Atqui Crinitus libros suos de honesta disciplina Florentiæ edidit anno CIƆIƆIV.] Idem falsum esse evincitur 1. quia Leo X. Pont. Rom. fuit ab a. 1513 ad a. 1522. 2. quia ipse Petrus Crinitus deplorat obitum Angeli Politiani, qui obiit a. 1494, vel 1498, & Michaëlis Marulli, quem tradunt periisse alii a. 1500. Vossius a. 1511. licet hoc minime verum esse possit, cùm in ejusdem Marulli obitum carmen fecerit Io. Iovianus Pontanus, qui vivere desiit a. 1503 vel 1505. Maximopere autem errant, qui referunt Marulli obitum in a. 1466. 16 Maji. quem constat Epigrammate satyrico pupugisse Innocentium VIII PP. ab a. 1484 ad a. 1492. genitorem octo filiorum, totidemque filiarum : & composuisse Epigrammata in obitum Theodori Gazæ a. 1478. & Io. Pici Mirandulæ a. 1494. nec levius falluntur, qui tradunt Marullum floruisse a. 1520.

Pag. 629. ANGELVS POLITIANVS decessit XL solum, ut est apud Volaterranum; non, ut est apud Jovium, annos natus XLIII.] *al.* anno ætatis 44.

Fuit id Christi anno, non CIƆIƆ-
IX,

IX, ut complures, eosque inter Eberus in Fastis, & Elias Reusnerus in diario historico, tradunt; sed CIƆCCCCXCIV.] Nicolao Reusnero anno 1498. In eo consensus est, natum fuisse a. 1454.

Pag. 633. Anno Christi CIƆCCCCLVII, THADÆVS, — Dispiciendum autem, annon idem sit Thadæus Romanus, qui res Friderici I carmine scripsit; ac à Cuspiniano in opere de imperatoribus refertur inter eos, quorum opera sit usus. Sane ætas convenit.] At hic M. Thadæus à Româ bello Friderici adversus Mediolanenses gesto, quod carmine descripsit, interfuit, referente Reinesio epist. 79 ad Daumium. adeoque Thadæus iste hoc fuerit trecentis annis recentior; inprimis cùm hic memoretur etiam Gerardo Maurisio, qui circa a. 1240 à Vossio dicitur vixisse.

Ibid. NICOLAVS MONTACVTIVS, quem aliqui Monacutium dicunt, claruit sub rege Anglorum Henrico VI. qui Angliæ imperium tenuit usque ad annum CIƆCCCC-

CCCCLXI.] Hunc Blondellus, Nicolaum Maniacutium vocans, vel trecentis annis antiquiorem facit, dum medium statuit inter Henricum Augustodunensem & Conradum Vrspergensem, opere sæpius laudato.

scripsit opus de Pontificibus Romanis] carmine heroïco.

Pag. 635. NICOLAVS KENTON, Carmelita, vitam composuit Cyrilli, ejus puto, qui episcopus fuit Alexandrinus. Obiit sub Eduardo IV, anno CIƆCCCCLXVIII.] *NICOLAVS SIMONIS, Carmelita, scripsit vitam B. Cyrilli. Decessit senex anno* CIƆIƆXI. *Ita Vossius pag.* 639. *Suspicor in alterutro loco lapsum esse.*

Ibid. GVILHELMVS GRENÆVS sub Eduardo IV Angliæ Rege,] Paullo antiquior est.

Pag. 636. THOMAS RVDBVRNE Anglus, geminum chronicon de rebus gentis suæ exaravit: unum majus: alterum, quod breviarium chronicorum vocavit:] Vide *pag.* 559.

Pag. 639. Qua lingua MAXIMILIANVS AVSTRIACVS commenmentarios rerum suarum gestarum scripserit, non addit Schardius, nec Bertelius. &c.] Fecit id carmine germanico Maximilianus, quo res gestas suas sub persona & nomine *Thewrdanck* describit. Non est ergò hujus loci, idque eo minus, quod non pauci dubitant, Imperatorem istius operis esse authorem, tribuentes id Melchiori Pfinzing. Imò nec ipsum opus historicis annumerari meretur, cum sit penitus fabulosum, qualia Galli *Romans* vocant.

Ibid. NICOLAVS SIMONIS,] Vide pag. 635.

Ibid. PHILIPPVS WIELANVS consilii præses est factus an. CIƆCCCCXXXVIII.——decessit anno CIƆIƆXIX.] Pro CIƆCCCCXXXVIII, non dubito quin reponendum sit CIƆCCCCLXXVIII. Nulla enim ratione verisimile fit, hunc autorem 81 annos superstitem fuisse, postquam Consilii præses in Flandria fuerat constitutus.

Pag. 640. JACOBVS WIMPHELINGVS] Scripsit quoque opus de episcopis Argentinensibus, historicum quidem, at Vossio indictum. Editum Argentoratiæ 1508. & 1651.

Pag.

Pag. 641. & 642. CONRA-
DVS CELTES PROTVCIVS
natus Kal. Febr. anni CIƆCCCC-
LIX.—— Obiit annos natus XLIX.
dies tres : anno Chr. CIƆIƆV. II.
Non. Febr.] Ἀούρατα funt, eum qui
natus Kal. Febr. a. 1459. obiit prid. Non.
Febr. a. 1505. vixiſſe annos 49. dies 3. Si in
die nativitate & mortis nullus eſt error, eſt
utique in numero annorum vitæ error trium
annorum in exceſſu.

Pag. 643. ANDREAS hono-
rem abbatiæ S. Michaelis extra Bambergam, adeptus anno Chr. CIƆ-
CCCCLXXXVII'.] Errorem circa hunc
Andream à Voſſio commiſſum, vide ad *pag.*
569 notatum.

Pag. 644. MATTHÆVS
VDALRICI filius,] Vide *pag.* 729.

Pag. 645. de origine, regibus ac
ducibus Batavorum,] *Bavarorum* repone.

Pag. 646. JOANNES NAV-
CLERVS,] Idem autor etiam eſt Hiſtoriæ Suevorum, editæ Tubingæ, fol. a.
1516.

Pag.

Pag. 647. S. Remberti, episcopi Bremensis,] & Hamburgensis, unita utraque civitate in unum episcopatum. Vide pag. 329.

Ibid. S. Ausgani] *leg.* Ansgarii.

Pag. 650. S. Gebharti, secundi Constantiensis episcopi,] *leg.* S. Gebhardi secundi, trigesimi quarti Constantiensium ad Rhenum episcopi.

Pag. 651. Henricus VII Imp. anno CIƆCCCXIII, ac proximo quinquennio, imperium tenuit.] Potius a. 1308, ac proximo quinquennio, terminante in a. 1313.

Pag. 652. JOANNES CINCINNIUS, Lippiensis presbyter, anno CIƆIƆXCV collegit vitam B. Ludgeri, ⸺ Coloniæ anno CIƆIƆXCV primum prodiit, typis Quentelianis.] Anno CIƆIƆXV legendum pro CIƆIƆXCV. Nam si a. 1595 hic autor scripsisset, nec hoc loco Vossio, nec in toto opere memorandus fuisset. Fuit etiam Cincinnius Professor in Gymnasio Montis Coloniæ, literisque mandavit vitam S. Idæ. Hujus viri cura Bibliotheca Werthinensis sub abbate Hermanno de Holt ab a. 1540 ad a. 1572, completa comparatis diversis libris.]

Pag.

Pag. 653. JOANNES PLA-
CENTIVS sic incipit: *Divus Ma-
ternus Longobardus, patre comite pro-
gnatus primò Trevirensium, deinde
Coloniensium, postremo Tungarorum
fuit antistes. Successit quippe clarissimis viris, Euchario & Valerio: quos,
ut fidei symmystas habuit, ita æmula
utrumque virtute, non dubitavit ex-
primere. Factum anno nati Servatoris
LXXI, dum Romæ Simo Petrus Apostolorum Petrus* (forte Princeps) *hos tres in
Gallias penitiores delegasset.* At quis
tam ignarus historiæ Romanæ, ut
non temporibus Apostoli Petri, sed
postquam desierat Occidentis imperium, idque opera Narsetis, Longo-
bardos sciat in Italiam venisse. Hujus-
cemodi in temporibus errores mul-
ti in Placentio occurrunt.] Fallatur
quidem Placentius: fallantur & illi, qui Laurentium episcopum Mediolanensem tempore
Theoderici Ostrogotthorum Regis, longè ante
irruptionem Longobardorum in Italiam, scribunt fuisse Longobardum ex regia Lithingo-
rum prosapia; nullius tamen valoris contra
Pla-

Placentium est argumentum Vossii, quasi Longobardi non extiterint, antequam Italiam invasissent, etiam sub nomine Longobardorum: quam gentem cum nomine suo longè antiquiorem esse constat. Eorum enim mentio sæpe est in Tacito, ubi agit de rebus Tiberii, quos & sub imperio Augusti legimus arma contra Romanos corripuisse. Fuerunt ergò Longobardi jam eo sub nomine noti etiam tempore B. Petri apostoli. Quinetiam Longobardi ante a. 567 vel 568. i. e. annum irruptionis eorum in Italiam, jam cum Rege Alboino Christiani erant, ut evici lib. 3. mei Nuclei Histor. Eccles. seculo VI. ad a. 568. contra vulgi errorem, qui Alboinum statuunt paganum seu ethnicum fuisse: & quamquam præcisum tempus conversionis gentis istius ad Christi fidem ignoratur, seculo tamen quinto jam Christianam fuisse scio. Vide meam Histor. Ecclesiast.

condidit & carmen heroicum in porcorum laudem: cujus literæ singulæ à litera P incipiunt.] Impossibile hoc. Suspicor itaque Vossium scribere in mente habuisse: *cujus lineæ singulæ*, i. e. singuli versus. Dicerem id quidem de verbis singulis, nisi *lineæ singulæ* propius accederent ad *literæ singulæ*, quàm *verba singula*, seu *voces singulæ*: & nisi impossibile ferme judicarem, carmen conscribere, cujus *voces singulæ* à litera P inciperent.

Pag.

*Pag.*654. GERARDVS NO-
VIOMAGVS] literis prodidit & vitas
illustrium virorum Germaniæ Inferioris.

*Pag.*657. ab auctore Indicis rerum,
quas Arragoniæ reges gessere,] i. e. ex
Hieronymo Surita.

Pag. 664. JOANNES STEL-
LA ,] Scripsit etiam *librum Augustalem*
dictum de Imperatoribus Romanis, editum
Venetiis a. 1503. Argentorati verò a.
1505. prodiit *libellus*, qui dicitur *Augustalis*, de vitis Cæsarum, Benevenuti de
Rambaldis, teste ipso Vossio *pag.* 568. Dicere non ausim, continuaritne Stella Bene-
venutum, an exscripserit, an denique novum opus composuerit. Vidi enim tantùm
Benevenuti opus excusum Francofurti a.
1602. to. 2 Script. rerum Germanicarum,
editorum à Marquardo Frehero. Henricus
Gundelfingensis, qui scripsit a. 1476 historiam Austriacam, allegat sub nomine Fran-
cisci Petrarchæ *librum Augustalem*, qui tamen est Benevenuti de Rambaldis, editus
cùm Petrarchæ operibus Basileæ a. 1496. &
Venetiis a. 1501. referente Lambecio, &
Vossio *pag.* 538.

Pag. 663. ROBERTVS GA-
GVINVS memoratur hoc loco propter

pter libros XI de gestis Francorum. Etsi vero communi multorum historicorum vitio laboret, ut in rebus patriis, & imprimis suorum temporum, affectui aliquantum indulgeat.] Jacobus Wimphelingus Dedicat. lib. de episcopis Argentinens. de eo, *Exemplar*, inquit, *accepi à Roberto Gaguino, qui vitam Regum Galliæ describens, Ludovico undecimo (qui Alsatiam olim absque omni culpa vastaverat,* [cujusque temporibus Robertus Gaguinus vivebat,]) *vitia tribuit multa, virtutes paucas.* Cæterum vel Gaguinus Nauclerum, vel potiùs Nauclerus Gaguinum exscribit, dissimulato nomine autoris, vel denique uterque vetustiorem tacito autoris nomine exscripsit; ut liquet ex Nucleo meo Histor. Eccles. seculo XIII.

Pag. 664. BAPTISTA SPAGNOLVS MANTVANVS,] Blondello *Ioannes Hispaniolus Mantuanus:* Maresio *Ioannes Baptista Mantuanus.*

Pag. 669. MARCVS ANTONIVS SABELLICVS.] Magistri sui Pomponii Læti vitam etiam composuit.

Pag. 670. Obiit anno CIƆIƆVI.] Nicol. Reusnero a. 1507.

Pag.

Pag. 675. JOANNES LEO] Præter descriptionem Africæ Vossio laudatam, autor est libri de vitis quorundam celebrium inter Arabes Medicorum Muhammedanorum & Christianorum.

Pag. 680. LEANDER ALBERTVS libris sex de viris illustribus sui ordinis quasdam vitas inseruit exaratas à Joanne Flaminio, Sebastiano Flaminio, Joanne Garzone, Nicolao Bagnatorio, Francisco Castilionensi, Joanne Caroli,] Nicolao Brixiano, Georgio Mediolanensi,

& alio, qui literis istis B. MOR. designatur.] i.e. Bartholomæo Mortario, ut & ad *pag.* 819 dicam.

Pag. 681. JO. ANTONIVS FLAMINIVS,] Petri Damiani quoque vitam condidit, præfixam operibus Petri Damiani, opera Constantini Cajetani edit. Parif. 1663.

Pag. 683. JOANNES GARZO composuit libros duos de rebus Saxoniæ, Turingiæ, Libonotriæ, Misniæ & Lusatiæ, ad Fridericum Saxoniæ ducem:] Præter vitas illustrium virorum Ord. Prædic. in literas retulisse traditur gesta Friderici Landgravii Thuringiæ.

Pag. 684. JULIANUS HA-SARTUS,] Chronicis Hannoniæ, Flandriæ, &c. addi debuerat *Fons Eliæ*, de origine, progressu, viris illustribus, sanctisque Ord. Carmelit.

Pag. 691. ÆGIDIUS LEODICENSIS in ducatu Leodicensi Vallis aureæ, Cisterciensis ordinis monachus,] in ducatu Lutzemburgico.

historiam reliquit episcoporum Leodiensium,] Additiones adjecit *Anselmo Legiensi*, (confirmante ipso Vossio *pag.* 368.) quem scripsisse *gesta Pontificum Legiensium* supra *pag.* 372 retulerat Autor. Vide & *pag.* 342. Continuavit verò Harigerum & Anselmum ab a. 1060 usque ad a. 1251.

Ibid. S. Alberti, Cardinalis, & episcopi Leodicensis.] Albertus quidem episcopus Leodicensis fuit, at Cardinalem fuisse non memini. Sub titulo eo edidit Miræus.

Pag. 692. Quæ si vera, Rhabanus antiquior sit B. Hieronymo:] Scribere debuit Vossius: *Quæ si vera, Æthicus Ister antiquior sit B. Hieronymo.* Sunt qui Æthici Itinerarium ab itinerario Antonini, hocque ab itinerario Constantini non distinguunt. De eo judicent qui utrumque viderint & contulerint. Ego olim, cùm mihi talia curæ

curæ non essent, memini alterutrum vidisse, & nisi admodum fallor, græcus textus adjunctus erat. De Æthico Istro autem constat, græcum fuisse, adeoque hujus loci non est.

Ibid. Antonini rhytmos Teutonicos de S. Annone,] Pro *Antonini* videtur legendum *Anonymi*, i. e. *Incerti autoris*.

Pag. 693. ALBERTVS monachus de vitis Pontificum egit: atque à Cuspiniano inter eos recensetur, è quibus Imperatores Romanos describens profecit.] Non est autor ignotæ ætatis. Est enim Codex MSus Bibl. Cæsareæ, nempe is ipse, quo olim Joannes Cuspinianus in componendo opere de *Imperatoribus Romanis* usus est, (referente Lambecio to. 2 de Bibl. Vindobon.) inter Codices MSos historicos latinos 61. quo continetur *Historia Pontificum & Imperatorum Romanorum*, ex *S. Hieronymi*, *Isidori Hispalensis*, *Venerabilis Bedæ*, *Sigeberti Gemblacensis*, *Richardi monachi Cluniacensis*, *Martini Poloni*, & recentiorum aliquot autorum *Chronicis* collecta, & ab *Alberto* quodam *Monacho*, à *Ioanne Cuspiniano* in opere de *Imperatoribus Romanis* aliquoties citato, continuata à *Gregorio XI* usque ad annum Christi 1454. ut ipse in vita *Papæ Innocentii VII* (electi a. 1404.) *testatur his verbis:*

Adve-

Adveniente mense Septembri, Romæ inter amicos Papæ & quosdam Romanorum orto disturbio, quidam Romani, æmuli Papæ, à fidelibus ejus trucidati sunt: quorum unus subtus cappa Papæ latuit, dum alii occiderentur, sicque salvatus fuit. Quem ego Frater Albertus, pro tunc monachus tempore Martini Papæ Quinti (ab a. 1417 ad a. 1431.) superstitem adhuc vidi Romæ in Insula habitantem: qui hanc Chronicam à tempore Gregorii XI usque ad hæc tempora continuavi, scilicet anno Domini MCCCCLIIII prima die octobris, tam de visis & auditis, quàm etiam compertis.

Vide autem aliusne sit ab Alberto monacho, & abbate Stadiensi, (pro Stadensi,) ac postea monacho Ordinis Minorum: qui Chronicon scripsit ab initio orbis ad sua usque tempora.] *Quamobrem necessariò hic indicandum,* (verba sunt Lambecii d. l.) Albertum monachum, à Joanne Cuspiniano *citatum, de quo in præsens agitur, omnino diversum esse ab* Alberto Abbate Stadensi, *utpote qui Chronicon scripsit à* Creatione mundi *usque ad* suam ætatem, hoc est, usque ad annum Christi 1256 inclusive. At Albertus ille Monachus, de quo hic agitur, continnavit Chronicon, non à Creatione Mundi, sed tantùm à Nativitate Christi inchoatum, usque ad annum 1454. Scripsit etiam

etiam idem Albertus Monachus, *non solum* Historiam Pontificum Romanorum; *sed & * Historiam Imperatorum Romanorum *ab Imp. Augusto usque ad Imp.* Fridericum, *vulgò* Tertium, *revera autem* Quintum, *Imp.* Maximiliani I *patrem: quæ extat in eodem Codice* MS *o augustissimæ Bibliothecæ Cæsareæ.*

Ibid. ALBERTVS A BONSTETTEN,] Condidit is quoque Historiam Austriacam a. 1491. adeoque non est scriptor dubiæ ætatis. Vide Lambecium lib. 2. Bibl. Vindob. cap. 1. §. 1.

Pag. 695. ANDREAS MARCHIANENSIS posteros studuit demereri libris tribus de origine & gestis Francorum,] Regum ex stirpe Merovingica.

dicavit opus suum Petro, Atrebatensi episcopo. Atque hinc nisi plures ejus nominis fuissent, non difficile esset statuere de ætate auctoris, etiam opere necdum viso.] Intelligendus Petrus I. qui episcopus factus a. 1180 obiit a. 1203. Nam ipse Andreas defunctus est a. 1194.

Ibid. ANGRADVS monachus] Fontanellæ. Alias *Aigradus* dictus.

scripsit vitam S. Asberti, (*rectius* Ansberti seu Ausberti) episcopi Rothomagensis, qui anno vixit IↃCLXXXV; dedicavit eam Hilberto, abbati Fontanellensi: unde alius fortasse de ætate certi aliquid dispiciet.] Ætas Hilberti, successoris S. Ansberti in præfectura monasterii Fontanellensis, cognita, facit quò minus incerti simus de ætate hujus scriptoris Angradi. Excessit autem è vivis Hilbertus a. 700. ejusque decessor S. Ausbertus a. 695. quo quinquennio decurrente, i.e. sub ipsum finem seculi septimi necesse est scripsisse Angradum.

Ibid. ANTONINI AVGVSTI] Vide *pag.* 692.

Pag. 698. BERCHARIVS, *rogatus à Dadone, Virdunensi episcopo, omnium superiorum antistitum ejus ecclesiæ nomina, & res gestas, quatenus nosse potuit, mira brevitate conscripsit.*] Hic autor ab aliis *Bertharius*, quod magis placet, nuncupatur, neque est scriptor incertæ ætatis, cùm ex Hugonis Abb. Flavin. Chronico Virdunensi, perspicuum sit biennio ante obitum Dadonis, i. e. circa a. 921. Bertharium gesta Pontificum Virdunennensium scribere aggressum: mirum merito videatur, meminisse in dicto libro Wigfridi (referentibus Sammarthanis,) qui a. 961 episcopus Verdunensis ordinatus vivente decessore Berengario, ut tradit Hugo in dicto Chronico. Vixit itaque Bertharius seculo decimo.

Ibid. BERNARDVS abbas, ut est in libris quibusdam; ut in aliis *Arbertus monachus*, conscripsit vitam S. Glodesindis virginis. Extat apud Surium T. IV. die Jul. XXV. Fortasse est hic Bernardus Guidonis.] Vischio Bernardus abbas Morimundensis (*al.* Renaudus *vel* Arnoldus,) quem dixit obiisse a. 1341. Vix enim inveniatur Bernardum Guidonis abbatis munere functum. *Arbertus* autem *monachus* fuerit Arbertus Gorziensis monachus, primusque abbas S. Arnulphi Metensis. Surius vitam illam edidit, pro more mutato, climatoque stylo; at Labbeus to. 1. Bibl. Novæ MSS. eandem sub nomine *Ioannis Gorziensis abbatis*, qui tamen in titulo simpliciter tantum dicitur *Ioannes abbas*, integram vulgavit, absque ulla styli expolitione, utut in plerisque incultioris, mir usque compti. Adjecit complures translationes eodem autore conscriptas. Quodsi autem verum fuerit Joannem Gorziæ abbatem hujus vitæ esse

esse autorem, de ætate utique autoris simul constat. Ioannes enim ille, Sammarthanis inter abbates Gorzienses penitus ignotus, obiit a. 973. qui tamen eundem vocant religiosum Gorziensem, statuuntque abbatem S. Arnulphi Metensis tertium, ejusque successorem in dicto cœnobio abbatem Ioannem II, dicunt literis exarasse vitam S. Glossindis, & Abbatis decessoris sui. De qua vita, ejusque autore, qui Labbeo est anonymus, pluribus agere constitui in Auctario. Cæterum vitam S. Glodesindis scriptam apparet, paullò pòst quàm Adalbero episcopus Metensis ejus corpus pretiosæ thecæ inclusisset. Hic verò addendum non sine ratione mirum videri, etiam autorem libri 2 vitæ Bernardi Clarævallensis ab his vocari *Bernardum*, ab illis *Arnoldum*.

Ibid. BERNARDVS *Noricus*, monachus in Chremsmunster, reliquit historiam de rebus Bojorum; cujus meminit Aventinus.] Anno 1142 conscripti sunt *Annales Crembsmunstrenses*, quorum continuatio in eodem monasterio adornata usque ad a. 1217. Extat & aliud *Chronicon* antiquum *Krembsmonasteriense* ab a. 777 ad a. 1298. MSS in Bibl. Cæsar. teste Lambecio. Forsitan horum scriptorū alterutrius autor est Bernardus.

Pag. 699. CONRADVS, Sereni montis prope Halim Saxoniæ pres-

presbyter, reliquit Chronica: item librum de fundatione Lauterbergi: & alium de primis Marchionibus Misnensibus. Cum autem hic de Lauterbergii fundatione scripserit: suspicor eundem esse, qui Georgio Fabricio lib. IV Originum Saxonicarum vocatur CONRADVS LAVTERBERGIVS.] Autor forte est Chronici *Montis-Sereni*, seu *Lauterbergensis*, editi à Madero, de quo vide quæ dicam ad *pag.* 732. ubi Vossius autorem istius Chronici habet pro anonymo. Germanis enim dicitur *Lauterberg*, qui latinis *Mons serenus*. Maderus in præfat. dubitat an hic Conradus sit autor Chronici à se editi, rationesque dubitandi profert. Cæterum cùm Vossius, quæ de hoc Conrado scribit, ex Io. Iacobi Freigii Bibliotheca Gesneri recognita sit mutuatus, ubi in eadem fere verba scriptum reperias: *Conradi Sereni Montis prope Halim Saxoniæ Chronica de fundatione Lauterbergi, & primis Marchionibus Misnensibus, nondum impressa:* nec ego percipio, nec Maderus, quam bene Vossius unicum opus, cujus Freigius tantùm meminit, in tres partiatur libros. Chronicon sane à Madero editum agit & de fundatione Lauterbergi, & de primis Marchionibus.

bus Misnensibus. Petrus Albinus porrò seorsim ponit Conradum Lauterbergium à Chronico Sampetrino, quod haut scit Maderus, an idem sit cum Chronico Montis-sereni, quandoquidem & hoc monasterium à S. Petro est denominatum.

Pag. 700. S. Emmerammus, Ratisbonensis episcopus,] Pictavensem episcopum fuisse probant Sammarthani. Et licet Wigulæus Hundius eum inserat catalogo episcop. Ratisbonensium, epitaphium tamen ejus producit, in qua nuncupatur episcopus Pictaviensis.

martyrium subiit anno IƆCCL.] Si Baronio, Wigulæo Hundio in Metropoli Salisburg. Henningi in Theatro Genealogico, Henr. Ludovico Castanæo & Gabrieli Bucelino in Germania sacra credimus, a. 652. A quibus non videntur dissentire Hieronymus Zieglerus, Professor Ingolstadiensis, in Historia illustrium Germaniæ virorum, quique eum sequuntur Sammarthani, quando statuunt S. Emmerannum vixisse a. 642. Ætatem illam antiquiorem S. Emmeranni etiam inde discere potuisset Vir doctissimus, quod Theodo Dux Bavariæ a. 652 floruerit, qui Reginoburgi monasterium O. B. nomini S. Emmeranni consecratum condidit: quodque nullus Theodo post a. 750, vel aliquot annis anterius, Dux Bavariæ fuerit,

Ibid.

Ibid. Suspicor CYRINVM aliud nomen habuisse: eo magis, quia in catalogo Frisingensium episcoporum neminem reperio, cui nomen fuerit Cyrino.] Videbatur mihi olim Cyrinus iste collocandus medius inter *Iosephum*, qui a. 758 ad episcopatum Frisingensem electus, & *Aribonem*. Ratio conjecturæ meæ erat, quod ipse Cyrinus dicit se in episcopatu successisse Iosepho, qui tribus annis præfuit. Tradunt quidem Sammarthani Cyrinum a. 782 dictam vitam conscripsisse; sed illo anno *Aribo* erat episcopus Frisingensis, qui successor Iosephi statuitur. Verum hic operæ pretium fuerit addere (quod nuper inveni) quid ea de re sentiat Henricus Ludovicus Castanæus de la Rochepozay, episcopus Pictavorum, cujus in Notis ad Litanias Pictonicas hæc sunt verba: *Emmerammus expiravit anno 652. cujus vita extat apud Surium scripta à Cyrino, in qua hæc leguntur.* ,, In Aquitaniæ partibus, Pictavorum urbs antiqua sita est, ex quâ ,, ortus est Emmerammus. *Cyrinus iste Frisingensis episcopus trinominis fuit; Heres enim dicitur, & Aribo, nisi verius idem nomen trium linguarum interpretatio sit, ut notat Marcus Velserus lib. 5 rerum Bojoarum.* De nomine quidem *Heredis* sententia hæc confirmatur ex epistola Arnoldi Comitis ad Purchardum abbatem, ubi scribit: *Gestis patroni nostri, Emme-*

merammi martyris, dudum à quodam, qui se
Cyrinum, & Hæredem nominat, Frisingensis
ecclesiæ episcopo, ut puto rectè scriptis, ante nos
autem majorum negligentia depravatis. At unde
habeatur, dictum Cyrinum etiam appellatum
Aribonem, mihi incompertum est. Sane
qui latinis *Hæres*, germanis *Erbe* dicitur.
Idem *Aribo* dicitur scripsisse vitam S. Corbiniani:
Metropolis Salisburg. Vide autorem
nostrum *pag.* 285. Certum itaque est, autorem
non esse ignotæ ætatis.

Pag. 703. FALCVINVS vitam
exaravit B. Pharonis, episcopi Meldensis.
Surius expressit ex MSSis
codd. Pharaonis hujus vitam ἀδχε-
φραςικῶς.] Edita quoque acta vitæ S. Faronis
to. 1. Histor. Franc. Script. Vide
pag. 825.

Ibid. FAVSTVS presbyter]
Non est autor incognitæ ætatis, sed scripsit
circa a. 520.

Ibid. S. Severinus abbas Agaunensis
obiit circa annum IƆXII.]
Si obiit a. 512. vixit quidem tanquam abbas
tempore Clodovei I. sed non potuit fuisse abbas
Agaunensis. At certum esse videtur post
a. 512 demum monasterium Agaunensium
fuisse extructum, licet quo anno, nihil magis
incer-

incertum. Si Florentio & Anthemio Coss.
contigit utique a. 515. & eodem anno, fi anno quarto poſt mortem Clodovei. Si filio Sigiſmundi Sygirico occiſo, non ante a. 526.
quo obiit Theodericus Veronenſis, eo enim
mortuo Sygiricum adhuc in vivis fuiſſe, liquet
ex Gregorii Turon. hiſt. Franc. III. 5. ut in hiſtor. Eccleſ probavi. Et, ſi ſtatuamus cum
Andrea Quercetano Sygiricum anno 521 à
patre interemptum, utique ante hunc annum
non potuit eſſe conditum monaſterium illud.
At ante a. 524 id contigiſſe ex eo probabile
eſt, quod refertur factum vivente Viventiolo
epiſcopo Lugdunenſi, quo anno Viventiolus jam ſucceſſorem habuit Eucherium. Imò
& ante a. 517. quis id accidiſſe credat; quia
tum vivebat Theodericus epiſcopus Sedunenſis, nempe cum coenobium illud fundaretur, cui jam anno illo à Sammarthanis ſucceſſor ſtatuitur Conſtantius, licet
hoc argumentum non multum nos urgeat,
ſi velimus ſtatuere monaſterium Agaunenſe conditum poſt a. 517. Nihil enim
nos cogit, quo minus Theodorum Conſtantii ſucceſſorem ponamus. Nam quod Sammarthani Theodorum Conſtantio præponunt, hoc ſolo fundamento nituntur, quod
certò ſupponunt dotationem Sigiſmundi factam a. 515. (id verò hic eſt τὸ κενάμβρον)
qua primus abbas conſtituitur Hymremondus :: unde mirum huic in tabulariis coenobii

adhuc præponi Ambrosium. At nulla ment io Severini. Cum itaque ex dictis cuivis perspicuum sit, monasterium Agaunense post mortem demum Clodovei I fundatum, non potuit ergò Severinus tempore Clodovei I fuisse abbas Agaunensis, vel obiisse a. 512. nisi malumus dicere, Gundobadum patrem Sigismundi exstruxisse dictum cœnobium: quia nimis durum videatur, Faustum istius temporis scriptorem mendacii arguere.

Pag. 704. FLORENTIVS] Forsitan idem autor est S. Felicis actorum.

Ibid. GEORGIVS Germanus, monachus & abbas Altaichensis] Wigulæus Hundius in Metropoli Salisburgensi sub catalogo abbatum cœnobii Altaichensis inferioris nullum habet Georgium.

Pag. 705. GILBERTVS Chronicon scripsit de gestis Imperatorum ac Pontificum.] Si hic est Gilbertus ille, sive Gislebertus, ex abbate Vrsicampi abbas generalis Cisterciensis, de ætate constat. Is enim vivebat a. 1160.

Ibid. Aichadri] *al.* Achardi.

Ibid. An σύγχρονος Cornibautio & Abundo fuerit GOSWINVS BOSSVTVS, facilius fortasse dictu foret, si in publicum scriptor is prodiisdiisset.] Libros duos vitæ Cornibautii gallice versos edidit Ioannes d'Assigny to. 2, illustr. pers. Ord. Cisterc.

Mox. GVILIELMVS monachus S. Dionysii,] Si hic est Guilielmus S. Dionysii Paris. monachus, qui scripsit vitam Sugerii S. Dionysii Paris. abbatis, de ætate liquet, quippe ille Sugerii, qui periit a. 1152, fuerat domesticus.

Post. GVILHELMVS monachus *historiam* condidit *novellam*, quæ MSa Cantabrigiæ in bibliotheca publica extat,] Non est scriptor ignotæ ætatis, debitoque loco insertus fuit *pag.* 414 & 415. ut vidimus.

Tandem. GVILHELMVS AREMORICVS,] Autor hic minime incognitæ ætatis est, inscripsit enim libros suos Philippidos Ludovico filio primogenito Philippi, novo Regi, ejusque fratri Petro Karloto, Thesaurario Turonensi, (discipulo suo,) Philippi Regis filio spurio, a. 1224 vel 1225. ut patet ex hoc ultimo versu totius operis : —————— —————— *primo*

Carmen in octavi Lodovici terminat anno,
Unde manifeste liquet Guilhelmum Philippida suam non composuisse post Rigoldi annales gestorum Regis Philippi.

Pag. 707. Barthius Animadverſ. (pro *Adverſar.*) lib. XLVI. cap. IV. judicat geminum eſſe EGESIPPVM] Pro *geminum* leg. *genuinum,* ita enim *pag.* 744 idem Voſſius: *Egeſippum eſſe genuinum authorem, cenſet Barthius lib. 46 Adverſariorum, cap. 4. Sed eam ſententiam alibi diluimus,* nempe hac *pag.* 707.

Ibid. HEPIDAMNI libri duo de vita S. Wiboradæ MSi in Helvetia extant in bibliotheca monaſterii S. Galli.] Hic Epidannus ſcripſit etiam annales editos à Goldaſto & Andrea Quercetano, ac allegatos ab Vghello ſub nomine Epidanni S. Galli monachi. At incertæ ætatis ſcriptor haud eſt, quando conſtat eum ſcribere cœpiſſe vitam S. Wiboradæ, circa a. 1072. idque mandato Vlrici ſecundi, abbatis ſui, qui monaſterio S. Galli præfuit ab a. 1071 uſque ad a. 1076.

Poſt. HERMANNVS MINORITA Chronicon condidit: quo M So ſe uſum is profitetur, qui abbati Vrſpergenſi paralipomena adjecit, (nempe, ut legiſſe memini, Hedio, in notis marginal.)] Dubio procul is eſt *Hermannus Gigas*, qui fuit *Minorita.* Chronico vero quod ſcripſit, titulum dedit *de Floribus temporum,* ſeu *Flores temporum.* Hujus Chronici

ci meminere Iac. Wimphelingus sub 29 episcopo Argentin. Flacius catal. testium veritatis, Centuriatores Magdeburg. Hospinianus de festis & templis, Wolfius rerum memorabil. to. 2. Helvicus Theatr. Histor. Mornæus de Eucharist. & de mysterio iniquitatis, &c. passim. Wolfius ætatem ejus indicat, quando statuit medium inter autores, qui floruere inter a. 1420 & 1440. Eundem autorem videtur Blondellus lib. de Ioanna Papissa, appellare *Hermannum Cygneum*. Cæterum & *Martinus Minorita* traditur scripsisse Chronicon, cui titulum fecerit *Flores temporum*: quem allegat Mornæus Histor. Papatus, & Blondellus lib. de Ioanna Papissa, ac ex Mornæo (procul dubio) Maresius contra Blondellum. In ætate definienda dissentiunt. Mornæus asserit scripsisse circa a. 1370. forte quia chronicon suum perduxit usque ad Carolum IV Imp. Blondellus eundem statuit post Wernerum de Rolevinck, ita tamen ut ei coætaneum dicat, forsitan quia chronicon illud editum Vlmæ a. 1486. idque lingua germanica, quod argumento est, Gallos prædictos per antiquiorum allegationes hujus libri notitiam adeptos. Cum verò ipse Chronicon dictum *Flores temporum* non viderim, nec sub Hermanni, nec sub Martini nomine, de ætate certi quid statuere non ausim, nec an sint diversa opera asserere, vel an Martinus solum verterit opus Hermanni germanice. Hoc tan-

tantum ex allegationibus edoctus affirmare ausim, magnam *Floribus temporum* cum *Compilatione Chronologica* intercedere affinitatem & harmoniam.

Pag. 708. JOANNES BROMPTONVS abbas Jornalensis (*rectius* Jorvalensis) scripsit chronicon, quod superest Cantabrigiæ in collegio S. Benedicti.] Historia ejus Iornalensis prodiit Londini a. 1652. edente Rogerio Twysden: ab a. 588 pertingit usque ad a. 1199. quod vero eadem sit cum chronico MSo, quod Vossius memorat, probat commune initium, *Postquam contigit Britones.* Io. Seldenus tamen negat Bromtonum esse autorem hujus chronici; sed ejus cura & liberalitate pervenisse in bibliothecam monasterii Iorvalensis, idque liquere ait ex subnotatione Codicis Benedictini Cantabrigiensis: prolegom. in scriptores historicos Anglorum editos à Rogerio Twysden.

Pag. 709. JOANNES HAGVLSTADENSIS PRIOR, historia sua complexus est, quæ per aliquod tempus evenere post Henricum I. Angliæ regem.] Continuavit Simeonis Dunelmensis historiam de rebus gestis regum

An-

Anglorum, ab a. 1130 usque ad a. 1154. complexus res gestas annorum 25.

Baleo & Pitseo præteritur.] Imo utrique memoratur. De Balæo idem fateri tenetur Vossius, quando *pag.* 422 ait: *Alia quoque edidisse ex Balæo cognosces.* Error Viri Clarissimi ex eo est, quod hunc autorem infeliciter distinguit à Ioanne de Hexham, sive Hagulstadensi, de quo vide quæ nos ad *pag.* 421.

Ibid. JOANNES LOVANIENSIS Carthusiani Ord. monachus prope Antverpiam.] Vischius in Bibl. Cisterc. producit alium *Ioannem*, dictum Præcursorem, vulgo cognominatum *de Lovanio*, Villarii in Brabantia monachum Ord. Cisterc, autorem libri de vitis Christi & B. Virginis, item libri de vitis plurimorum religiosorum sanctitate illustrium illius domus.

Ibid. JOANNES PARIS, seu *Parisius*, Anglus, scripsit memoriale historiarum:] Memoratur & Ioannes monachus & canonicus S. Victoris suum *Memoriale historiarum* perduxisse usque ad a. 1322. Imo & Gualtherus Coventriensis scripsit Annales Angliæ sub titulo *Memorialis*. Porro extat Viennæ MS *Liber Memorialis* Maximiliani I. Sub eodem fere titulo congessit olim historias Lucius Ampelius (de quo in Auctario) qui opus suum vocat *Librum Memorialem.* Et Masurius Sabinus edidit *librum Memorialium.*

item flores historiarum.] Labbeus to. 2 Bibl. Novæ MSS. sect. 1. resectis inutilibus (ut ipse fatetur) edidit Chronicon abbatiæ S. Maxentii in Pictaviensi diœcesi, quod vulgo hactenus & à viris etiam eruditissimis dictum reperitur chronicon Malleacense, ab orbe condito ad annum Chr. 1140. cum *Iulii Flori* prologo de historiis, sive de ætatibus seculi, quod opus Collector ille vocaverat *Flores historiarum* à Nino primo rege Assyriorum, & ab Abraham, usque ad nativitatem Christi. Porro & *Sibertus de Beka*, de quo Vossius *pag.* 510. præter alia fasciculum edidit, quo complexus est *historiarum flores.* Idem quoque nuncupatur Sibertus Teutonicus. *Matthæum Westmonasteriensem* quoque *historiarum flores* collegisse ab exordio mundi usque ad annum Domini 1307, scribit Vossius *pag.* 536. Tandem & *pag.* 545 memorat idem *Ioannem Rochefordum* Anglum, *flores historiarum* collegisse ex Matthæo Westmonasteriensi.

Pag. 710. JOCELINVS DE FVRNES condidit opus de Britonum episcopis,] libris pluribus. Edidit quoque vitam S. Patricii, in qua asserit se multum hausisse ex scriptis S. Ewini: item insignem historiam, de vita & miraculis B. Walleni, abbatis Melrosensis in Scotia, duobus libris distinctam, quam dedicavit Willelmo regi Scotiæ, & Alexandro filio ejus, ac Comiti David, ipsi Walleno sanguine junctis. Testatur autem in prologo ad dictam historiam, se hanc scripsisse jussu Patricii Melrosensis abbatis, nihilque posuisse, quod non hauserit ab illis qui viderunt. Chrysostomus Henriquez ejusdem Walleni vitam aliam haberi MSam asserit in Rubea Valle Brabantiæ, conscriptam per Antonium Gentium, quam ipse transcripserit in fasciculo suo. Sed vitam hanc nihil aliud esse, quàm compendium historiæ Ioscelini, rectè annotavit illustrissimus Manriquez. Carolus de Visch. Scripsere præterea vitam Walleni Tynna, aliique ejus discipuli.

Ibid. ISIDORVS PACENSIS] Floruit circa a. 754. adeoque non est incerti temporis scriptor. Identidem allegatur ab Illustrissimo Petro de Marca, historiæ Bearnii tomo 1. in cujus operis præfatione tomum secundum, quod sciam, tantum promisit.

Mox. ISO] Nec hic ignoti temporis autor est, quando Hermannus Contractus & Hepidannus in Annal. eum ajunt a. 871 obdormiisse.

Pag. 712. LAVRENTIVS,

cujus illæ homiliæ sunt, episcopus Novarum fuit. Sed utrum Novariensis ille idem sit ac LAVRENTIVS MELLIFLVVS, dicere non ausim.] Ferdinandus Vghellus nullum agnoscit episcopum Novariensem Laurentium.

Pag. 715. ONITHON, Sutrinus episcopus in Italia, inter historiæ scriptores locum obtinet chronico Romanorum Pontificum.] Nullus est *Onithon* in catalogo Sutrinorum episcoporum, nullusque inter eos chronicon Romanorum Pontificum conscripsisse legitur. Si vero Onithon in dicto catalogo omissus est, non potuit vixisse post a. 1400. imo & vix post a. 1280. Necesse tamen est seriem episcoporum Sutrinorum hiulcam esse inter Ioannem & Martinum, ut & inter Benedictū & Kilianum.

Pag. 716. PHILIPPVS, abbas Bonæ-spei, exaravit vitam S. Landelini, abbatis Crispiniensis.] Hic non est incertæ ætatis scriptor, productusque fuit ab ipso autore *pag.* 407.

Nondum conspexi, quæ hoc nomen præferret: eoque nec dicere possum, utrum eadem sit, an alia ab illa, quam absque auctoris nomine edidit

dit Surius ad d. XV Jun.] Hoc vero facile sciri potuit, si cum vita Surii edita collata fuissent opera Philippi abbatis Bonæ Spei, scriptoris vitæ S. Landelini abbatis, quæ ipse Vossius *pag*. 407. tradit Duaci anno 1620 prodiisse typis Joannis Kellanii. Vide porro quæ dicturus sum ad *pag*. 731.

Ibid. PHILIPPVS, abbas ELNONENSIS.] Nil mirum in catalogo abbatum S. Amandi Elnonensis non reperiri Philippum: cum plusquam trecentorum annorum intervallo, quod est inter Malboldum & Nicolaum de Marolis, posteris incogniti coenobium illud rexerint abbates; cumque per integrum seculum à dicto Nicolao, usque ad Petrum Quicque desideretur series abbatum. Imò & ab a. 662 ad a. 1030 omnium abbatum nomina ignorantur.

vitam scripsit S. Amandi.] Idem dicitur fecisse Philippus ab Eleemosyna, cognomento ab Harveng, abbas Bonæ-spei, de quo *pag*. 407. Multum metuo ne ex uno Philippo nobis fiant duo vel tres: licet sciam vitam S. Amandi exaratam autore Philippo abbate Bonæ spei, diversam esse ab ea, quæ in Surio legitur.

Pag. 718. ROBERTVS quidam de expeditione transmarina, &

recuperatione regni Hierosolymitani, extitisse dicitur Viennæ in bibliotheca Wolfangi Lazii.] Nullus dubito quin hic sit ille Rupertus monachus, & abbas S. Remigii Remensis, circa a. 1100. de quo Vossius inter prætermissos *pag.* 774. & 775.

Pag. 722. STEPHANVS CREMONENSIS *explicuit vitam S. Vbaldi, episcopi Eugubini & confessoris. Fortasse eadem est, quæ apud Surium legitur.*] Ejusdem Vbaldi vitam enarravit Hieronymus Falcuccius.

Pag. 724. SYMMACHVS *scripsit historiarum libros.* —— *utrum autem Symmachus iste sit, qui Theodosii temporibus fuit: vel an Symmachus pater: an vero alius ab utroque sit, dicere non possum: sed magis eo inclinat animus, ut diversum censeam.*] Fuerit ergò forsitan Symmachus, qui socer Boëthii.

Pag. 725. THEODERICVS *archiepiscopus Treverensis*] Vide quæ dixi ad *pag.* 349.

Ibid. Auctor *Scalæ Chronici* falso
cre-

creditus est Lelando Otterburnus Minorita: ut dicebam. lib. II. cap. LVI.] Nec Lelandus unquam dixit Otterburnum Minoritam esse autorem *Scalæ Chronici*; nec id de eo scripsit Vossius l. c. ubi ait: *Ioannes Oxfordius Lelando auctor videtur voluminis, cui nomen* Scalæ Chronici. *Sed hunc eo refellit Balæus, quod hoc in chronico citetur Otterburnus Minorita.* pag. 449.

Pag. 727. VIBIVS SEQVESTER.——De Æthici historiis, de græco latinè redditis à B. Hieronymo: planè nugæ sunt, cum viri eruditissimi, qui legerunt, (necdum prodiere in lucem) plane indignas censeant Hieronymo, atque in iis etiam testis ipse advocetur Æthicus.] Penitus non capio, quid hæc sibi velint, aut quid Æthicus, quid Hieronymus ad Vibium Sequestrum. Suspicor hæc verba misere exulare, & suo loco *pag.* 692 restitui optare, ubi author agit de Æthico Istro, ejusque operis versione e græco in latinum ab Hieronymo adornata; quam quidem sententiam licet ibi amplecti videatur, his tamen verbis eandem retractare vel reclamare voluisse credendus est. Nisi mavis hæc trajicere in thecam Hieronymi *pag.* 207. Sed quorsum hæc parenthesis

(nec-

(*necdum prodiere in lucem?*) Si Vossius cosmographiam, opera Hieronymi (ut fama fert) latinè versam in mente habuit, audi quæ scribat ipse *pag.* 693. *Admodum corruptè editus est Æthicus Ister. Sed eum ex antiquissimis schedis auctiorem, & emendatiorem pollicetur Claudius Salmasius.*

Pag. 729. Anonymus reliquit *Augustense chronicon*: ex quo excerptum editum ab anno IↄCCCCLXXIII usque ad annum CIↄCIV.] Blondellus allegat *Annales Augustanos* scriptos circa a. 1500. ceu memorantes fabulam de Ioanna Papissa: quos utique diversos esse oportet à dicto chronico Augustensi.

Ibid. Matthæus Mareschallus de Bappenheim, I. V. D. & Canonicus Augustanus, ex incerto scriptore *Australis chronici* antiqui, excerptum exhibuit.] Lambecius lib. 2. Comment. de Bibl. Vindobon. cap. 6. hunc Matthæum, qui edidit excerpta ex antiquo chronico *Australi* sive *Austriaco*, diversum esse statuit à Matthæo autore chronicæ, *ex quâ* Henricus Gundelfingensis *primorum Austriæ Ducum ac Principum originem collegit*, quamque ex Æneæ Sylvii imperfecta Austria, sive imperfecto historiæ Austriacæ opere liquet Theutonico co sermone conscriptam fuisse. Et omnino Matthæus à Pappenheim I. V. D. & Canonicus Augustensis recentior est, quippe qui a. 1486 vivebat, autor libri *de origine & familia illustrium Dominorum de Calatin, qui hodie sunt Domini à Pappenheim,* S. Ro. Imperii Marescalli hæreditarii. At Henricus Gundelfingensis opus suum a. 1476 dicavit Sigismundo duci Austriæ. Hic simul notandum venit, esse in Bibl. Viennensi MS quoddam fragmentum Annalium Austriacorum ab a. 1267 usque ad a. 1280.

Ibid. Alius, jussu Folcardi, abbatis Blandiniensis, signavit vitam S. Bertulphi.] Cum, authoribus Sammarthanis, Folcardus ordinatus a. 1070. se abdicarit abbatia a. 1088. mortalitatemque expleverit a. 1105. 14 Cal. Sept. utique non possumus esse ignari ætatis hujus anonymi, qui refert a. 1073 in thecam S. Bertulphi etiam S. Amalbergæ, aliorumque sanctorum reliquias translatas fuisse.

Pag. 730. Nec prætereundus nobis auctor *Francorum annalium*, ex quibus Canisius Tom. III. Antiq. Lect. luculentum annorum LII fragmentum exhibet. Incipit illud ab anno IƆCCXLI: desinit autem in anno

anno IƆCCXCIII.] In Bibliotheca Viennensi sunt MSi *Annales rerum Francicarum sub Pipino & Carolo Magno*, ab a. 742 usque ad a. 814 inclusivè pertingentes. Primus eos edidit Canisius to. 3. Antiqu. Lect. sed valde mendose ac mutile. accuratius & emendatius publicavit eosdem secunda vice Andreas Quercetanus to. 2. Vet. Hist. Franc. Script. In qua editione desinunt isti annales in actis a. 813. Quod autem & Codex Quercetani fuerit in fine mutilus, apparet ex MSo Ambrasiano, quippe ubi iidem annales extant integri, & quædam adjecta habent ad a. 813 pertinentia, ut & acta a. 814. Lambecius to. 2. B. V. c. 8. Canisiana verò editio præ Codice Ambrasiano incipiente a. 742. hæc habet initio totius operis. *A. 741. Carolus Martellus Major domûs defunctus.*

Ibid. Ignotus est etiam annalium Francicorum conditor: unde Pithœus pusillum fragmentum, quod codici legis Salicæ subjunctum invenerat, antiquis annalium scriptoribus, quos primus edidit, subjunxit.] Annales Francicos editos à Pithœo, quos Andr. Duchesnius V. C. Eginhardo vindicavit, à Petro de Marca allegari, dixi ad *pag.* 301.

Pag. 731. *Gesta Francorum epitomata.*]

mata.] Hæc extant sub nomine Ademari Cabannensis, qui scripsit paullò ante a. 1031. de quo Vossius *pag.* 773. Confer ea quæ Vossius *pag.* 294 scribit.

Ibid. Clodoveus Francis imperare cœpit anno Chr. CCCCLXXXV,] Ad rem præsentem nihil attinebat dicere, quo tempore Clodoveus regnare cœperit, sed quo Christianus evaserit, quod contigit circiter a. 499 vel 496.

Post. Scriptor vitæ *B. Landelini,* abbatis Crispiniensis, quæ apud Surium extat ad d. XV Junii, satis est antiquus, cum ejus ante annos pene sexcentos meminerit Baldericus in Chronico Cameracensi lib. II. cap. XXXVIII. Imò longe Balderico antiquior videtur. *&c.* Vide &, quæ infra dicam de Philippo abbate Bonæ-spei.] Nihil infra dicit de hoc Philippo, sed bis supra de eo egit, nempe *pag.* 407. & inter incertæ ætatis historicos *pag.* 717. ad cujus loci posterioris verba sequentia hic respicit Vir Cl. quando scribit: *Nondum conspexi vitam S. Landelini, quæ Philippi abbatis Bonæ-spei nomen præferret: eoque nec dicere possum, utrum eadem sit, an alia ab illa, quam absque aucto-*

ris nomine edidit *Surius* ad *d*. 15 *Iun.* Confer quæ annotavi in hæc verba. Si verò Vossius h. l. memor fuisset eorum, quæ *pag.* 407 scripserat, non dubitasset asserere aliam esse vitam S. Landelini editam à Surio, aliam à Philippo exaratam, quando ipse loco dicto merito agnoscit Philippum Balderico recentiorem.

Mox. Ludovici octavi ejus nominis Galliarum regis,] *al.* Noni.

Pag. 732. Incertus auctor, sed, ut creditur, Silviniacensis cœnobii monachus, in literas misit vitam S. *Majoli*, abbatis Cluniacensis IV. ac præterea composuit IV libros de miraculis ejusdem Majoli:] Descripsit etiam vitam Odilonis successoris Majoli: qui Majolus quoque fuerat abbas Majorismonasterii diœc. Turon. & S. Mauri Fossatensis, & Reomaensis. Decessit autem, si fides Chron. Dolensi, a. 988. Sammarthanis a. 994. qui tamen in eo sibi contradicunt, quod cum abbatem Reomaensem statuunt post Guillelmum, quem ajunt fato functum a. 1033.

Ibid. Chronicon *Montis-Sereni* ab a. CIƆXXIV usque ad a. CIƆXLV.] Imò ab a. 1124 (quo ecclesia illa primò fundata,)

data,) usque ad a. 1225, quo autor vivebat. Vide editionem ejus Maderianam. Hujus chronici autor, monachus Montis-Sereni, videtur esse Conradus presbyter Montis Sereni, de quo *pag.* 699. Id sane liquet autorem non esse incertæ ætatis. Meminit etiam Petrus Albinus *Chronici Sampetrini* quod haut scit Maderus, an idem sit cum chronico Montisfereni, quandoquidem & hoc monasterium à S. Petro denominationem accepit.

Pag. 733. Nec ætatem ejus scimus, qui vitam signavit Beati *Morandi Confessoris.*] Autorem hunc vixisse circa a. 1160. ex his ejus verbis perspicuum est: *Ulricus de Karlspach, ut ipsis fratribus, qui adhuc supersunt, retulit, quartana febre diu gravissime laborabat, nec ullo medicamine curari poterat. Hic cum ad virum Dei* (Morandum) *venisset*, &c. Morandus ille Hugonis abbatis Cluniacensis discipulus, sub dicto Hugone vixit *senex venerandus, cignea albedine refertus*; unde merito in dubium vocari possit, quod Paulus de Stockerau scribit de Epitaphio à S. Morando composito in honorem S. Bernardi abbatis Clarævallensis, qui obiit a. 1153. cum Hugo jam obiisset a. 1109. Idem Paulus de Stokeraw in Inscript. vitæ hujus autoris, quam a. 1482 Friderico III Imp. dono dedit Morandum vocat abbatem, cum tantum monachus fuerit. Autorem Lambecius probat fuisse *Gallum*, quia *Galliam* dicat *suam*; & *linguam Gallicam*, *suam locutionem*: & monachum Alt-Kirchensem, quia scribat, de *Comite*, *hujus loci fundatore*.

Eam expressit Martinus Marrier in bibliotheca Cluniacensi.] Edidere quidem Martinus Marrier & Andreas Quercetanus in Bibl. Cluniacensi, sed secundum exemplar MSum, non solum mutilum, sed & maxima ex parte immutatum ac depravatum. Lambecius ex MSo Ambrosiano integram luci exposuit lib. 2 de Bibl. Vindobon. cap. 8. ubi editio Quercetani principio vitæ dictæ legit ex Germaniæ partibus, editio Lambecii habet ex *Galliæ partibus*, contenditque Lambecius Morandum fuisse Gallum, cujus argumenta vide d. l.

Ibid. Discipulus Eberhardi, archiepiscopi Salisburgensis, explicuit vitam S. *Ruoberti*, seu Rudberti, primi Salisburgensis episcopi. Habes apud Canisium T. II. Ant. Lect. & correctius auctiusque T. VI.] Hujus scriptoris ætas cognoscitur ex ætate Eberhardi, qui obiit a. 1164. Intellige autem Eberhardum I. quia non possum non statuere, hunc scriptorem esse eundem, ac illum discipulum Eberhardi, quem Vossius memorat pag. 437. nam & hunc fatetur scripsisse vitas

Salisburgensium episcoporum editas à Canisio to. 2. Ant. Lect. nimirum Ruperti, Virgilii, Hartvici, Gebeharti, Eberharti. Scripsit vero idem vitam Ruperti, quæ est to. 2 dicto, a. 1186.

Post. Auctor chronici de gestis *Simonis Comitis*, cujus inscriptio est: *Præclara Francorum facinora,*] Chronicon illud ab a. 1202 pertingit usque ad a. 1311. ut in titulo; at in opere ipso usque ad a. 1312. quo anno, vel sequente, obiit Petrus V. episcopus Lodovensis, cui opus illud tribuitur à Catello Hist. Comitum Tolosæ, lib. 2. cap. 3. Quod si fuerit, utique autor nec anonymus, nec ignotæ ætatis est. Illo sanè tempore vixisse hæc produnt ejus verba ad a. 1307. *res mira, res magna nostris temporibus accidit.* Ioannes Fornerius perperam putabat olim ejus autorem operis esse Guilielmum de Podio-Laurentii qui certè non paullo antiquior; ut dicam in parte secunda, seu Supplemento ad Vossii historicos latinos.

prodiit in lucem typis antiquis, nec expresso typographi nomine.] Sed vitiose & mutile. Melior est editio quæ prodiit opera Catelli.

Pag. 740. Circa annum CLXX, quantum conjectare licet, MASSVS, tertius Parisiensium episcopus (si recte inter Dionysium Areopagitam & hunc, solus Massus numeratur) *scripsit* &c.] Autor scribere voluit, debuit, *Si recte inter Dionysium Areopagitam & hunc, solus Mallo numeratur.* Vixisse autem circa a. 180. nititur falsa hypothesi de uno Dionysio, cujus autorem primum habemus Hilduinum abbatem S. Dionysii. Mihi indubium est alium fuisse Dionysium Areopagitam, alium qui sub Decio in Gallias missus, primus fuit episcopus Parisiensis.

Pag. 741. Et certe ut antiquæ satis forent homiliæ, quæ præferunt nomen ZENONIS VERONENSIS, non tamen parens ejus fœtus vixisse possit ante annum CCCCXL, cum in serm. de continentia dicat ipse, *epistolam S. Pauli ad Corinthios ante annos ferme quadringentos, vel eo amplius* scriptam fuisse.] Ex iisdem verbis videtur probabile esse autorem hujus sermonis scripsisse circa a. 400. si nempe hic adhibeatur calculus Philastrii, Marcelli, Concilii Antiocheni VIII. de quo vide, quæ ad *pag.* 201 annotata invenies. Suspicor etiam hanc esse caussam, quod æra Gotthorum ædit, ram vulgatam Dionyſianam 38 annis antecedit, licet à nemine, quod ſciam, æra Gotthica dicatur à nativitate Chriſti ſupputari. Adeo nec hac ratione pertingere poſſumus ad ætatem Zenonis Veronenſis, quem traditio eſt floruiſſe a. 260.

Pag. 743. B. AMBROSIVS] Tradit Iameſius ſub ejus nomine Oxoniæ reperiri libellum MS de vita B. Martini. An verô hæc vita Ambroſii ſit, judicent qui viderint & legerint. Baronius certè non ſolum a. 374 Ambroſium epiſcopum Mediolanenſem creatum ſcribit, i. e. antequam Martinus epiſcopatum Turonenſem ſortiretur; ſed & Ambroſium quinque annis ante Martinum e vivis exceſſiſſe contendit.

Pag. 744. Obiit Philaſtrius an. CCCLXXXVII.] *al.* 385.

Pag. 745. RVTILIVS CLAVDIVS NVMATIANVS] Vide *pag.* 222.

Pag. 748. Cum Gennadius dicat ab orbe condito Proſperum inchoaſſe chronicon ſuum; tamen ejus id omne deperiit, quod tempus illud anteceſſit, ubi deſiit B. Hieronymus.] Vide ad *pag.* 576 hunc errorem notatum, & *pag.* 228.

Pag. 749. Ericus Altiſſiodorenſis S. Ger-

S. Germani vitam libris quatuor carmine est complexus.] Et hic falsus est Vir Clarissimus, & *pag.* 224. ubi quinque libris id fecisse tradit Hericum. Namque constat sex libros de isto argumento eum exarasse, quod & confirmetur ex ipso Vossio, non tantum ex *pag.* 332. sed & hac ipsa, ubi mox subjungit: *Brianus Twynus sex istos Erici libros tribuit*

Stephano episcopo.] qui tamen presbyter fuit, non episcopus.

Pag. 570. VRSINVS jussu Ansoaldi, sive Ansroaldi, episcopi Pictaviensis, scripsit vitam S. Leodegarii, episcopi Augustodunensis, & martyris, quam habes apud Surium.] Præter illum alius quoque autor anonymus circa a. 687 literis consignavit vitam S. Leodegarii Augustodunensis episcopi, quam edidit Quercetanus to. 1. Hist. Franc. Script. Autor isti operi incubuit jussu Ermenarii, successoris Leodegarii, vitamque dictam illi inscripsit, sicut Vrsinus suam Ansoaldo.

Claruit autem Ansroaldus tempore Dagoberti Regis, qui anno obiit IƆCXLVII. Nisi intelligendus Dagobertus II, qui imperare cœpit anno IƆCCXVII. Sane id verius sit,

si

si Didon, cui Ansoaldus successit, anno vivebat IƆCLVII; uti perscriptum est in catalogo episcoporum Pictaviensium.] Leodegarius ipse interemptus a. 685 vel 687. & Ansoaldus erat episcopus Pictaviensis a. 682. Dagobertus utique primus intelligendus videtur, sub quo vixerit Ansoaldus, inprimis cum floruerit tempore Audoeni, archiepiscopi Rothomagensis, & Philiberti primi abbatis Gemmeticensis. Potuit sanè Ansoaldus vel juvenis vixisse sub Dagoberto I. vel senex tempore Dagoberti II.

Ibid. THEODORVS, qui S. Magni vitam posteris transmisit, vixit circa annum IƆCL: quippe discipulus S. Galli, qui anno IƆCXL decessit. Ea S. Magni vita ab Henrico Canisio edita est Tom. V. Antiquæ Lect. Msa verò superest in bibliotheca S. Galli in Helvetia.] Hic minime diversus est ab eo, qui *pag.* sequenti 751. à Vossio prioris immemore denuo producitur his verbis: *THEODORVS CAMPEDONENSIS, monachus S. Galli, claruit circa annum* IƆCLXXX: *ac præceptoris sui S. Magni vitam in literas retulit, quæ apud Surium extat T. V. Antiqu. Lect.* ubi pro *Surio* reponendum *Canisium*, nemo non videt: ut & hoc argumento sit unam vitam, unumque ejus scriptorem infeliciter à Vossio discerpi in duos. Neque fuit *Theodorus* discipulus S. Galli, sed S. Magni, (qui floruisse creditur a. 660.) discipuli S. Galli, monachus S. Galli, & primus abbas Campidonensis, ut fertur: cum tamen Hermannus Contractus tradat Audogarium fuisse primum abbatem Campidonæ constitutum a. 751. & Bucelinus parte 2 Germaniæ sacræ, statuat primum abbatem Audegarium ab a. 773 vel 777 usque ad a. 796. nullumque agnoscat Theodorum. Lego quoque inter fundationes diversorum monasteriorum Germaniæ: *Campidone monasterium construitur per Andegarium, qui etiam abbas effectus est ibi, anno Domini 753.* Mirum verò admodum, quod ibi dicitur, Othmarum à Gallo constitutum magistrum scholæ, eidemque Othmaro à Constantiensi episcopo Bosone monasterium S. Galli commissum; cum tamen Sammarthani referant, Othmarum fuisse primum abbatem S. Galli electum a. 720. & obiisse a. 759. Dicerem equidem vel Sammarthanos in ætate Othmari definienda errare, vel confundere Ioannem I & II, Bossonem & Busonem episcopos Constantienses, & B. Gallum tempore Ioannis II. non I. vixisse, nisi S. Gallus ætate B. Columbani diceretur vixisse. Insuperabiles adeò sunt hæ difficultates, inprimis cum in dicta vita mentio fiat Wictherpi episcopi Augustani, Pipini ni Regis, ejusque succefforis Karoli. Imò lego ibidem *post obitum Pipini Regis Theodorum ad Othmarum veniſſe.* Quid? quod & Tozzonis episcopi Augustani jussu Theodorus ille traditur vitam S. Magni descripsisse, qui Tozzo refertur a. 753. precibus & commendationibus S. Magni à Pipino Rege episcopus constitutus. Dicendum ergò vel Theodorum hujus vitæ non esse autorem, inprimis cum de Theodoro ipso, ceu fideli monacho, in tertia persona sermo sit, cumque etiam mentio in ea fiat Lantonis, episcopi Augustani, qui sedere cœpit a. 870. adeò ut & hoc argumento videatur vitam istam ab Emerico, de quo ad *pag.* 326. exaratam, vel correctam ac locupletatam esse: vel dicendum, Theodorum non fuisse discipulum S. Magni; vel si fuit, S. Magnum non fuisse discipulum S. Galli; & hoc si fuerit, S. Gallum non supparem ætate fuisse S. Columbano, sed potius toto seculo post a. 640 obiisse. At non est mihi animus his ulcerosis difficultatibus diutius immorari, & cerebrum nequicquam fatigare. Conciliet eas quicunque potest. Ego saltem addo & Voſſium falli, qui Theodorum integro seculo antiquiorem facit, & eos qui regnante Pipino, Caroli Magni patre, e vita excessisse tradunt.

Pag. 751. CRESCONIVS.] Hic etiam carmine heroico panxit res gestas Iustiniani II. Imp. libris quatuor.

Pag. 753. Florianus à Campo auctor est, JULIANUM LUCAM diaconum Toletanum, qui vixit, cum regeret in Hispania Pelagius, exarasse historiam rerum Hispanicarum. Sed opus hoc necdum sibi visum esse, ait Jò. Vasæus, diligens rerum Hispanicarum scrutator: quem vide in Hispan. Chron. cap. IV.]

Petrus de Marca Hist. Bearnii lib. 2. cap. 4. sect. 11. & cap. 5. sect. 6. allegat chronicon *Iuliani* archipresbyteri S. Iusti Toletani. Non dubiū mihi est, quin hic idem sit *Iulianus*, memoratus Floriano à Campo, & ex eo Vasæo, ex Vasæo Vossio. Et si id verum, Florianus à Campo circa ætatem hujus autoris falsus, fesellit & Vasæum & Vossium. Nam Iulianum, cujus chronicon allegat P. de Marca, idem ait scripsisse istud a. 1160. Et quis non animadvertat eum recentiorem Pelagio rege, quem Vossius scribit a. 717 *regnum exorsum, ac decennium imperasse*, qui consideraverit eum non solum res gestas Maurorum in Hispania confirmare autoritate archivorum Toletanorum, sed & scribere Turpini librum de rebus Caroli M. satis vetustum extare, his verbis n. 416. *Scripsit Turpinus librum de rebus Caroli M. (quidam verò ejus hostes miscuerunt*

non-

nonnulla fabulosa) *qui servatur in æde S. Dionysii prope Parisios, satis vetustus.*

Vb. & alios commemorat rerum Hispanicarum scriptores eidem Floriano laudatos; sed quos sedulo quæsitos reperire non potuerit. Ii sunt SEBASTIANVS electus SALMANTICENSIS, qui res Hispanicas signavit à tempore Pelagii, usque ad Alfonsum Castum. —— Porrò Sebastiani Salmanticensis meminit quoque Petrus Antonius Beuterus, Theologus Valentinus: qui res Hispanicas erudite, sed hispanicè exposuit.]
Eundem *Sebastianum* allegat P. de Marca Hist. Bearnii lib. 2. cap. 5. sect. 2. 3. 4. 5. 8. 9. & lib. 3. cap. 3. sect. 7. ubi addit eum floruisse a. 860.

Est & inter eos SAPHYRIVS ASTVRICENSIS episcopus, qui ab Alfonso Casto progreditur usque ad Bermudum, sive Veremundum Podagricum.] Hunc Petrus de Marca, *Sampirum* vocans, hist. Bearnii (quam ad umbilicum perduxit a. 1633.) lib. 2. cap. 8. sect. 4. citat, additque vixisse ante septingentos

tos ferme annos. & lib. 3. cap. 3. sect. 7. cum dicit autorem sequentis seculi, i. e. decimi: egerat enim de a. 877.

Ibid. FREDEGARIVS SCHOLASTICVS.] Opus ejus de gestis Francorum auctius publicavit ex MS° Andras du Chesne, in nunquam satis laudato opere, Corp. Hist. Franc. tomo 1.

Plurima eundem exarasse, colligo ex præfatione ejus; ubi se ait ad exemplum Chronici Hieronymiani, & eorum qui illud auxére, quinque Chronicorum libros contexuisse.] Vide *pag.* 756.

Pag. 755. S. ADELINVS non undecimus quidem, sed vigesimus Sajensium, seu Sagiensium factus episcopus fuit; & sacro ministerio, non S. Ravereno, qui decimus episcopus erat; sed sancto Godegrando, qui sedit circa annum IƆCCLXV, successit: successorem verò habuit Ragenfridum. — Plane statuo Adelinum vixisse circa annum IƆCCLXXX.] Sammarthani hac in re majorem multo fidem merentur, quibus Adelinus nec undecimus,

cimus, nec vigesimus Sajensium episcopus fuit, sed vigesimus septimus: neque successit Hildebrando, qui decimus; nec Rayerenno, qui duodecimus; nec Godegrando, qui vicesimus primus sedit circa annum 765. cui successit Ragenfridus vicesimus secundus: sed Hildebranno II. vel Hildebrando, vigesimo sexto, qui vivebat adhuc a. 878. ut non possit minus toto seculo aberrasse Vossius, si vel immediatus Hildebranni II successor statuatur Adelinus, quod tamen adhuc minime certum: cum possit vel integra annorum centuria Hildebranno II Adelinus esse recentior. Nam Azonis, qui post Adelinum memoratur vicesimus octavus Sajensium episcopus, prima a. 986 est mentio.

Pag. 756. Etiam Caroli M. ætate fuit Gallus ille, qui sex libros Collectaneorum Chronologicorum dedit: quorum primus est ex incerti nominis scriptore, qui sub Alexandro Severo floruit. Ita inscriptio præfert. Nec dubito, quin is sit Julius Africanus, nobilis chronographus, quem eo tempore vixisse constat.] Tempore Alexandri Imp. circa a. 236. vixisse creditur autor ille anonymus Chronici de divisionibus & generationibus gentium, quod edidit Labbeus

beus Nova Bibl. MSSorum. Certum est non progredi ultra tempora Alexandri, cum quo catalogum Imper. Roman. concludit dicens *Alexander annis tredecim, diebus novem.* sect. 19. & sect. 12 scribit: *A passione Domini usque in XIII annum Imperatoris Alexandri Cæsaris anni CCVI.* Porro sect. 13. *A Christo autem usque ad a. XIII Alexandri Cæsaris Olympiades CCLIII.* Quo ipso magis confirmatur ætas hujus autoris, cum in ipso Indice præfationi præmisso, dicantur enarrari *tempora Olympiadum ab Iphito usque in præsentem Olympiadem.* Imò sect. 12. *à Passione usque ad hunc annum, qui est XIII Imperii Alexandri annus anni CCVI.* i. e. à nativitate Christi a. 236. & ibid. in fine: *Fiunt omnes anni ab Adam usque in hunc diem anni quinquies mille septingenti triginta octo:* i. e. secundum ipsius calculum anni Christi 228. Opus ipsum fine mutilum est, desideranturque *Nomina episcoporum Romæ, & quis, quot annis præfuit.* Mentio est in eo sect. 6. *Saracenorum,* unde hujus nominis probatur antiquitas. *Gallorum Narbonensium gentes & inhabitatores* dicit sect. 7. *Amaxobios, græcè Sarmatas.* Ego olim suspicabar opus illud esse Iulii Africani, & nunc Vossium, Virum Clarissimum, mecum idem sentire gaudeo. Liquet sanè Iulium Africanum floruisse sub Heliogabalo, Alexandri decessore, & ipso Alexandro Severo, licet idem dicatur scripsisse *librum de temporibus ab ori-*

origine mundi usque ad Macrinum Imperatorem tantum, qui imperare cœpit a. 218. Radulphus de Diceto de eo scribit: *Iulius Africanus breves temporum annotationes per generationes & regna scribit*: quod omnino in hoc opere fit. Sicut autem Codex ille Canisii continet primo loco dictum opus, secundo excerpta ex Idacio & aliis, tertio itidem ex Idacio, quarto ex Thoromacho, quinto opusculum Hilarionis, sexto ex Thoromacho excerpta: ita & extat Codex MSus Ambrasianus pervetustus, Gothicis sive Toletanis literis ante octingentos circiter annos exaratus, quo continetur anonymi cujusdam autoris, quem ego, inquit Lambecius lib. 2 de Bibl. Vienn. cap. 8. Fredegarium esse arbitror. Chronicon hactenus, quod sciam, ineditum, cujus titulus, præfatio & initium ipsius Narrationis ibi se habent hoc modo: INCIP LIBER GENERATIONVM *Ab Adam* &c. ──── *Explicit Præfatio.* INCIP NARRATIO. *Liber* &c. ──── Finis ejusdem chronici est hic: *Post hæc jusso Iustiniani Ghildemar eunuchus fietur.* &c. ──── *Belsarius multa prælia cum Persis agens, eos gloriosissimè vicit; à Bucelino quodam Franco in Italia superatus, tantæ victoriæ ac nominis gloriosus, à Bucelino victus, nomen vitamque amisit.* EXPLICIT LIBER CHRONICA III. Vnde colligitur fuisse illud opus ab autore suo divisum in tres libros. Supersunt enim istius divisionis etiam alia.

alia satis clara vestigia, & quidem præcipue in fine cap. 31. quod clauditur his verbis: *Puto latius nos dixisse* &c. ――― *inquisitionem declarata sunt.* Finita videlicet peculiari hac libri primi clausula, sequitur deinceps nova capitum series, quæ tantum pertingit usque ad libri secundi caput octavum, eamque ob rem, cum reliqui sequentium capitum numeri omnino omissi sint, haud facile dijudicatu est, ubi secundus desierit liber, & ubi tertius inceperit. Cæterum subnectitur illi chronico ibidem immediate Quinti Julii Hilarionis liber chronologicus de duratione mundi hoc modo · INCIPIT LIBER QVINTI JVLI ELARIANE DE CVRSV TEMPORVM. *Quantocunque tempore* &c. finis talis est: *in vitam æternam. Amen.* EXPLICIT LIBER QVINT JVLI HELARIANI. Sequitur deinde novus titulus cum subjuncta præfatione Gregorii episcopi Turonensis in decem suos Historiarum libros, hoc modo: INCIPIT PRÆFATIO GRE CA LIBRI IIII. *Decedente* &c. Finita hac præfatione, sequuntur Fredegarii Scholastici Excerpta ex jam memoratis Gregorii episcopi Turonensis Historiarum libris, & prorsus eadem sunt, quæ extant in Marquardi Freheri Corpore Historiæ Francicæ veteris & sinceræ. Initium eorum in Codice hoc MSo Ambrosiano est tale: INCIPIVNT CAPITVLA LIBRI QVARTI, QVOD EST EXCARPSVM

PSVM DE CRONICA GREGVM EPS THORONACHI. Excerpta illa in hoc Codice MSo vocantur Liber Quartus; nempe respectu Chronici in tres libros divisi: quod, ut paullò antè indicavi, extat in principio ejusdem Codicis. Minime enim dubito, quin idem Fredegarius æque sit autor trium illorum librorum, qui à creatione Mundi usque tempora Imp. Iustiniani & mortem Belisarii ex variis antiquis Chronographis excerpti sunt, quàm is sine controversia est autor quarti istius libri, qui ab irruptione Hunnorum in Gallias usque ad interitum Regis Francorum Chilperici, ex Gregorii Turonensis Historia Francica excerptus est. &c. ——— tres priores hactenus, quod sciam, nondum sunt editi, ideoque posthac alio commodiori tempore & loco, ex pervetusto illo Codice MSo Ambrosiano, de quo in præsens agitur, cum necessariis animadversionibus & notis in lucem proferentur. Hæc Lambecius. Ego equidem facile concesserim Fredegarium, Carolo M. σύγχρονον ferme, vel paullò antiquiorem, horum Chronicorum fuisse collectorem & augmentatorem, minime verò autorem. Primum enim inter illa opus est hoc, de quo jam agimus, bis editum, antequam hæc scriberet Lambecius: primò à Canisio Antiqu. Lect. to. 2. deinde & à Labbeo Nova Bibl. MSSorum, To. 1. ex codice collegii Claromontani Parisiensis, sine mutilum, at non in plures libros distinctum, sed in sectiones tantum 20. quarum 17 a terminatur illis verbis, quæ Lambecius ait extare in fine sui Codicis cap. 31. In editione autem Canisiana verba illa leguntur in fine capitis 30. nam ibi invenio idem opus omissis duabus ultimis sectionibus Labbeanis, de Imperatoribus Romanorum, & Regibus Hebræorum, distributum esse in 31 capita. Sententia mea confirmatur ex eo, quod fragmenta illa, quæ Lambecius ex suo codice (exceptis iis, quæ in fine de Iustiniano & Belisarii morte ab alio addita narrantur,) edidit, in editione Canisiana & Labbeana extent, à quibus differentia codicis Ambrasiani sequentibus lectionibus variis comprehenditur. Litera C addita denotat convenientiam editionis Canisianæ: ubi verò ea ab utraque differt: in tertia serie ostenditur.

Editio Labbeana	Edit. Lambeciana	Editio Canisiana
Generationis qui hoc libro Dinumeratio temporum & annorum: generationes usq; e in hunc diem.	Generationū Cujus Volumine Libri De numeratio. temporum & annorum ; Generatione seculi usque in hunc diem. *Lambecius minus recte opinatur, legendum esse*: Libri de numeratione temporum, & annorū & generatione seculi usque in hunc diem.	uæ ujus volumine libri. Dinumeratio temporum & annorum. Generationes seculi usque in hunc diem.
ex C. sint? quantæ Insulæ claræ? qu ex quibus gentibus transmigraverunt? quis judicavit C. servavit C. in imperavit?Tempora Iphito	& unt, & qua singuli terras & civitates sorti sunt ; & quis C. judicabit ervabit usque in C. regnavit ; Tempora C. Iphito C. *in margine monet Canis. legendum* Iphito.	sunt. Quantæ Insulæ claræ. Qui ex quibus gentibus transmigraverint.

Epi-

Editio Labbeana.	Edit. Lambeciana.	Editio Canisiana
Episcoporum. *Recte, quia de Imperatoribus jam supra egerat.*	Imperatorum. C.	
veritatis Diaconum,	veritates, *Lambecius recte restitui vult* veritate.	veritate
existimavi C.	exestimavi.	
Frater Carissime, hos in sermones	Fratres Karissimi, in hoc sermone, *Lambecius recte restituit* sermonem.	Fratres charissimi, hunc in sermonem
corroborandā C.	conroborandam	
doctrinam tuam	doctrinam C.	
inquisitas C.	inquesitas	
cognoscamus, abscindentes	agnoscamus, abscindentes	agnoscamus; abscindentes
generatam C.	generatam C. *Sed Lambecius restitui vult* ingeneratam.	
obumbrant	obumbrat sensus secundum	obumbrat sensus * Scdm̄
tempora,	tempora & bellorū commissiones, & Iudicum tempora	tempora & bellorum commissiones, & Iudicum tempore
Regibus,	Regibus nati sunt, qualesq; captivitates populi quibus Regibus C.	con-

Editio Labbeana.	Edit. Lambeciana.
contigerint, C.	contingerent;
fuerint	fuerunt C
divisio,	divisio, & C.
quantoque	quantique C.
creatione sæculi	creatura seculi C.
diem. Existima- vimus autem incipientes C.	diem, existima- vi incipientes, *quam vocem mi- nus recte Lam- becius restitui vult* incipiens *cum potius præ- cedens legenda sit pluraliter* exi- stimavimus : *quia sequitur* nostra, *& ar-* ripientes, *&* facimus.
verbum,	verborum C.
expetit	expedit C.
non C.	n *Lambecius id non recte legi vult* nec.
ex C.	&
testificare	testificari C.
Hinc ergò	Hinc C.
faciemus.	facimus. Expli- cit præfatio. C.
Sectio I. Liber	Liber C.
annis CCXXX	annos CXXX. C, *idque rectum.*
perbreviata in- quisitione	per breviatam inquisitionem C.

De

De temporibus ante *Valentem* Imp. nihil IDACII, ut arbitror, superest.] Fastos quidem Consulares *Idacianos* habemus à Bruto & Collatino primis Coss. à Labbeo editos. Vide *pag.* 231.

Thoromacho, chronographo græco.] Quem etiam historicis græcis accenset Vossius; at ego declaro nunquam Thoromachum extitisse; sed corrupte *Thoromachum* dici, pro *Thoronacho*, & hoc pro *Toronico*, (quemadmodum præfatio ipsa Gregorii edit. Freher. in decem libros suæ historiæ, quæ & præfixa est excerptis putatitiis ex Thoromacho, legit: *Incipit præfatio Gregorii Toronici episcopi*,) i.e. *Turonico* vel Turonensi Gregorio. Vide supra. Mihi sane olim error suboluit, cùm mirarer scriptorem græcum de rebus Francorum scripsisse. Excerpta illa integra, unà cum præfatione, quæ est illa ipsa, quæ præfixa invenitur historiæ Gregorii, eumque autorem agnoscit, denuo post Canisium edita sunt à Marquardo Frehero in Corp. Franc. histor. veteris & sinceræ, sub titulo *Gregorii episcopi Turonensis excerpta Chronica. ex Fredegarii Scholastici historia Miscella*. Porrò quod legitur in Codice Ambrosiano PRÆFATIO GRE CA LIBRI IIII. (i. e. *Præfatio Gregorii. capitula libri quarti.*) Decedente &c. —INCIPIVNT CAPITVLA LIBRI QVAR-

QVARTI, QVOD EST EXCARPSVM DE CRONICA GREGVM EP̄S THORONACHI. & in editione Freheriana: *Incipit præfatio Gregorii. Decedente* &c. —— *Incipiunt capitula libri, quod eſt excarpſum de Chronica Gregorii epiſcopi Thoronachi.* Canisius edidit, vel (ut opinor) restituit mendosissimè, *Excerptum de Chronica Græca Thoromachi episcopi.* Hinc verò occasio errandi Vossio. Porrò Chronica illa Pseudonyma Thoromachiana ex Gregorio Turonensi excerpta esse res ipsa clamat. Quod eo magis indubium erit, si quod in editione Canisiana est caput 70, in Freheriana 73, fuerit collatum cum capite ultimo libri 4. historiæ Francorum Gregorii Turonensis, ubi collectio annorum mundi ab Adam, seu ab ipso mundi principio usque ad exitum Sigeberti, non solum iisdem verbis, sed & eodem verborum ordine concepta ubique repetitur. Neque ratio credibilis dari potest, cur Thoromachus, siquis fuerit, annos mundi non perduxerit ad suam usque ætatem, sed ad ætatem Gregorii Turonensis: usus ipsissimis Gregorii verbis; nisi quis velit somniare, casu interpretem Thoromachi expressisse eadem verba, quæ Gregorius. Sed non opus est istis ineptiis diutius inhærere: ex dictis enim satis perspicuum videbitur eruditis, eundē esse *Thoromachum* ac *Gregorium Turonensem.*

Quinctus est Hilarionis.] Q. Julius Hilarion editus est à Pithœo & in Bibliotheca

theca Patrum; & propterea à Canisio prætermissus. de eo Vossius *pag.* 213. Ego suspicor nullum talem autorem fuisse; sed *Liber quint Iulii Elariani* vel *Hilarioni* corrupte dici pro *Liber quintus Iuli Africani*, vel *Liber Q. Iulii Africani* : vel *liber quintus Iuli*, Hieronymi : qui sanè scribebat Cæsario & Attico Coss. & ex Hieronymo etiam *Historiam* suam *Miscellam* collegisse Fredegarium, ipse nobis prodit.

Ibid. RAGVEL CORDVBENSIS de vita ac passione S. *Pelagii martyris.*] De hoc scriptore merito non hoc, sed sequente capite agit Vossius.

Pag. 757. ANDREAS AGNELLVS temporibus Ludovici Pii Ravennatis ecclesiæ archiepiscopus fuit, ordine in eâ sede decimus, scripsit historiam Ravennatem.] Hoc errore dubito an alter gravior esse possit. Quippe Andreas Agnellus historicus, qui florebat circa a. 824. temporibus Ludovici Pii, minime fuit archiepiscopus Ravennas : neque, si fuisset, decimus tantum in ea sede ordine sedisset. Ejus enim tempore archiepiscopi Ravennates fuere juxta Vghellum, Valerianus, Martinus, Pertinax sive Petronacius, ordine 48, 49, 50. quos Rubeus vocans Valerium, Marinum vel Martinum, Petronacem, statuit

tuit ordine 47, 48, 49. Decimus verò archiepiscopus Ravennas, (licet archiepiscopi nomen ante Pipini & Caroli Magni seculum, referentibus Sammarth. sub abb. S. Petri Vivi Senonensis, non esset in usu: quod de solis latinis intelligendum videtur, invenio enim in scriptoribus græcis antiquioribus archiepiscopi nomen:) decimus, inquam, archiepiscopus Ravennas fuit S. Agapitus, electus a. 206. mortuus a. 232. Cæterum fateor fuisse archiepiscopum quendam Ravennatem *Agnellum* dictum: & is quidem scriptor ecclesiasticus fuit, minime verò historicus Rubeo memoratus. Neque hunc memini prænomine unquam *Andream* vocari; at nec tempore Ludovici Pii vixit, sed circa a. 560 erat 30 vel 31 ordine Ravennæ Pontifex. Porrò fallitur Vossius, quando opus Andreæ Agnelli *historiam Ravennatem* vocat: scripsit enim volumen de *archiepiscopis Ravennatibus*, quod videtur esse idem cum *commentario Pontificio urbis Ravennæ*, allegato à Ricobaldo Ferrariensi. Io. Bapt. Pigna lib. 3 de princip. Atestinis, ait Agnellum ecclesiæ Ravennatis acta, ritusque literis tradidisse. Teste Rubeo scripsit etiam Andreas Agnellus librum de bello Totilæ.

Post. THEODVLPHVS] Scripsit quoque Carminum libros sex, & inter alia describit carmine elegiaco iter suum in Gothi-

Gothiam; ut & pugnam avium in agro Tolosano lib. 4. poem. carm. 7. versibus elegiacis.

Ibid. lin. 19. quod] *leg. pòst.*

Pag. 758. Rabani quoque æqualis fuit S. ERMENOLDVS, sive ERMENRICVS. —— Cæterum in Possevini Apparatu sacro lego, Ermenricum hunc fuisse septimum abbatem Eluvangensem. —— Si idem Ermenricus, & Ermenoldus; idem quoque fuerit *Ermoldus* is, qui elegiaco carmine cecinit panegyricum Ludovici Pii.] *Ermoldus Nigellus exul Ludovico Pio obtulit libros quatuor de rebus ab eo gestis, elegiaco carmine conscriptos. Quod porrò ad caussam, propter quam* Ermoldus *in exilium pulsus fuit, attinet, & an* Ermoldus *hic idem sit, atque* Ermoldus *abbas, quem coætaneus vitæ Imp. Ludovici Pii scriptor à Pithæo primum editus, refert à jam memorato Imperatore anno* 834 *missum esse ad filium Pippinum in Italiam, cum mandato, ut res ecclesiasticas, quæ in regno ejus erant, quas vel ipse suis attribuerat, vel ipsi sibi præripuerant, absque cunctatione ecclesiis restituerent,: utraque de re opinionem suam aperiet Lambecius, cum integrum illud* Ermoldi Exulis *poëma ab eo publicabitur.*

Ibid.

Ibid. PETRVS, CASINENSIS diaconus] Vide *pag.* 410.

Athanasius episcopatum Neapolitanum adeptus est anno IƆCCCL.] A. 849. si fides Ferdinando Vghello.

Post. S. PRVDENTIVS JVNIOR,] Saussayus in Martyrol. Gallic. Confessorem vocat, aitque *refutasse librum Ioannis Scoti, erroribus Origenianis, Gothescalcique nuperi hæretici deliriis scatentem:* de qua re vide Promptuarium Tricassium Camuzati. Contra hic in Romano martyrologio minime pro sancto habetur, nec à Sammarthanis. Nam de eo annales Bertiniani: *ante aliquot annos Gotescalco Prædestinatiano restiterat, pòst felle commotus contra quosdam episcopos secum hæretico resistentes, hæresis Gotescalci Prædestinatiani defensor acerrimus: indeque non modica inter se diversa & fidei adversa scriptitans.* Appellatur inibi *Galindo*, cognomento *Prudentius.*

Obiit anno IƆCCCLXIV.] Iam allegati annales Francorum Bertiniani referunt mortem Prudentii in annum 861.

Pag. 759. Petrus Pontius Leo, episcopus Placentinus.] Nempe in Hispania sub archidiœcesi Emeritana olim, nunc Compostellana.

Ibid. Ambrosius Morales primus divulgavit EVLOGII CORDVBENSIS opera.] Ita tamen, ut ex libro primo & secundo *Memorialis sanctorum* resecuerit multa de Muhammedis operibus & dogmatibus. Notatus propterea Thomæ Malvendæ de Antichristo lib. 1. cap. 24. pag. 58. edit. Lugdun. his verbis, (quæ in editione Romana non extant,) *S. Eulogius lib. 1. Memor. Sanct. cap. 7. ex Speraindeo abbate, & lib. 2. cap. 1. ex Perfecto martyre multa de abominandis & turpißimis Mahometi operibus & dogmatibus percensuerat; quæ magna ex parte sustulit Morales in sua S. Eulogii operum editione: quod sane ab eo non satis recta ratione nobis factum videtur: quantumvis ipse excuset: opera enim Patrum non sunt eo modo attingenda, aut mutilanda.*

Pag. 760. FVLQVINVS, sive *Folquinus*, ex monacho Bertiniano abbas XXII cœnobii Lobiensis, temporibus vixit Lotharii Imp. & Ludovici junioris. Ejus est vita S. Folquini Morinorum episcopi, qui anno excessit IƆCCCLV, atque S. Audomarum in B. Bertini monasterio, ubi alter hic Folquinus monachus tum erat,

erat, sepultus fuit. —— Alii Fulcuinum Lobiensem & Bertinianum diversos putant.] S. Folquini Morinorum episcopi reliquiæ elevatæ sunt a. 928. ut patet ex fragmento historiæ MS. abbatum D. Bertini auctore Folquino presbytero Audomarensi, referentibus Sammarthanis; unde elucescit, scriptorem esse recentiorem, quàm Vossius putat.

Ibid. Bernardus abbas S. Galli cœnobio præfuit an. IƆCCCLXXXIII.] Præfectus a. 883.

Post. RATPERTVS monachus S. Galli, cognatus S. Notgeri, an. IƆCCCLXXXIII decessisse videtur.] At S. Notkerus periisse dicitur a. 981. Vide Vossium *pag.* 764.

Pag. 761. S. Othmaro] Primo abbati S. Galli, ut vulgò statuitur, quem Sammarthani dicunt obiisse a. 759. cum tamen ex vita S. Magni liqueat eum etiam post obitum Pipini regis adhuc superstitem fuisse.

Mox. Rerum potiente Arnulpho, vitam egit poeta ille Paderbornensis, qui ex annalibus Adelmi Benedicti versu heroico expressit vitam Karoli Magni.] Lib. 5. Annalium Caroli Magni

M. ad Arnulfum Imp. Poëta ille Saxo, in præf. prodidit elogium S. Arnulfi Metensis, septē distichis elegiacis. At pro *Benedicti* l. *Benedictini*.

Ibid. Ludovici II. Imp. ætate claruit HEREMBERTVS: scripsit Longobardicam historiam principum Beneventanorum.] Autor recentior est, constat enim scripsisse post a. 956.

Videndum, idemne an alius sit Rembertus, seu Rimbertus ille, qui vitam S. Ansgarii tradidit.] Diversissimos patet fuisse. Herempertus auctor Auctarii ad Paullum Diaconum, usque ad a. 888. diaconus fuit Casinensis, & omni dubio procul gente Longobardus. Rembertus vero archiepiscopus Hamburgensis & Bremensis, gente vel Flander, vel potuis Frisius. Rembertus obiit a. 888. Herempertus recentior fuit, ut jam ostendi.

Pag. 762. Ex Wolfhardo hoc postea PHILIPPVS, trigesimus nonus Eystadiensium episcopus, excerpsit suum de vita Walpurgis libellum; ut postea dicemus.] Nihil postea de hoc scriptore dicit autor, & *p.* 508. quidem agit de PHILIPPO EYSTETENSI; sed nec ibi dicit eum ex Wolfhardo librum suum de vita Walp. excerpsisse.

Ibid. HEBERNVS, archiepiscopus Tu-

Turonensis quinquagesimus primus,]
Sammarthanis quinquagesimus quartus.

annis sedit XXVII, mensibus 4.]
al. annis 30. senex ad episcopatum adlectus: non mortuus sane post a. 917. Cumque idem Hebernus, seu ut aliàs dicitur, Herbernus, in libro de actis reversionis corporis Martini Turon. quæ contigit a. 887. vel de miraculis ejus post reversionem, meminerit Mainoldi episcopi Cenomannensis, Lupi Andegavensis, & Raimonis Aurelianensis: hinc liquet Sammarthanos errare in definienda chronologia episcoporum Cenomannensium, hoc modo: 24. *Robertus* — 878. 25 *Lambertus*. 26 *Guntherius sedit annis 23, aliis 17. 27 Hubertus annis 27, m. 10, d. 12. obiit 4 Id. Sept. 28 Mainoldus, vel Mainardus præfuit annis 20, m. 5, d. 6.* Aurelianensium episcoporum hæc apud eos est series: 46 *Walterus* a. 885. 47. *Tranninus*. 48 *Berno, (memoratur in privilegio pancartæ nigræ Turonensis Roberti Comitis, seu Marchionis, & Abbatis S. Martini, & S. Germani de Pratis, deinde Francorum Regis, fratris Odonis Regis,) qui à Raimone sequenti diversus est:* (cum tamen dictum Robertum comitem, fratrem regis Odonis, inter abbates Majorismonasterii S. Martini Hereberti successorem statuant:) 49 *Raimo Adalaudi archiepiscopi Turonensis germanus, nobili genere satus Aureliæ, avunculus Adeleudis, uxoris Ingelgerii comitis* (qui corpus Martini dicitur Turonos transtulisse:)

50 *An-*

30 *Anselmus II. a.* 930. Andegavensium vero episcoporum catalogum hunc statuunt: 32 *Dodo*——880. 33 *Raino, patria Aurelianensis, frater Adalardi archiep. Turon.* 880——*vivebat adhuc a.* 905. *mentio ejus in pancartæ nigræ Turonensis privilegio Roberti abbatis S. Martini, a.* 3. *post obitum Odonis regis.* 34 *Lupus.* Hæc omnia plena contradictionum. Dicunt equidem Lupum interfuisse reversioni corporis S. Martini, cum necdum esset episcopus, dicentne ergò Raimonem seu Rainonem ibi fuisse ut episcopum Andegavensem, & simul ut Aurelianensem? At quid dicent de Mainoldo, cujus ætas recentior non potuit permittere, ut sive episcopus, sive non episcopus, translationi isti adesset? Vt taceam Bernonem mox à Raimone distingui, mox cum eo confundi, &c.

Pag. 763. *Chronica* JOANNIS abbatis CASSINENSIS,] de postremis comitibus Capuæ.

Pag. 764. Extremis Ottonis Magni temporibus, qui obiit anno IƆCCCCLXXIII, atque item II Ottonis ætate, doctrina vitaque excelluit S. NOTKERVS, monachus S. Galli, nepos Ottonis M. Composuit vitam S. Fridolini abbatis.]

S. Notgerus abbas S. Galli, qui interiit a. 981. conscripsit vitam Fridolini Hiberni.

Nepos Ottonis M. ut de eo scribit discipulus Notkeri Hartmannus, qui aliis Hartmundus nuncupatur.] Hunc Lambecius Hartmutum appellans, primò monachum, deinde abbatem S. Galli fuisse probat. Verum cum Hartmutus abbas fuerit ab a. 872 ad a. 883. non video, qui potuerit meminisse S. Notkeri, vel abbatis, vel monachi, cujus ipse fuerit discipulus, quique fuerit nepos Ottonis Magni. Eadem difficultas manet, etsi per Hartmutum intelligamus Hartmannum abbatem usque ad a. 924. Confirmaretur itaque hac ratione vulgata sententia, S. Notkerum vixisse a. 850. nisi contineret contradictionem in adjecto, nempe Notkerum eundem fuisse nepotem Ottonis M. Insuper notandum hic, Hartmutum successorem Grimoaldi, decessorem Bernardi, Henrico Pantaleoni & Bucelino esse abbatem 14. Sammarthanis 12. Hartmannum Bucelino 17. Sammarthanis 15.

Pag. 765. Vltimis annis Othonis I claruit THEODORICVS, archiepiscopus Trevirensis: qui præter vitam S. Virginis Mariæ, etiam vitam scripsit S. Ludrudis, virginis sancti-

sanctimonialis.] Tantum abest ut autor hic prætermissis annumerandus sit, ut potius ter in superioribus memoratus extet, quasi fuissent tres distincti autores. Nam *pag.* 349. Vossius debito loco scribit: *Ottonis M. temporibus* THEODORICVS *Trevirensis archiepiscopus, in literas retulit vitam S. Lutrudis, virginis sanctimonialis.* deinde *pag.* 572. THEODORVS (repon. THEODORICVS) *Trevirensis archiepiscopus, præter librum de laudibus B. Virginis, etiam descripsit vitam S. Landrudis.* Denique *pag.* 725. THEODERICVS *archiepiscopus Trevirensis, præter librum de laudibus B. Virginis Mariæ, etiam vitam conscripsit S. Lindrudis.*

Ibid. ROMERIVS composuit duos annalium libros, quibus Rheginonis historiam ab anno IƆCCCCVII, usque ad annum IƆCCCCLXXVII, persequitur. Cumque appendix ea, quæ Rheginoni hodie addi solet, totidem sit annorum, planè fit verisimile, eam vel Romerii hujus esse, vel ex Romerio excerptam.] Contra Vossius ipse scribit *pag.* 339. *Continuavit chronica Rheginonis alius usque ad annum* IƆCCCCLXVII, *vel potius usque ad Othonem II, qui imperare cœpit*

cœpit anno IƆCCCLXXII. ── Appendix verò ea Rheginonis, quam dixi, Romerium habere autorem videtur: de quo postea dicemus. Istam appendicem Baronius a. 959. perperam sub nomine Reginonis allegat; quæ in editione inter Germanicarum rerum scriptores, terminatur anno 967. Ad eundem lapidem offenderunt Sammarthani.

Pag. 766. DIETHMARVS Mersburgensis episcopus Chronicorum libros VII reliquit; quibus complectitur gesta quinque Imperatorum, Henrici I, Ottonis I, II, III, & Henrici II.] Fecit id libris 8. quos edidit Maderus. Libro 7 Reginam Russorum vocat *Helenam*, quam Cromerus *Annam*, ut annotabo in Appendice mei Nuclei histor. ecclef. ad a. 990. ubi agam de conversione Vlodomiri regis Russorum ad fidem græcam, per ejus uxorem Helenam, ex Diethmaro, Miechovita, Cromero, & Budzinii Chron. MSo. exhibiturus epistolam Ioannis Smeræ Polowiecii ad dictum Wlodomirum, olim lingua Bulgarica in 12 tabulis æreis, literis ferreis excusam, post versam in linguam Russicam & Polonicam, & nunc ex Polonica in Latinam, per Benedictum Wissowatium: ex cujus benigna communicatione eam accepi excerptam ex Codice MSo Trebecii. Missa autem fuit ista epistola Alexandria Ægypti, & scripta, ut dixi, à Ioanne Smera, quem ipse eò miserat, ut in religionum diversitates inquireret. Postquam itaque in eâ insigniter laudasset & enarrasset fidem egregiam, ritus & mores quorundam Christianorum, quos ibi repererat, & inter quos se fatetur regenitum aqua & spiritu; & postquam descripsisset tyrannidem idololatriam ac mores impios Græcorum, concludit literas suas amplas his verbis: *Ideoque, ô Rex, non licet tibi suscipere mores & religionem Græcam,* (ubi Budzinius addit *& Romanam,*) *sin verò eam susceperis, ego ad te nunquam proficiscar, sed hic obdormiens judicium Filii Dei exspectabo. Hæc scripsi ferreis literis, excudens in 12 tabulis æreis, Alexandriæ Ægyptiacæ* 5587. *Pharaon.* 1179. *Alexandri celebris regni ejus anno* 5. *Indict.* 1. *Luna* 7. *Idib.* 14. *Hoc tibi fideliter significo Medicus & Rhetor tuus Iwaniec Smera Polowlanin.* al. *Ioannes Smera Polowiec:* quod idem est. Hæc nunc obiter significare volui.

Pag. 768. Burchardus Wormatiensis episcopus inter homines esse desiit anno CIƆXXVI: puta anno XXVII, ex quo post fratrem suum Franconem honorem episcopalem est adeptus.] Inter Franconem & Burchardum medios statuunt Sammarthani Herphonem & Ra-

& Razonem, qui federit tantum 14 dies.
Burchardum autem docent obiiſſe a. 1025.
d. 20 Auguſti, ejusque ſucceſſorem Hazechonem inauguratum a. 1025. d. 5 Decembr.

Ibid. Ætate Henrici III. Imp.
vivebat ille qui poſteris transmiſit
Chronicon S. Benigni Divionenſis :
ex cujus Codice MSo quædam de reformatione ejus monaſterii per S. Majolum, adfert Martinus Marrier in biblioth. Cluniac.] Edidit illud Domnus Lucas Dacherius tomo 1. Spicilegii veterum
ſcriptorum. Autor verò non ſcripſit ſub initium regni Henrici III (ut Voſſius ſupponit)
i. e. a. 1046. ſed ſub ipſum finem, i. e. ſub a.
1084. Huic chronico additum eſt ſupplementum recens, cujus autor non pertinet ad tempus, quod Voſſius ſibi præfixit. Cæterum &
Labbeus ex chronico quodam brevi S. Benigni Divionenſis, edidit excerpta, ad Cyclos
Paſchales, ab a. 753 uſque ad a. 1223. tomo 1.
Bibl. Novæ MSS.

Pag. 769. ANDREAS monachus Vallis Vmbroſæ, conſignavit vitam magiſtri ſui, S. Ioannis Gualberti, qui Ordinem Vallis Vmbroſæ inſtituit, ac deceſſit anno CIƆLXXIII.]
Vide quæ ſcripſi ad *pag.* 462.

Mox. Circa annum CIƆLXXX, ætate S. Hugonis, Cluniacensis abbatis, vixit incertus scriptor Chronici Cluniacensis: ut Andreas Quercetanus ait.] Ergo aliud ab eo est *Chronicon Cluniacense*, quod constat conscriptum fuisse post a. 1485.

Ibid. GEROCHVS, RICHERSPERGENSIS antistes circa a. 1080 scripsit. Memoratur Aventino lib. VII annalium Bojorum. Nam locutus de dissensione inter Henricum IV Imp. & Alexandrum II. Papam, hæc subjungit: *Gerochus Richerspergensis præsul, de hoc dissidio complura scripsit; quibus titulum de Antichristo dedit.*] *Al.* Gerhohus. Est autem Scriptor integro seculo nobis vicinior, ceu qui scripsit non solum post Paschalem II PP. rectius III. qui Antipapa statuitur; sed & post a. 1155. quando *lib. I. de investigatione Antichristi*, Arnoldi de Brixia necem ægre fert. Mornæus hist. Papatus, tradit hunc, (quem Gerochum episcopum Richembergensem vocat) esse illum, quem Sigonius lib. 14. de regno Italiæ, dicit episcopum Halberstadensem factum; mox. in vim pacis cum

Ale-

Alexandro initæ, Vlrico in ejus locum inſtituto, depoſitum fuiſſe. Alexander ille Pontifex creatus a. 1159. Paſchalis III a. 1169. obiit a. 1175. Krantzius verò inter epiſcopos Halberſtadenſes nullum novit Gerhohum vel Gerochum, ſed ante Vlricum nobis ſiſtit Rodolphum; poſt Vlricum Theodericum. Imò in tabulis pacis initæ inter Fridericum Imp. Alexandrum III PP. & Guilielmum Regem Siciliæ, editis a. 1176. tantum legitur: *Gero* (non *Gerochus*) *nunc dictus Alberſtatenſis deponetur, & Vlricus reſtituetur.* Hinc liquido apparet, loco *Henrici IV Imp.* legendum *Henricum VI.* aliis *Henricum V* dictum, qui in regem coronatus a. 1170. pro *Alexandro II. Alexandrum III.* & loco *Paſchalis II. Paſchalem III.* Antipapam dictum. Neſcio verò an hic *Gerochus* idem ſit, qui ſcripſiſſe dicitur vitam Hildebrandi Papæ: cujus vitam duobus libris etiam deſcripſit Paulus Bernriedenſis (ſive Bernrietenſis, vel Bernredienſis) antiſtes, & monachus Auguſtinianus, de quo in Auctario agemus.

Pag. 770. GAVFREDVS monachus S. Benedicti,] Hunc minime inter prætermiſſos fuiſſe numerandum, demonſtravi ad *pag.* 390.

Pag. 771. Anonymus Italus, auctor operis quod inſcribitur *Geſta Fran-*

Francorum, & aliorum Hierosolymitanorum.] Autorem hunc primo loco edidit Iacobus Bongarsius in Opere historiæ Orientalis, cui titulum dedit, *Gesta Dei per Francos*: & is quidem suspicatur autorem fuisse Italum, quem utique in eo Vossius sequitur. Cæterum autor nec anonymus, nec Italus est. Dictus enim est Petrus Tudebodus Gallus, Siuriacensis nobilis ex dioecesi Pictaviensi, qui ipse expeditionem Hierosolymitanam oculis suis usurpavit. Porrò mutilam esse Bongarsianam editionem patet ex MSo Besliensi, allegato à Petro de Marca hist. Bearnii lib. 5. cap. 6. sect. 1. & 2. cap. 7. sect. 6. & 7. cap. 8. sect. 9. cap. 9. sect. 1. 2. 3. 4. Alius titulus operis est *de itinere Hierosolymitano*, quatuor libris comprehenso.

Ibid. BALDRICVS AVRELIANENSIS.] Scripsit etiam gesta Pontificum Dolensium; & vitam Roberti de Arbresello fundatoris monasterii Fontebraldensis, jubente Petronilla, prima abbatissa, quod opus primum eruit, notisque recensuit Michaël Cosnier Pictavensis parochus. Poësi delectabatur quoque, & nonnulla carmina historica condidit, in quibus sese Baldricum Andegavensem, ac abbatem Burgulii indicat. Cæterum Aurelia ipsa non oriundum, prout citatur ab Orderico, at Magduni ad Ligerim natum, ex quodam ipsius poemate

ob-

observavit in suis analectis Cosnierus. Carmina autem historica Baldrici è veteri codice Petaviano edidit ac publicavit Franciscus Duchesnius, Regius Historiographus, tomo 4. Histor. Franc. Scriptor. Andreæ patris, doctissimi viri, Sammarthani: qui addunt obiisse a. 1131. die 7 Ianuar. at in epitaphio legitur defunctus a. 1130. (stylo tunc usitato,) 7. Ianuar. ita enim ibi legitur: *Baldricus bonæ memoriæ Dolensis ecclesiæ archiepiscopus dedicavit hanc ecclesiam in honorem B. Virginis Mariæ & B. Petri Apostolorum Principis, & S. Sampsonis, beatissimi Confessoris, 8 Idus Decemb. anno ab Incarnatione Domini* (nunc verò à Nativitate, seu potius Circumcisione mos est supputare) 1129. ——— *Qui Baldricus rexit ecclesiam Dolensem 22 annis & 44 diebus: trigesimo autem die post consecrationem hujus præsentis ecclesiæ, obiit.* Sed si tempus hoc sedis verum, sique simul verum, quod volunt Sammarthani, Baldricum consecratum a. 1114. die Natalitiorum, obierit utique Baldricus a. 1137. 7 Febr. Quamobrem puto in lectione epitaphii pro annis sedis 22 legendum 12. & pro 44 leg. 13, vel 14.

signavit vitam S. Hugonis, Rothomagensis episcopi; præterea libris quatuor condidit historiam Hierosolymitanam. In præfatione ait, sequi se se historiam anonymi cujusdam, stylo scriptam planè rustico & incondito. At Baldricum hunc non verè modo, sed etiam diserte scribere judicium est Ordrici Vitalis.] Anonymi autoris narrationem fabulosam de Hugone Rotomagensi, rudi admodum stylo exaratam, Baldricus in meliorem stylum redegit, Vrsionique, *al.* Vrso, Gemmeticensium abbati dicavit. Anonymum & Baldricum sequitur, qui circa a. 1340 fragmentum seu compendium dicti Hugonis lectionariis seu breviariis Rotomagensibus inseruit. Vera autem acta Hugonis, ajunt Sammarthani, extant ex abbatum Fontanellensium gestis procul dubio deprompta, in veteri codice MS eburneo ecclesiæ Rotomagensis.

apud eruditum auctorem ϵϐλιγμένον in historiam Orientalem:] Iacobum Bongarsium: qui Vossio ignotus.

Pag. 772. GVIBERTVS anno CIƆC claruit, ac septem Hierosolymitanæ historiæ libros, dicavit Lysiardo Suessionensi episcopo:] qui a. 1108 ad episcopatum adlectus, vivere desiit a. 1127. Et post annum quidem 1124 Guibertum scripsisse, hoc argumento verisimile sit, quod carpit Fulcherium Carnotensem, qui
ope-

opere suo pertingit usque ad a. 1124. Libros quatuor de pignoribus sanctorum scripsit post a. 1136. si verum, quod volunt Sammarthani, eum libros istos dicasse Odoni II abbati S. Symphoriani Bellouacensis, qui illo demum anno, testibus iisdem, ad regendam abbatiam illam electus fuit. Vnde miror eosdem jam a. 1124. Guiberto successorem statuisse Andream. Si Odoni I. qui post a. 1122 abbas electus, tribuissent ea, quæ de II. ejus successore scribunt, hanc contradictionem evitassent; an vero cum ratione ita scribere potuerint, eorum est judicare, qui dictos libros legerint. Domnus Lucas Dacherius edidit opera ejus. Proœmio ad Geneseos moralitates affatur Bartholomæum, episcopum Laudunensem ab a. 1113 ad a. 1150. Inter additamenta operum Guiberti insertæ sunt Res Gestæ S. Geremari, primi abbatis Flaviacensis ab antiquo autore exaratæ, & ex vetusto codice MSo Conchensis monasterii, cum vita ipsius depromptæ.

Pag. 773. ALEXANDER, abbas secundus cœnobii Aquicinctini,] fuit abbas octavus.

Ibid. S. BRVNO Signensis episcopus, posteaque quadragesimus Casinensis monasterii abbas,] tandem rursus episcopus Signensis.

con-

consignavit vitam S. Petri Anagniæ episcopi,] & Leonis IX. PP.

Post. ADEMARVS Raimundi filius vivebat an. CIƆCX. ac Chronicon Aquitanorum, & Chronologiam reliquit abbatum Lemovicensium, (S. Martialis,)] Labbeus, qui utrumque opus edidit, egregie demonstrat, autorem hunc paullò post a. 1031 scripsisse. Vnde liquet falli Sammarthanos, qui ajunt (sub abb. S. Martialis Lemovic.) Ademarum chronicon suum conscripsisse regnante Roberto. Commemorationem tamen abbatum Lemovicensium S. Martialis scripsit vivente Rege Francorum Roberto, i. e. paullò ante a. 1031. ita enim aït: *Vgo Rex factus est, cujus filius Robertus Rex sapientissimus & piissimus usque hodie vivit.* Opusculum ita terminatur: *Hujus (decimi tertii abbatis Hugonis) sexto anno obiit Rogerius frater Adalberti Decani, vir clarissimus, & meus magister, & patruus, sexto Kalendas Maji: post eum 32 die mortuus est idem abbas Vgo sexto Kalendas Iunii: quorum animas tibi commendo, Domine Iesu.* Iste Hugo, abbatum qui Ademaro memorantur, postremus excessit e vivis a. 1025. Fuit verò huic Ademaro cognomen *Cabanensi*, vel *Cabanesio*.

Mox.

Mox. Adamarus Roberti primum Lexoviensis fuit episcopus, exinde Atrebatensis, tum Morinensis, post Senonensis archiepiscopus, ac tandem à papa Clemente VI Cardinalis factus est.] Quamvis Sammarthani eadem scribant sub archiepiscopis Remensibus: iidem tamen sibi sunt contrarii, quando d. l. dicunt, Ademarum Roberti creatum episcopum Lexoviensem a. 1342. at sub episcopis Lexoviensibus a. 1361. ipsi quoque in serie Atrebatensium nullam Ademari faciunt mentionem. Cardinalis jam a. 1342 electus fuerat: episcopatum Morinorum a. 1371. Senonensem adeptus a. 1378. obiit a. 1384. 25 Ianuarii, si fides Sammarthanis. Onuphrius Panuinius a. 1353 obiisse tradit.

Pag. 774. Ad tempora Henrici V pertinet RVPERTVS GALLVS, monachus S. Remigii: qui libris X comprehendit historiam belli Christianorum contra Saracenos.] Hunc inter praetermissos minime collocandum fuisse doceo ad *pag.* 718.

Ibid. SVGERIVS abbas S. Dionysii,] Parisiensis, non Remensis.

ad Goslenum Suessionensem episcoscopum] Defunctum a. 1152. 9 Cal. Nov.

vitam scripsit, tum Regis Ludovici Crassi, tum filii ejus Ludovici, VII hujus nominis Regis Galliæ,] qui periit a. 1180. Scripsit quoque opus aliud de rebus in administratione monasterii S. Dionysii à se gestis, nec non libellum de consecratione ecclesiæ à se ædificatæ, & translatione corporum S. Dionysii ac sociorum ejus. Sammarth.

Obiit an. CIƆLI.] *al.* 1152. Id. Ianuar. stylo, quo nunc utimur, in determinando initio & fine annorum æræ Christianæ, Anglis exceptis.

Post. Anno CIƆCXX, ac deinceps, in terris egit OLDERICVS, qui & ORDERICVS VITALIS,] Scribebat a. 1141. Sub finem historiæ suæ scribit: *Ecce senio & infirmitate fatigatus librum hunc finire cupio, & hoc ut fiat pluribus de caussis exposcit ratio; nam sexagesimum septimum ætatis meæ, in cultu Domini nostri Iesu Christi perago: & dum Optimates hujus seculi gravibus infortuniis, sibique valde contrariis comprimi video, gratia Dei roboratus, securitate subjectionis, & paupertatis tripudio. En Stephanus Rex Anglorum in carcere gemens detinetur,*

& Lu-

& Ludovicus Rex Francorum expeditionem agens contra Gothos & Gascones pluribus curis crebrò anxiatur.

consignavit historiam ecclesiasticam, quæ MSa superest.] Iam edita libris 13. studio Andreæ du Chesne in scriptoribus Normanniæ. Dicitur eadem quoque *Historia Norman.*

Ibid. doctissimus scriptor προλεγομένων in Tomos historiæ Orientalis, quæ inscribitur, Gesta Dei per Francos:] Iacobus Bongarsius.

Pag. 775. ALBERTVM AQVENSEM anonymo scriptore *Gestorum Francorum & aliorum Hierosolymitanorum,* Roberto monacho & abbate S. Remigii Raimundo de Agiles, sive de Podio, & Baldrico Dolensi archiepiscopo recentiorem esse, ex eo etiam colligimus, quod non paullò ulterius, quàm isti, historiam producat. Nam cum illi quinquennii res narrent: hic ab expeditionibus initio progreditur usque ad annum secundum regis Balduini II. ita ut res exponat

nat annorum XXIV.] Imò hic autor, & illo tempore, quo eum Vossius vixisse conjicit, recentior est; scripsit enim circa a. 1184 historiam suam, ab initio expeditionis Hierosolymitanæ usque ad annum secundum Balduini II Regis, complexus annos 26.

Ibid. FVLCHERIVS CARNOTENSIS reprehenditur à Guiberto abbate. Sed à bona fide eum commendat Ordericus Vitalis.] Ergò præponendus his fuerat, non postponendus. Cæterum operis ejus titulus est, *Gesta peregrinantium Francorum.*

Pag. 778. GVALTERVS scripsit vitam Boni, sive, ut alii vocant, Magni, aut Sancti, Comitis Flandriæ.] Omissum hic nomen Caroli.

Ibid. BERNARDVS Compostellanæ ecclesiæ thesaurarius, librum congessit, continentem summorum Pontificum, & antiquorum Hispaniæ Regum diplomata.] Plures sunt, qui simili studio congerendi antiqua diplomata incubuerunt, quos tamen Vossius merito in hoc opere præteriit, nec ego in Auctario producere dignabor.

Pag. 779. ANSELMVS Chronicon

nicon Sigeberti perduxit usque ad annum CIƆCXXXV: quemadmodum inde usque ad annum CIƆCXLIX continuavit alius incerti nominis: hinc usque ad annum CIƆCCXXV monachus quidam Aquicinctinus.] At *pag.* 395 scribit Vir celeberrimus, Anselmum continuasse Sigeberti chronicon ad annum usque 1136. inde verò sequi Auctarium Aquicinctinum.

anno CIƆCXXXVII *obiit.*] 8 Cal. Martii, i. e. secundum stylum, quo nunc extra Angliam utimur, a. 1138.

Pag. 780. RAINALDVS abbas Casinensis signavit vitam S. Severi episcopi Casinensis.] Pag. 410 scribit Vossius, Petrum Casinensem diaconum scripsisse vitam S. Severi, episcopi Casinensis, ad Seniorem abbatem, dubio procul Rainaldum: cumque vix probabile sit utrumque vitam S. Severi conscripsisse, multum vereor, ne una vita duobus immerito adscribatur autoribus.

Post. Auctor incertus, qui de gestis Consulum Andegavensium egit,] Nomen illi THOMÆ LOCHENSI, seu de LOCHIS.

Ibid. Anonymus de gestis Trevirorum

rum vixit anno CIƆCL, vel circiter.] Hic idem eſt autor ille pervetuſtus chronici, ſeu hiſtoriæ de Trevirenſibus archiepiſcopis MS. quæ allegatur in Gallia Chriſtiana. Pertingit autem ab origine urbis Treverenſis, uſque ad a. 1146. quo autor ſcribebat ſenex. Nam refert ſe jam a. 1112. Brunonis archiep. Trevirenſis memorabili cuidam facto in opprimenda Berengarianorum hæreſi interfuiſſe. Catal. libr. ſeu oper. Lambecii. Sed diverſa ſunt ab hoc opere MSa *geſta Pontificum Trevirenſium*, in membranis MSis, uſque ad Balduinum de Luxemburgo, qui archiepiſcopus Trevirenſis fuit ab a. 1307 ad a. 1355. Forte horum autor eſt Golſcherus, *de quo vide quæ ſcripſi ad pag.* 359. Et forſitan alterutrius operis ſcriptor eſt anonymus monachus Hemmenrodenſis, quem Nicolaus Heſius refert edidiſſe librum *de geſtis epiſcoporum Trevirenſium.*

Pag. 781. Item Barbaroſſæ tempore vivebat auctor Chronici, quod dicitur Foſſæ novæ:] Edidit illud Ferdinandus Vghellus to. 1. Italiæ Sacræ, ſub hoc titulo: *Chronicon Foſſæ novæ Ioanne de Ceccano autore, ab anno primo noſtræ ſalutis uſque ad a.* 1217. *ex pervetuſto MSo exemplari cœnobii Foſſæ novæ hactenus ineditum.* Et ſub 48 archiep. Piſano nuncupat illud *Chronicon Ceccani*. Joannes ille Comes Ceccani in uxorem duxit dnxit a. 1189. Rogasiatam, & adhuc a. 1217 superstes fuit; sed minime est autor hujus chronici, quia in eo ipse memoratur sub persona tertia, addito titulo Domini. Nescio vero annon id errandi ansam præbuerit, quod sæpe in eo legitur: *Ego Ioannes de Ceccano: Ego Ioannes Comes Ceccano: Ego Ioannes Dei gratia Comes Ceccani*, quæ tamen verba leguntur tantum in diplomatibus Ioannis de Ceccano ibi integre exaratis. Autor itaque manet Anonymus, estque incertæ ætatis scriptor. Vossius vero errat, referens eum ad tempora Frederici Barbarossæ, quo tamen longe est junior, quippe qui scripserit post a. 1217. 6 Non. Octobr. eo enim die finitur dictum Chronicon. Verisimile quoque est eo tempore vixisse. De eodem scribit Vghellus abbas: *Illud chronicon, cui, & Fossæ novæ, & Ceccani nomen inscriptum est, ob laudatos in eo sæpius Ceccani comites, præfixum nomen inscriptum fuit. Hoc ingentibus laudibus extollunt nonnulli authores. Author tamen Comitum Ceccani familiarem fuisse videtur, extenditque res suas ad annum usque* 1217. Firmiter credo autorem fuisse monachum Fossæ novæ, dummodo liceat asseverare, unum, non plures ejus esse autores, contra Carolum de Visch, qui audacter tradit conscriptum illud ab anonymis religiosis monasterii Fossæ Novæ: ego vero, id unde habeat, ignoro.

unde ibidem quædam ab eodem Baronio referuntur.] Verba *ibidem* & *eodem* referuntur ad id, quod hinc paullo remotius scripserat autor. *Testem Hugonem Falcandum laudat inclytus ecclesiasticorum annalium conditor ad annum CIƆCXIV.* At non ad a. 1114. sed 1194. laudat Baronius testes *Hugonem Falcandum*, & *autorem Chronici Fossæ novæ*: ut & inde Vossius discere potuerit autorem dicti Chronici recentiorem esse Friderico Barbarossa, qui e vivis excessit a. 1190. Quæ verò Baronius allegat ad. a. 1194. in Chronico illo extant ad a. 1195. Et licet Baronius autorem recentiorem statuat, quam Vossius, errat tamen & ipse, quando ad a. 1194. ait: *Porro alii hujus temporis auctores eamdem Imperatoris sævitiam scriptorum monimentis posteris testatam reliquere, & inter alia hæc tum scriptum Chronicon Fossæ novæ.* ,,Hoc anno Imperator Henricus(*qui Friderico Barbarossæ successit*) per sacramenta decepit, &c. Et paulo ante anno eodem: *ut tunc scriptum habet Chronicon Fossæ novæ.* Iam enim vidimus Chronicon istud pertingere usque ad a. 1217. 6 Non. Octobr.

Pag. 782. ODO MVREMVNDENSIS à Balæo refertur inter scriptores, qui anno CIƆCLXXX in pretio fuerunt.] Manriquez in serie abbatum

batum Merimundensium refert obiisse a.
1161. postquam a. 1160 electus fuerat abbas
Morimundi diœc. Lingonensis in Burgundia.

Præter alia etiam Chronicon condidit.] Si hoc opus est *Odonis Frisingensis*, (qui etiam fertur fuisse abbas *Morimundi*, diœc. Lingonensis in Burgundia, & obiisse a. 1159. postquam a. 1138. ex abbate Morimundi fuerat electus episcopus Frisingensis,) ut arbitratur Vischius, utique hic autor historicis minime accensendus est. Præter istos Otto abbas *Morimundi* in Lombardia diœces. Mediolan. scriptor, sed non historicus, excessit è vivis 24. Dec. circ. anno 1176. certè non post a. 1178. ut falsissimum sit, Ottonem Morimundensem floruisse a. 1180.

Pag. 783. HENRICVS SOLIACVS, qui & HENRICVS BLESENSIS, claruit apud Anglos circa annum CIƆCXC, regnante Richardo I. consanguineo suo. Nam erat Henricus hic Henrici Regis ex Adela nepos. Fuit Bermundensis insulæ abbas, ac postea Glasconiensis monasterii antistes, & tandem episcopus Wintoniensis.] Videtur hic
Vos-

Vossius per Henricum Regem, secundum istius nominis intelligere: cum tamen tam ex nomine *Adelæ*, quam ex cognomine Blesensis liqueat, Henricum Soliacum fuisse filium Stephani (vel Henrici) comitis Blesensis, qui interiit a. 1101. ex Adela sorore Henrici I, (ut recte scribit Vossius *pag.* 415.) adeoque non potuisse clarere circa a. 1190. Confundit itaque Vir Cl. in unum duos *Henricos*, nempe *Soliacum*, qui & *Blesensis* dictus, nepotem *Henrici I* ex *Adela sorore*, abbatem *Glasconiensem*, & post episcopum *Wintoniensem* ab a. 1129. ad a. 1171. cum *Henrico Soliacensi*, electo episcopo *Wigorniensi* a. 1193.

De inventione corporis Arturi librum conscripsit.] De utroque id negatur. Vide Usserium antiq. eccles. Britann. Expungendus ergò est Henricus ex scriptorum numero.

Ibid. JOANNES HANTIVILLENSIS, Anglus, claruit anno CIƆCC, regnante Joanne. Hic de antiquitatibus Angliæ libros XVI carmine ludebat: quemadmodum in Gesnerianæ bibliothecæ Simleriana legitur epitome. Atque eadem addit, opus hoc vocasse Architrenium. Sed Pitseus ait, (& Balæus,) poema id li-

libris IX constare. Scriptum imprimis est ad Gualterum de Constantinis, Archiepiscopum Rothomagensem. Archithrenium autem appellavit ab ἀρχὴ & θρῆνος: ut versus indicat:

Hoc est flebilium quasi summè flebile carmen.

Atque hinc ipse etiam *Archithrenius* nominatus.] Quia Walterus de Constantiis archiepiscopus Rotomagensis fuit ab a. 1184 ad a. 1207. & Ioannes Sarisburiensis obiit a. 1182. hinc elucescit errorem esse, quando Vossius *pag.* 421 scribit: *IOANNES SARISBVRIENSIS putatur auctor operis, quod suppresso nomine vero, Architrenius inscribitur.* Caeterum in opere de poetis latinis, scripto post hoc de historicis latinis, Vossio *Ioannes Nantvillensis Anglicus, incertae aetatis Poeta, Archithenium scripsit.*

Pag. 784. ROBERTVS S. MARIANI APVD ALTISSIODORVM MONACHVS vivebat anno CIƆCCX. Chronologiam composuit.] Hic jam fuerat in medium productus *pag.* 443.

O 5 Ibid.

Ibid. Monachus S. Juliani vivebat tempore B. Ludovici, Francorum Regis:] Ludovicus iste damnatissimus tyrannus, & crudelissimus persecutor Albigensium, periit a. 1270. Cæterum edidit Canonicus anonymus S. Martini Turonensis chronicon post a. 1326.

Pag. 785. BARTHOLOMÆVS VICENTINVS etiam epitomen concinnavit de vitis sanctorum.] Quidsi hic fuerit *Bartholomæus Tridentinus*, qui *pag.* 817 memoratur scripsisse vitas sanctorum.

Pag. 787. Auctor Chronici Lemovicensis vivebat anno CIƆCCLXIV.] Duo sunt chronica Lemovicensia, alterum S. Stephani, alterum S. Martialis MSS. Præter hæc edidit Labbeus To. 1. Bibl. N. MSS. sect. 2. chronicon Lemovicense ab a. 538 ad a. 1037. post quem annum ex alio codice adduntur a. 1053. & 1060. Edidit ibi quoque chronicon Aquitanicum, sive fragmentum chronicæ Lemovicensis ab a. 834 ad a. 1025. Videtur illud Vossio memoratum esse chronicon S. Stephani scriptum post a. 1276. nam chronicō S. Martialis post a. 1393 scriptum fuit.

Pag 788. JORDANVS,] Vide pag. 459.

Pag.

Pag. 791 WICHARDVS A POLHEIM condidit chronicon Austriæ usque ad annum CIƆCCCXII.] Chronicon illud ab a. 1279 ad 1310 dicitur pertingere. Vide Lambecium catal. libr. suorum.

Pag. 799. CONRADVM DE HALBERSTET colligo vixisse temporibus Caroli IV. qui imperare cœpit anno CIƆCCCXLVIII, atque annis rexit XXXII.] Magdeburgenses Centur. IV. allegant *Conradi Halberstadensis* Chronicon, quod an hujus sit autoris, juxta scio cum ignarissimis; non tamen sum nescius, autorem istius chronici à Wolffio opere rer. memorab. collocari medium inter autores, qui vixere inter a. 1420 & 1440.

Pag. 800. Henricus Condescarius (inter quem & JOANNEM HIPERIVM tres fuere abbates, Anselmus Bristel, Joannes de Long., & Jacobus Condæus) ipsi Iperio memoratur, atque claruisse dicitur anno CIƆCCCXXX.] Inter Henricum Condescarium & Ioannem Hiperium unus fuit abbas Alealmus Bristel. Nam 58 abbas (non 60)'est Ioannes le Long. V. qui idem cum Hiperio.

59 Iacobus de Condé. 60 Ioannes VI. Hunc enim statuunt ordinem Sammarthani, nimirum: 53 Galtherus Gandavensis obiit a. 1294. 54 Eustachius a. 1297. 55. Ægidius a. 1325. 56 Henricus Condescarius a. 1334. 57 Adelmus Bristel a. 1369. 58 Ioannes le Long V. seu Iperius, a. 1383. 59 Iacobus de Condé, a. 1407. 60 Joannes VI. a. 1420.

Pag. 801. THEODERICVS ENGELSHVSIVS Chronicon Chronicorum condidit, quod extenditur usque ad annum CIƆCCCCX.] Licet & Simlerus habeat 1410. Maderus tamen edidit chronicon illud ab O. C. ad a. 1420. continens res ecclesiæ & reipublicæ.

Ibid. GOBELINVS PERSONA, decanus in Bilefeld,] Blondello, Halberstadensis ecclesiæ præpositus. At in operis istius inscriptione dicitur Decanus Bilefeldensis, & Officialis Paderbornensis. Hunc autorem porro confundere videntur cum Ioanne Gobelino, Pii II Papæ Secretario, (de quo Vossius *pag.* 808.) qui putant *Gobelini Personæ* opus agnoscere autorem Pium II PP. Vide Vincent. Placium de scriptoribus pseudonymis, ubi scribit: *Gobelini Personæ Cosmodromium seu Chronicon Vniversale ab orbe condito usque ad a.* 1418. *Item ejus expositio rerum sub Vrbano VI. Bonifacio IX. Innocentio VII. Gregorio XII. Pontificibus gestarum*, Francof. apud Wechel. 1599. fol. Hoc opus à Pio II PP. conscriptum esse, multos notavisse, scribit Th. Raynaudus, *de mal. & bon. libris*, partit. I. Erot. 10. §. 1. p. m. 117. Et Hallervord. *spicil.* qui tamen tantùm ait, Gobelini Personæ Cosmodromium notis auctum vulgasse Henricum Meibomium Francof. apud Wechel. a. 1599. & Th. Raynaudus ait d. l. ipsum Pium II. antea Æneam Sylvium, opus suum sub *Gobelini Personæ* nomine exposuisse, nulla facta mentione Cosmodromii. Rectissimè ergò Autor anonymus Bibliographiæ curiosæ scribit. *Pii secundi commentarii à Ioh. Gobelino scripti, cum continuatione Iacobi Piccolominei.*

Pag. 804. XICCHO RICIVS POLENTONVS,] Confer *pag.* 525. ubi disertis verbis Autor tradit vitam Fr. Petrarchæ fusè & integro libro à *Siccone Polentono* descriptam.

Pag. 807. LAPVS BIRAGVS vixit circa annum CIƆCCCCLX.] Hic idem est, qui Naudæo dicitur *Lampus Buragus*. Nec tempora disconveniunt, quando Lampus Buragus dicitur scripsisse Strategicon adversus Turcas ad Nicolaum V Pontificem, qui electus a. 1447.

Pag. 808. JODOCVS BEYSSELIVS] Vide *pag.* 572.

Ibid. JOANNES GOBELINVS Vicarius Bonnensis, ac Pio II Papæ à secretis, libris XII complexus fuit, quæcumque memoria digna temporibus ejus Papæ acciderunt :] Hoc opus aliqui putant esse ipsius Pii II. PP. Vide *pag.* 801.

Pag. 812. HIERONYMVS BONONIVS vitam usque ad annum CIƆIƆXX perduxit, ac prosa & versu vitam B. Hieronymi conscripsit.] A. 1348 traditur senex obiisse *Ioannes Andreæ Bononiensis*, qui etiam vitam S. Hieronymi descripsit. Lambecius to. 2. Bibl. Vindob. cap. 8. §. 124. Vide Theoderici Engelhusii chron. ad d. ann.

Pag. 817. CONRADVS ENGELHVS,] Forsitan hic idem qui alias *Theodoricus Engelhusius.*

Ibid. ERCHEMPERTVS, monachus & diaconus montis Cassini, historiam reliquit de eversione monasterii sui à Saracenis, & de instau-

ſtauratione ejusdem. Auctor Poſſevinus. Sed ætatem præterit. Fortaſſe idem eſt ac Erempertus, ſive Herembertus, hiſtoriæ Longobardicæ conditor: quod ſi eſt, vixerit anno IƆCCCLXXI] Non video cum ratione dubitari poſſe, quin unus ſit ſcriptor, nam & *Erempertus*, quandoque *Erchempertus* nuncupatur. Nec nomen ſolum, ſed & dignitas convenit; fuit enim Herembertus monachus & diaconus Caſſinenſis. Nec ætatem diſconvenire probabile eſt; quando veriſimile eſt, Erchempertum non diu poſt reſtaurationem monaſterii Caſſinenſis, quod a. 884 à Saracenis totaliter combuſtum fuerat, ſcripſiſſe. Et Erempertum aliquandiu poſt illa tempora ſcripſiſſe, contra Voſſium evici ad *pag.* 761. Poſſevinus, quod ſcribit, accepit ex Petri diaconi Caſſinenſis lib. de claris Caſſinenſibus, ubi cap. 14 traditur Erchempertus monachus & diaconus montis Caſſini compoſuiſſe hiſtoriam de deſtructione & renovatione coenobii Caſſinenſis, nec non de Iſmaëlitarum incurſione. Traditur quidem vixiſſe ſub Ludovico Imp. ut & Voſſius Herembertum *pag.* 761. ſub Ludovico II. Imp. floruiſſe ſcribat. Sed error ille vel ex ipſo ſcripto dicto refellitur, quod Mons Caſſinus à Saracenis fuerit deſtructus a. 884. Ludovicus
II obie-

II obierit a. 875. Ludovicus III a. 879. Ludovicus IV a. 911. regno ejectus a. 904. Omnibus his juniorem esse Erchembertum *seu Erempertum*, probavi ad *pag*. 761. Eidem autori tribuuntur quoque Acta translationis S. Matthæi Apostoli. Sed Io. Bapt. Marus ea vindicat Paulino episcopo Legionensi, seu Londinensi.

Ibid. GILBERTVS Hannonius historiam de rebus Hannoniæ condidit: utrum latinè, an gallicè, non sat scio.] Memini olim vidisse librum Gallicum dictum *Chronique de Haynault*, vetustis typis in fol. impressum. Hujus an Gilbertus Hannonius autor sit, certò affirmare haud ausim.

Pag. 819. B. MOR. (his solum literis auctoris nomen signatur.)] Nomen plenum est *Bartholomæus Mortarius*. Vide *pag.* 680. Potuisset quoque Vossius has literas applicare In *Benedictum Morandum*, insignem historicum, memoratum Leandro Alberto, & ex eo Vossio *pag.* 580.

Pag. 821. Clarus vixit tempore Catoldi, Viennensis in Galliis episcopi: de quo Ado Viennensis in Chronico ad an. IƆCLXXXVI.]

Cal-

Caldoaldus, sive Clodoaldus, archiepiscopus Viennensis, jam obierat a. 650.

Ibid. *S. Valerii* Trevirensis episcopi,] Golscherus, de quo vide nostra ad pag. 359. de laudibus SS. Eucharii & Valerii atque Materni doctissimos commentarios absolvit, editos à Bollando.

Pag. 822. S. Eucherii, Aurelianensis episcopi, æqualis Caroli Martelli.] Vita Eucherii hujus scripta ab autore coætaneo. Aliam vitam Eucherii Aurel. scripsit David monachus S. Laurentii Leodicensis, circa a. 1132. ut conjicio.

Ibid. *B. Roberti*, primi abbatis Casæ Dei.] Aliam Roberti vitam circa a. 1129 descripsit *M. monachus*, dicatam Stephano sexto, abbati Casæ Dei, quem ibidem traduntur præcessisse, 1 Robertus, 2 Durandus, 3 Seguinus, 4 Pontius, 5 Aimericus.

Ibid. *S. Roberti*, primi abbatis Molismensis, ac Cisterciensis.] Processus canonizationis S. Roberti abbatis Molismensis, & primi Cisterciensis Ordinis fundatoris, editus est à Labbeo Novæ Bibl. MSS. to. 1. sect. 4.

Pag. 823. S. Caprasii abbatis Lirinensis,] Extat & ejusdem Caprasii vita in in antiquis Codicibus Lerinensibus exarata apud Vincentium Barralem Salernum.

Ibid. S. *Roberti*, abbatis Cisterciensis,] Novi monasterii in Anglia, qui *obiit* a. 1159, quam vitam scripsit anonymus monachus istius monasterii.

Ibid. S. *Odulphi* presbyteri,] Forte Autor hujus vitæ est *Cappidus Stauriensis*, scriptor seculi decimi, de quo *pag.* 341. Scripta sane est vita illa post obitum Radbodi episcopi Vltrajectini, qui periit a. 917. fuitque post *id tempor*is Cappidus Stauriensis superstes. Ipse Odulphus florebat a. 862. sociusque fuit Friderici episcopi Vltrajectini, cujus ope ille ad breve tempus Frisiam expurgavit ab hæresi Ariana, ut ex vita dicti Friderici, & Odulphi; Chronico Magno Belgico, Chronico Io. de Beka; Vbbonis Emmii hist. Frisiæ; Miræi annalibus Belgicis; Schotani annal. Fris. Molani Indic. sanctor. Belgii, & Chron. sanctorum Belgii; Sausseyi Martyrologio Gallic. Sammarthanorum Gallia Christiana; Buchelii notis in Io. de Beka; Baronii & Spondani annalibus, &c. probabo in Appendice ad Nucleum histor. Ecclef. ad a. 838.

Ibid. SS. *Quirici*, & *Iulittæ*,] Horum vitam scripsit Philippus abbas Bonæspei, *pag.* 407. Sed an eadem illa in Surio legatur, fore ut aliquando sciam spes est; at necdum id certò vel asserere, vel negare ausim: uti nec de pluribus aliis vitis sanctorum hic memoratorum, quorum quidem vitarum autores permulti mihi de nomine noti sunt.

Pag. 824. *S. Philiberti* Abbatis] primi Gemmeticensis: cujus vitam ab antiquo autore exaratam etiam edidit Andreas du Chesne to. 1. hist. Franc. script. scripta fuit illa mandato Coschini, tertii abbatis Gemmeticensis, successoris Aichardi. Coschinum verò secuti sunt Druetegangus, Hildegarius, Hugo a. 721.

Ibid. *S. Edithæ*] Rhythmi de vita S. Edithæ scripti extant in Bibl. Cottoniana: quorum autor usus est Henrici Krumpe (qui clarebat circa a. 1390.) libro de fundationibus omnium monasteriorum Angliæ, à tempore Birini, primi Dorcestrensis episcopi, ad ætatem Roberti Grosted, Lincolniensis episcopi, qui obiit a. 1253. Visch.

Ibid. *S. Joannis*, Reomaensis abbatis,] Imò hanc vitam Surius petitam dicit ex Gregorii cap. 87 de gloria Confessorum.

Pag. 825. *S. Gisleni* monachi vita, IX. Octobr.] S. Basilii in Græcia episcopi Atheniensis, circa a. 640. & post fundatoris Cellæ, dictæ Gisleni, in Hannonia, vitam circa a. 1040 descripsit Raynerius, monachus S. Gisleni Hannoniensis, Vossio indictus.

Ibid.

Ibid. S. *Faronis*, Meldensis episcopi, Oct. XXVIII.] At *pag.* 703 scribit ipse autor celeberrimus : *Falcuinus vitam exararit B. Pharonis, episcopi Meldensis: ut ab Hieronymo Rubeo traditum est Historiæ Ravennatis lib. II. Surius T. V. ad Oct. XXVIII. expressit ex MSSis codd. Pharaonis hujus vitam* ἐκ Φρασικῶς. *Sed videtur Falcuini nomen in MSSis istis abfuisse. Saltem non meminit ejus Surius.*

Ibid. S. *Quintini* martyris historia,] Circa a. 990 scripsit Canonicus quidam ecclesiæ S. Quintini, libellum de miraculis B. Quintini, jussu Lindulfi Veromanduensis, episcopi Noviomensis.

Pag. 826. *S. Willehadi*,] conscripta ab autore coætaneo.

Ibid. *S. Laurentii*, Archiepiscopi Dublinensis, cujus scriptor in præfat. aït, se unum è collegio Augensi fuisse.] In dicto sane coenobio obiit & sepultus est Laurentius, & Guido abbas Augensis obtinuit à Papa Honorio III. ejus canonizationem. Idem coenobium continet acta MSa revelationis corporis ejus, factæ a. 1226.

Pag. 829. & 830. PALLADIVS græcè consignavit vitam S. Chrysostomi;

in Vossii Hist. Latinos. 333

stomi; latinè autem vertit Ambrosius monachus Camaldulensis.] Ita quidem Vossio cum Bellarmino est consensus; at contra Vir Clariss. *pag.* 555 & 556. scribit: *Ambrosius Camaldulensis è græco vertit vitam Palladii à Chrysostomo scriptam.*

Sequuntur errata typographica in numeris annorum commissa in opere Vossii de historicis latinis.

	Errata.	Corrigenda.
Pag. 206 lin. 12	CCCXVII	CCCXXVII
— 265 — 15	IƆLXXV	IƆCLXXV
— — 16	IƆLXXVIII	IƆCLXXVIII
— 301 — antepen.	IƆCCCCXXVI	IƆCCCXXVI
— 327 — 25	IƆCCCLXXV	IƆCCLXXV
— 372 — 5	LXXVII	LXXXVII
— —	LVII	LVI
— 395 — antepen.	CIƆIƆVIII	CIƆIƆCVIII
— 405 — 17	CIƆXXXV	CIƆCXXXV
— 441 — 2	CIƆIƆVI	CIƆIƆCVI
— 462 — 9	CIƆCCXXXIV	CIƆCCCXXXIV
— 466 — 37	CIƆCLX	CIƆCCXL
— 528 — 34	CIƆCCCXLVI	CIƆCCCCXLVI
— 539 — 20	CIƆLXXXVII	CIƆCCLXXXVII
— 555 — 6	CIƆCCCCXXXI	CIƆCXXXI
— 557 — 4	CIƆCCCCLXX	CIƆCCCLXX
— 594 — 5	CIƆCCCCLIV	CIƆCCCCLXIV
— 606 — 29	CIƆCCCCXIX	CIƆCCCCXIV
— — 35	LXI	LXV vel LXVI
— 694 — 2	CIƆIƆXX	CIƆCXX
— 781 — 27	CIƆCXIV	CIƆCXCIV
— 860 — 35	CIƆCCCCLXXXIII	CIƆCCCLXXIII

Sunt

Sunt & plurimi alii errores in nominibus propriis commissi, quos ultrò omitto dignoscendos diligentia lectoris periti: duos saltim hic produco: nempe *pag.* 741. *lin.* 35. *pro* Galli cui, *leg.* Gallieni. & *pag.* 778. *lin.* 17. Moinensis, *leg.* Morinensis. Præterea pag. 108. *lin.* 26. pro *memoralia*, legendum *memorialia*: (ubi quæ Vossius scribit de differentia inter Memorialia, ὑπομνημονεύματα, & Memorabilia ἀξιομνημόνευτα, ante cum observavit Christoph. Colerus not. in Inscript. Valerii Maximi; sed cum Vossio magis arrideat vox Memorialium, Colero magis placet vox Memoralium, qui etiam in loco allegato ex Arnobio legit Memoralia.) Pag. 243. *lin.* 27. pro ad *leg.* adi. & Pag. 255. *lin.* 18. *verba* Ad eadem tempora, *à capite lineæ scribenda.*

APPENDICVLA ADDENDORVM.

PAg. 2. lin. 1. post *firmasse* add. & Porphyrius lib. 3. contra Christianos: *Origenes usus est Chæremonis Stoici & Cornuti libris, ex quibus allegoricum eorum, quæ apud Græcos sunt, mysteriorum enarrandi morem didicit, & scripturis Iudaicis accommodavit.*

Lin. 15. 16. *pro* Suspicor —— dicitur. *leg.* Filius *Lisbii* protomartyris Galliæ ex Larcia.

P. 24. l. 5. *add.* Nec minus peculiare est, quod in Chronico S. Michaëlis in periculo maris (quod jure *Armoricum* aut *Andegavense* dixeris,) edito à Labbeo invenio, scil. CCCCXXI. *Natus est Gildas.* Et quidem si id verum, utique senex decrepitus vixisse potuit Gildas, tempore quo Bellarminus, Iacobus Gualterius, Georgius Buchananus, refutati à Vossio, eum vixisse statuunt. Et si statueremus cum Ioanne Balæo duos fuisse *Gildas*, alterum *Albanium*, qui vixerit sub Vtherio, anno 512. vel qui secundum Pitseum illo anno obierit; alterum *Badonicum*, cognomento *Sapientem*, qui sub Magocluno claruerit, anno 580. in istum utique referri debet annus nativitatis 421. inprimis cum Gildas dicatur vixisse nonaginta annos. Cæterum quæcunque de Gildis vel Gildasiis præterea dici & disquiri possunt, inveniet Lector in Bollando ad d. 29. Ianuar, qui & in anno nativirivitatis Gildæ statuendo, & in allegatione verborum ipsius, ex quibus ille petitur, eadem habet quæ Vossius.

P. 30. *post* l. 8. *add. Pag.* 260. *S.* Maurus abbas obiit IƆLXXXIV.] Sammarthanis a. 582. 15 Ianuar.

P. 33. *post.* l. 6. *add.* AVDOENVS Rothomagensis episcopus obiit anno IƆCLXXVII.] In Chronico Rotomagensi a. 680.

P. 40. l. 11. *add.* & primus abbas Cellæ S. Iudoci. Excessit è vivis a. 804. 10 Cal. Iunii.

P. 42. l. 11. *add.* Porro jam dicti Sammarthani sibi strenue contradicentes, ajunt *Tilpinum archiepiscopum Remensem, primum abbatem S. Remigii Remensis, anno 786 ordinasse sub se ipso Præpositum. A Carolo Magno confirmationem rerum monasterio unitarum obtinuisse, & obiisse a.* 813.

P. 43. l. 7. *add.* Imò ipsi Sammarthani sub abbat. S. Wandregisili Fontanellensis scribunt: *Eginhardus vel Einhardus, Caroli Magni Imp. Notarius, ex Orientali Francia oriundus, à Principe Carolo in aula Regia enutritus, jam præerat Fontanellensi abbatiæ d.* 827. *quam ab Imp. Ludovico regendam susceperat, eamque per septem annos rexit, ac demum una & regale palatium dereliquit, secedens in cœnobium Mulenheim, quod postea Selingestadiense dictum est.*

est. Præterea fuit abbas S. Mauri Fossatensis, & Blandiniensis in Gandavo, supervixitque ad annum usque 848. *incomperto adhuc vitæ exitu; jacet in basilica Selingestadiensi cum epitaphio, quod illi Rabanus apposuit,* qui excessit è vivis a. 856. Falluntur ergò ipsi, quando Folradum Ainardi Zorobabelis abbatis Blandiniensis decessorem dicunt obtinuisse à Nicolao Papa privilegia: is enim demum Papa creatus a. 858. Deinde, si idem Einhardus fuit etiam abbas S. Mauri Fossatensis, cur eum præteriere inter dictos abbates?

P. 46. *post* l. penult. *add. Ibid.* HILDVINVS, *abbas monasterii S. Dionysii,*] Parisiensis, & S. Medardi Suessionensis. Idem quoque consilio Lotharii Imp. ex operibus S. Cypriani & aliorum, composuit historiam S. Cornelii Papæ & martyris.

P. 49. l. 4. *add.* Peremptus est Nithardus, ut conjectura est, a. 853.

P. 58. l. 2. *post* Pithœus *add.* (Francofurti 8. 1594.)

P. 63. *post* l. 7. *add.* Aloysius Lipomanus & Jacobus Mosander, Adonem martyrologii auctorem vocant Trevirensem archipræsulem.] Quorum error etiam inde convincitur, quod Notkerus in martyrologio suo, ad d. 16 Cal. Iunii, vocat martyrologii autorem Adonem suâ ætate Viennensem pontificem, qui etiam eidem a. 870. post editionem martyrologii sui (nempe Adonis,) miserit scriptum de Desiderio episcopo Viennensi, qui fuerit *interemptus* (secundum Sammarthanos a. 607. at secundum Adonem, Mauritio Imp. & Theoderico Rege Burgund.) per Brunnichildem Hispanis superbam divitiis, & Arianis infectam venenis, postquam dicta Brunnichildis à Francorum finibus expulerat Columbanum & discipulos ejus, *quorum Gallus noster* (addit Notkerus) *pars præcipua fuit.*

P. 65. l. 20. *add.* Autor anonymus Bibliographiæ curiosæ ait extare in Hispania illustrata.

P. 68. l. 21. *add.* Eodem errore lapsus est ipse Baronius ann. 959.

P. 72. l. 14. *add.* & pòst S. Iuliani Turonensis: fuit etiam abbas S. Pontii Tomeriarum, & antequam Cluniacensis fieret, fuit abbas S. Petri Vivi Senonensis.

P. 82. l. 3. *post* &c. *add.* Vitam istam Eucherii, Valerii & Materni edidit Bollandus ad d. 29. Ianuar.

Post P. 85. *add. Ibid.* GLABER RADVLPHVS,] Scripsit quoque vitam Willelmi abbatis S. Germani de Pratis.

P. 88. *add.* erat etiam abbas Lerinensis.
P. 115. l. 18. *add.* & S. Medardi Suession.
P. 117. l. 6. *add.* al. 1139.

P. 128.

P. 128. *add.* Labbeus to. 1. Novæ Bibl. MSS. edidit duplex Chronicon S. Michaelis in periculo maris, prius ab a. DVI. (quem ipse arbitratur legendum esse VID. ut annum 494, aut aliquem ex proximis designet,) usque ad a. 1154. alterum, quod jure *Armoricum* aut *Andegavense* dixeris, ab a. 421. ad a. 1056. Iis additur chronicon de abbatibus Montis S. Michaelis in Periculo maris ab a. 965 ad a. 1445.

P. 162. l. 14. *add.* Hac occasione monendum falli Cardinalem Bonam, quando in Liturgicis ait, hunc Rodericum Toletanum historiæ de miraculo Officii Gothici contra Romanum (de quo suse egi lib. 3. Histor. Eccles. ad a. 1091.) esse testem unicum & singularem, quem alii omnes secuti. Quinquaginta enim annis, postquam Officium Gothicum seu Muzarabicum contra Romanum seu Gregorianum duplici miraculo fuerat confirmatum, scripsit Anonymus, isque, quod probe notandum, Francus, nimirum a. 1141. vel circiter, centum fere annis antequam scriberet Rodericus, in Chronico Malleacensi (de quo in Auctario) ad a. 1068. *His diebus Hildefonsus Rex Hispanorum duxerat filiam Guidonis* al. *Gosfredi Cemitis, Ducis Aquitanorum, quam habuit de Mateode uxore supradicta. Pro qua re extitit causa & contentio de lege Romana. Quam legem Romanam voluit introducere in Hispaniam, & Toletanam mutare: & ideo fuit factum bellum inter duos milites, & falsitate fuit victus miles ex parte Francorum.*

P. 169. *post* l. 25. *add.* S. Ludovico Francorum regi ab eleemosynis,] Sammarthanis ignotus.

P. 178. *post* l. 14. *add.* Appendicem operi Henrici de viris illustribus, attexuit Sillebertus, cognomento Vniversalis.] Io. Andr. Bosius Schediasm. de comparanda notitia script. eccl. cap. 3. num. 17. *Henrici libro subnecti solet* appendix XI *scriptores complectens, quorum tamen sex etiam apud Henricum leguntur. Vossius hujus appendicis auctorem facit* Sillebertum *cognomento* Vniversalem, *cujus libros statim secundo loco appendix hæc memorat: nescio quo fundamento nixus. Certe vix tam pauca de se, & eo modo scripsisset ipse appendicis auctor. Seduxere Vossium, ut videtur, verba* Possevini: ,, Sillebertus cognomento Vniversa-,, lis, Glossa continuata Psalterium, & alios ,, divinæ scripturæ libros exposuit. Appendix ,, ad Henricum de Gandavo de scriptoribus ,, ecclesiasticis. *Nempe sic accepit postrema illius verba, ac si opus aliquod* Silleberti *denotarent; cum auctorem designent, qui de Silleberto ista scripserit. Sunt enim ipsissima Appendicis illius verba.* Expungendus ergo merito est Sillebertus ex catalogo historicorum.

P. 186. l. 20. *add.* Eodem errore Ferdinandus

dus Vghellus sub 55 & 57 episc. Ostiensi, vitas Clementis VI & Innocentii VI allegans, earum autorem vocat Vidonem Bernardum.

P. 202. post l. 3. add. *Prior vestri monasterii S. Mariæ de Apriano* (Forte *Apuano*, vel *Aprutiano*,) *ordinis S. Augustini Elnensis diœcesis.*] Male Vossius in dicta parenthesi legendum conjicit, quasi monasterium, nescio quod, in Italia denotaretur: cum tamen dicatur Elnensis, seu Helenensis diœceseos. Est autem Helna sive Helena urbs Galliæ Narbonensis, sita in finibus Hispaniæ, olim agnoscens metropolitam Narbonensem, nunc Tarraconensem. Ignorabat Vossius Amalricum Augerii fuisse Gotthum, seu Gallum Narbonensem: nec memor erat, ut opinor, Pontifices Romanos per id temporis residere Avenione.

In præfatione inquit perducere se historiam usque ad papam Joannem XXII.] At Ferdinandus Vghellus allegat Amalricum Augerii Biterrensem autorem vitæ Innocentii VI PP. Et omnino verisimile est, eum perduxisse historiam suam Pontificum Rom. usque ad Vrbanum V PP. exclusivè, qui eandem dicto Vrbano inscripsit.

P. 203. post l. 26. add. JACOBVS GVISIVS monachus Franciscanus Chronica contexuit, quæ tribus voluminibus membranaceis MSa continentur. Decessit *anno* CIƆCCCXLVIII.] *Ioannes de Noüelles*, vulgo *de Guisia*, abbas S. Vincentii Laudunensis, O. B. Collectarium historiæ universalis, libris octo, qui quatuor voluminibus comprehenduntur, distinctum exaravit. Obiit a. 1396. Sammarthani.

P. 236. *post* l. 18. *add*. Memoratur hoc loco propter libros XI de gestis Francorum : quibus historiam complectitur annorum CIƆCC, ac pertingit usque ad annum CIƆIƆ.] Autor opus illud imprimendum dedit a. 1495. quod demum 10 libris absolutum fuit Parisiis a. 1497. complexus, ut ipse in fine istius operis, istiusque editionis, ait, historiam 1200 annorum. Sed in editione Parisiensi a. 1511 impressa, decem annis post mortem Gaguini, accessit liber undecimus: unde suspicor cum Sandero & Sweertio falli Sammarthanos, quando sub 20 Gener. Ord. S. Trinit. de redemptione Captivorum, vulgò Maturinorum, ajunt eum scripsisse libros duodecim Annalium Franciæ.

Obiit XXII Jul.] Sammarthanis cum Nath. Chytræo, 11 Cal. Iun. hoc est 22 Maji.

an-

anno non CIƆIƆI, ut aliqui tradidere, sed sequenti, ut est in chronicis Ferreoli Locrii.] Cum Miræo, Sandero, Sweertio, Gualterio (sive ut aliis placet, Grutero) collectore Chronici Chronicorum, Nath. Chytræo, Sammarthani a. 1501. Neque verò rationem prodit Vossius, cur Ferreolo Locrio magis fides adhibenda, cùm constet etiam juniorem esse Nathane Chytræo. Sammarthani tamen sibi minimè constant, quando eum ajunt ad majorem totius Ordinis administrationem electum a. 1473. obiisse, postquam per triginta quatuor annos Ordinem ministrasset.

P. 237. *post* l. 16. *add.* AVGVSTINVS JVSTINIANVS Italicè scribere aggressus fuit historiam Genuensium: sed parum ad eam rem idoneus, *præcipitatæ editionis* (ut Iovius ait) *male audiendo pœnas dedit.*] Excusatur tamen ab Vberto Folieta.

Pag. 681. Anno CIƆIƆXXX Genua in Corsicam solvit, ad ecclesiam suam profecturus: nec ex eo tempore unquam visus est.] Accidit id a. 1536.

Vtrum tempestate obrutus fuerit; an in prædonum manus venerit, non con-

constat.] *Mare ex subita tempestate commotum, tantum virum, ideoque eo fato indignum, vorticibus involvit.* Vghellus.

P. 263. l. 12. *add.* Ferdinandus Vghellus sub 42 episc. Ostiensi allegat Matthæi Morensis de Bappenhaim Chronicon Austriæ.

P. 278. *post* l. 3. *add.* PELAGII OVETENSIS mentio est apud fratrem Alfonsum Venetum in Enchiridio temporum.] Et apud Vghellum sub 28 episc. Albanensi.

P. 299. *post* l. 23. *add.* Idemque est auctor martyrologii.] Martyrologium sane istud non diu post a. 870 editum fuisse, liquet ex iis quæ diximus ad *pag.* 331.

P. 316. l. 29. *post* Pisano *add.* & 8 episc. Tuscul. & 12 Alatrino.

Errata typographica graviora ita corrige.

P. 2. 26, 27. autorem P. 12. l. 23. Autissiod. P. 21. l. 7. diœceseos P. 25. l. antep. CLXXII. P. 58. l. 25. fine P. 80. l. 9. Pyriminium P. 116. l. 22. HUGO P. 136. l. 6. LAMBERTVS WA- P. 143. l. 13. *dele* tempore Helinandi. P. 175. l. 23. Viennensis continuatur usque ad a. 1471. Alius porrò codex Viennensis P. 186. l. 19. 64. P. 201. l. 8, 9. Petrarcham P. 207. l. 28. arce P. 235. l. 7. 661. P. 237. l. 17. 682. P. 284. l. 2, 17ª. P. 287. l. 23. n. P. 290. l. 4. Iuli l. 5. Iulii l. 6. Iulii P. 296. l. 17. potius P. 306. l. 8. PETRVS TVDEBODVS P. 313. l. 17 Remigii.

APPENDICVLA SECVNDA ADDENDORVM.

P. 19. l. 23. *pro* viginti duos *leg.* septendecim.

P. 40. *post* l. 16. *add.* PAVLVS WARNEFRIDI, Diaconus Aquilegienfis, etiam de Papienfibus epifcopis commentatus dicitur. Imò id opus fibi vifum ait Galefinius.] Maximi quidem epifcopi Ticinenfis five Papienfis vitam Paullum Diaconum fcripfiffe ferunt.

Pag. 292. Continuavit ejus hiftoriam HERBERCHTVS. Leo Oftienfis Chronici Cafinenfis lib. 1. cap. X. *Dominus Herberchtus in hiſtoria, quam de Longobardorum gente poſt Paullum diaconum ſcripſit, ita refert.*] Hic eſt ille *Herempertus* vel *Erempertus*, vel *Erchempertus*, de quo Voſſius *pag.* 761. & 817.

P. 53. *post* l. 23. *add.* Ibid. ANASTASIVS BIBLIOTHECARIVS Chronicon Georgii Theophanis

phanis vertit:] *leg.* Chronicon Georgi͡ & Theophanis.

Pag. 319. scripsit Pontificum vitas, quarum postrema est Nicolai I. Nam duæ sequentes, Hadriani II & Stephani VI, Guilielmum itidem Bibliothecarium, auctorem habent.] At Vghellus sub 10. episcopo Anagnino, Benedicti III Pontif. (decessoris Nicolai I) vitam allegat sub Guillelmi nomine, qui Anastasii Bibliothecarii operi additiones adjecit: perperam, ut ego arbitror; nam ipse sub 5 episc. Balneoregiensi, vitam memorati Benedicti Anastasio tribuit.

P. 54. l. 3. *add.* Est verò illud ipsum opus, de quo Vossius paullò supra scripsit: *Chronicon Georgii Theophanis vertit:* ac cum Theophanem, tum Anastasii versionem, beneficio se M. Velseri, Duumviri Augustani, vidisse, imò utrumque lucem visurum, ait Henricus Canisius, præfatione, quam Historiæ Miscellæ præmisit.

P. 91. *post* l. 10. *add.* *Ibid.* PETRUS DAMIANI descripsit vitam S. Rodulphi, episcopi Eugubini & Confessoris;] & Theobaldi ejus decessoris, ex eremita S. Crucis de Avellana, (cui præerat Petrus Damiani,) ad Alexandrum II PP. Vghello

Vghello verò neuter beatus vel sanctus est

P. 96. l. 25. *add.* Vghellus scribit sub episc. 64 Patavino, & 62 Papiensi, Arnulfum monachum in Chronica sua rerum Germanicarum recensere episcopos vita functos ab a. 1057 usque ad a. 1075. Recentior ergò est: sed necdum ætatem à Vossio definitam attingere ullo modo potuit, ut ex dictis cuivis perspicuum est.

P. 99. *post* l. 4. *add. Ibid.* Nicolaus, *Ivo*, inquit, *venerabilis Carnotensium episcopus in Chronicis suis scripsit, duodecimo anno ætatis suæ virginem ab archangelo Gabriele salutatam, & à Spiritu S. obumbratam.* Quem ad locum adnotat Iacobus Sirmondus, ea Ivonis Chronica non exstare.] Verba hæc hoc loco peregrina sunt, pertinentque ad ea quæ *pag.* sequenti de *Ivone Carnotensi* traduntur. Fateor autem in Chronico Ivonis edito à Frehero locum allegatum minime reperiri.

P. 104. l. 4. *add.* & Antonii Coriarii historiam sui temporis, quam ex Bibl. Veneta vel malis artibus, vel incuria cum aliis amissam dolet Io. Philippus Thomasinus sub finem annal.

post l. 9. *add.* Composuit tres priores libros Chronici Cassinensis] quos dicavit Oderisio abbati Casinensi, qui periit a. 1105. 4 Non. Dec.

P. 110. l. 7. *add.* Tradit equidem Vghellus sub 14 episc. Interamnensi, Valentinum episcopum Patavino-Bavarum decessisse a. 1120. quod tempus longe recentius est, quàm ut de istoc Valentino hic sermo esse queat.

P. 119. *post* l. 23. *add. Ibid.* PETRVS, diaconus OSTIENSIS, auctor libri IV Chronici Casinensis, idem videtur, ac PETRVS DIACONVS, monachus Casinensis, qui *prodidit librum de viris illustribus monasterii Casinensis: & vitam S. Constantii episcopi (Aquinatis) & confessoris, ad Guarinum Aquini episcopum.*] Omninò unus idemque auctor est, qui etiam dicitur *Petrus Bibliothecarius*, vel *Petrus Diaconus, Bibliothecarius Casinensis*. Nam & autor lib. de viris illustribus montis Casini ait se perscripsisse vitam S. Constantii, Aquinatis episcopi : & autor Chronici Casinensis lib. 4. cap. 68. refert se Guarino episcopo Aquinati S. Constantii, ejus antecessoris, vitam inscripsisse. Quod verò d. l. Petrus de se ipso

ipso agat, liquet tum ex præfat. ubi non secus ac d. l. ait, se infantem quinque annorum instituendum fuisse oblatum in monasterio: tum quod d. l. tradit, Petrum scripsisse Chronicam Casinensis cœnobii à renovatione ecclesiæ S. Martini *usque ad hanc diem.* Nam idem ipse fecit, agens de ista renovatione cap. 3. & 8.

PETRVS DIACONVS, monachus Casinensis, isti ordini quinquennis fuit consecratus, anno CIↃCXV.] At *Guarino S. Constantii vitam inscripsit*, ut ait Vghellus, *circa a.* 1125. *ut ipse affirmat lib.* 4. *c.* 48. (emenda 68.) *Chron. Cas.* Fuerit ergò, cùm vitam Constantii exararet, adolescentulus 15 annorum. Imò in ipso opere Chron. Casinensis c. 68. non legitur, ut Vossius habet, CIↃCXV, sed CIↃCXXI. fuerit itaque a. 1125 puer annorum 9. Vnde liquido apparet falsum esse, quod Vghellus tradit de a. 1125. nec id in opere extat. At inde suspicor potius lectionem Vossii esse vero propiorem, quippe aliàs Petrus non potuisset, ut ipse prodit, octo annis fuisse sub disciplina Girardi abbatis, cùm ejus successor Oderisius jam a. 1123 fuerit abbas: cùmque Oderisius a. 1126 privatus legatur abbatia, utique Petrus non potuit natus fuisse post a. 1106, si verum est, quod ipse

Q 3 pse

se scribit, se anno ætatis 21 scripsisse ad Oderisium abbatem vitam B. Marci: nec ante a. 1110. si fuerit verum, quod etiam ipse fatetur, se quinquennem monasterio inditum octo postremis annis Girardi sub ejus disciplina fuisse educatum. Difficultates hæ mihi sunt inextricabiles.

Supplementum historiæ Anastasii monachi, & Bibliothecarii,] De eo nihil in catalogo operum Petri Diaconi, lib. 4 Chronici Cassin. cap. 68. Suspicor itaque cum confundi cum Guilielmo Bibliothecario.

Pag. 410. Seniorem] *leg.* Senioretum.

P. 125. l. 24. *add.* Porrò recentiorem, quam Blondellus statuit, autorem esse, probatur exinde, quod Onuphrius Panuinius ann. 1. in Petri vitam Platinæ, tradit Guilielmum Bibliothecarium conscripsisse Pontificum vitas ab Hadriano II usque ad Alexandrum II. qui defunctus est a. 1073.

P. 128. l. 11. *add.* Vossius cum h. l. vocat *archidiaconum Monumethensem*, qui scripserit gesta Arturi Regis: Blondellus *Galfridum Arthurum Monumethensem.* Vnde suspicor τὸ *Arthurus* ortum ex corruptione abbreviati *Archidiaconus.*

P. 138. *post* l. 8. *add. Ibid.* PANDVLPHVS PISANVS Pontifitificum vitas ab Eisingrinio dicitur in literas retulisse. Puto planè eundem esse, qui Felino vocatur *Pandulphus Hostiarius Lateranensis ecclesiæ*: ac scripsisse dicitur *additiones ad Chronica Damasi Papæ*. Ibidem verba ejus adducit è vita Leonis IX. item Gregorii VII.] At Onuphrius Panuinius scribit annot. 1. in D. Petri vitam Platinæ, Pandulphum Pisanum exarasse vitas Pontificum à Gregorio VII usque ad Honorium II. Leo IX autem obiit 19 annis antequam Gregorius VII crearetur Pontifex. Contra Ludovicus Iacobus à S. Carolo in Biblioth. Pontif. *Pandulphus Masca, Pisanus, presbyter Cardinalis tit. SS. duodecim Apostolorum, primus presbyterorum, scripsit Romanorum Pontificum vitas à S. Petro usque ad Innocentium III.* (quod necessariò exclusivè intelligendum,) *item Gelasii II vitam, quam notis illustravit Constantinus Cajetanus. Obiit a.* 1198. Hac ergo ratione vitam Leonis IX scripsisse facile concesserim. Videtur autem hac in re Ludovicus Iacobus à S. Carolo, majorem quàm Onuphrius mereri fidem, quod non tantùm *vitarum Pontificum* editiones duas Venetas, sed & duos codices MSSos Vaticanos allegat.

P. 141. l. 2. add. Præterea scripsit patriæ suæ annales, qui extant. Familiæ nomine *Tineosus* dictus.

presbyter] Vghello episcopus Viterbiensis ab a. 1184 ad a. 1191. quo nonagenarius vivere desiit.

P. 195. l. 17. *post* 1115. *add.* & Chronicon suum dicavit Oderisio abbati Cassinensi, qui interiit a. 1105. 4 Non. Dec.

P. 208. l. antepenult. *add.* & Onuphrius Panuinius autor est annot. 1. in vitam D. Petri Platinæ, Theodericum à Niem scripsisse vitas Pontificum ab Honorio IV usque ad Vrbanum V.

P. 221. l. 21. *post* est. *add.* Vghellus memorat Angelum Scardeonium ex episcopo Equilino a. 1425 fuisse creatum episcopum Tudertinum.

P. 223. *post* l. 20. *add.* Pag. 604. JACOBVS ZENVS] Vghello *Zeno.*

Jac. Bergomas testis est, obiisse Zenum anno CIƆCCCCLXXVI.] Vghello a. 1481. De eo Vespasianus Florentinus lib. de viris illustribus sui temporis.

P. 237. l. 21. *add.* item S. Sabini, episcopi Spoletani, in qua, judice Vghello, insignibus mendis aspersa, coelum cum terra confundens, mira ac portentosa retulit.

P. 258.

P. 258. l. 10-18. *pro* Nullus--Kilianum. *leg.* Autor iste non est incertæ ætatis, sed est BONIZO, episcopus primò Sutrinus, pòst Placentinus, interemptus a. 1089. Is enim scripsit *Chronicam de gestis Romanorum Pontificum* usque ad Vrbanum II. creatum a. 1088. In cujus operis fine ipse, referente Lambecio lib. 2 de Bibl. Vindob. cap. 8. memorat, se quoque alios duos libros de Romanis Pontificibus contexuisse, nempe primum de gestis Benedicti IX. sequentiumque Pontificum, usque ad decessum Gregorii VII; secundum de gestis Vrbani II. Chronicon ipsum nonnunquam appellatur, *de gestis Romanorum Pontificum & Imperatorum.* Autor ipse jam dicitur *Bonitus*, jam *Bobinus*, jam *Bonitius*: Lambec. lib. 2. Bibl. Vindobon. Vghellus vocat *Bonizzum*, *Bonitium*, *Bonizzonem*. At error in nomine, quo *Onithon* dicitur, inde videtur originem traxisse, quod prima litera B credita fuit *Beatitudinis* esse indicium.

P. 309. *post* l. 22. *add. Ibid.* DOMNIZO] Præterea scripsit soluta oratione Cod. MS. in quo de Theodaldi, episcopi Aretini, castitate, aliisque virtutibus agit, ubi & quædam habet, quæ in vita Mathildis metrica extant.

P. 515. *post* l. 13. *add. Ibid.* FOLCARDVS Beneventanus, auctor Chronici Beneventani: quo nar-

narrantur res gestæ ab anno CIƆ-CXIII, usque ad an. CIƆCXL.]
Vghellus sub 3 episc. Melphiensi, vocat *Fulconem Beneventanum*, & sub 6 Trojano, *Falconem Beneventanum*, allegans ejus chronicon ad a. 1133. Antonius Caracciolus autem edidit *Falconis Beneventani* historiam, Neapoli 4° 1626.

l. 19. *dele* dubio procul Rainaldum.

P. 316. l. *ult.* post *cani*; add. & sub 11 Sorano, Chronicon S. Mariæ de flum. de Ceccano.

P. 317. *add.* Verum præter illud aliud adhuc recentius oportet esse Chronicon Fossæ novæ, non tam quia Vghellus sub *12 episc.* Alatrino, & 16 Fundano, allegat Chronicon Ceccani ac Fossænóvæ, hæc enim per ἐν ἀλε δυοῖν accipi nil vetat; sed quia sub 19 episc. Aquinate ex Chronico Fossæ novæ probat, Fr. Lambertum interfuisse consecrationi ecclesiæ Fontis laureati, cumque aliis episcopis eidem ecclesiæ indulgentias amplas concessisse a. 1298.

P. 323. *post* l. 6. *add.* *Pag.* 797. GVILIELMVS CORTVSIVS, ac consanguineus ejus, ALBRIGETVS CORTVSIVS, Patavinus uterque, in pretio habebantur

tur temporibus Henrici VII, & Ludovici IV. Horum prior rerum Patavinarum historiam est exorsus: sed posterior perfecit.] Titulus operis est: *Historia de novitatibus Paduæ*, cumque ex iis quæ allegat Vghellus sub 51 episc. Portuensi, liqueat historiam illam conscriptam fuisse post a. 1352. recentiores utique sunt vel ambo, vel Albrigetus.

P. 333. *post* l. 17. *add.* —— 375 —— 15. XXV. —— XXIII.

P. 334. l. 17. *add.* 11, 16, 17, 20 Verulanensi; 12, 13, 17, 18 Ferentino; 16 Fundano; 23 Narniensi; 10 Sorano.

Q 6　　Index

INDEX

Historicorum Latinorum Vossianorum de quibus in his Notis & Animadversionibus agitur.

A

Abbo Floriacensis.	77.
Achardus Bridlingtonensis.	131.
Adamus Muremuthensis.	205.
Adelinus.	278, 279.
Ademarus.	310.
Ado.	62, 63, 337, 338.
Adrevaldus.	65, 66.
Adrianus Butius.	214.
Ægidius Leodicensis.	238.
Ægidius de Roya.	223, 224, 225.
Æneas Sylvius.	220.
Æthicus Ister.	238, 239.
Aimoinus.	49, 50, 51.
Alamannus, *vide* Almannus.	
Albericus.	94.
Albertus Aquensis.	313, 314.
Albertus à Bonstetten.	241.
Albertus, monachus Lobiensis.	76.
Albertus S. Remigii.	239, 240, 241.
Albrigetus Cortusius.	354, 355.
Alexander, abbas monasterii S. Salvatoris.	95.
Alexander Atrebas.	309.
Alexander Celesinus.	134.
Alexander Essebiensis.	164.

Al-

Alfredus.	65.
Almannus Gallus.	56.
Almannus Rinucinus.	225.
Alphanus Salernitanus.	91, 92.
Altfridus.	53.
Amalricus Augerii.	202, 341.
Ambrosius.	271.
Ambrosius Camaldulensis.	211, 212.
Anastasius Bibliothecarius.	53, 54, 345, 346.
Andreas Agnellus.	290, 291.

Andreas Dominicus Floccus, *vide* Dominicus Floccus.

Andreas Marchianensis.	241.
Andreas S. Michaelis.	215, 231.
Andreas monachus Vallis Vmbrosæ.	303.
Andreas presbyter Ratisbonensis.	210.
Angelus Bassus, vulgo Politianus.	227, 228.
Angradus monachus.	241, 242.
Anonymus de vita *Adelberti*.	77, 78, 79.
De consulum *Andegavensium* gestis.	315.
De vita *Anthelmi*.	134, 135.
— *Arnulphi*.	30.
Auctor Chronici *Augustensis*.	729.
Scriptor Chronici *Australis* ex quo Matthæus Mareschallus excerpta dedit.	262, 263, 344.
De vita *Austregisili*.	28, 29.
Continuator *Bedæ*.	97.
Auctor chronici S. *Benigni* Divionensis.	303.
Auctor vitæ S. Bertulphi.	263.
Anonymus auctor vitæ *Burchardi* Wormatiensis.	302, 303.
Caprasii, abbatis Lirinensis.	329, 330.
Clarii, abbatis Viennensis.	328, 329.
Auctor *Cluniacensis* Chronici.	304.
Collectaneorum Chronicorum.	279, 280, 281, 282, 283.

INDEX.

283, 284, 285, 286, 287, 288, 289, 290.
Annalium *Dominicanorum* Colmariensium. 172.
  De vita *Domnoli*. 28.
    Edithæ. 331.
    Eucherii, Aurelianensis episcopi. 329.
    Eugendi. 29, 30.
    Faronis, Meldensis episcopi. 332.
Auctor Chronici *Fossæ novæ*. 316, 317, 318.
                        344, 354, 355.
Annalium *Francicorum* conditor. 57, 58, 59, 60.
                        61, 62, 337.
Alter de eodem argumento. 263, 264.
Item alius de eodem. 264.
Auctor epitomes de gestis regum *Francorum*. 264,
                        265.
Auctor Italus de gestis *Francorum*, & aliorum Hierosolymitanorum. 305, 306.
De vita *Fursæi*. 265.
  Gisleni monachi. 331.
  Guilhelmi abbatis Cisterciensis. 117, 118, 119.
  Huberti. 37.
  Ioannis, Reomaensis abbatis. 331.
Poëta Paderbornensis de gestis *Karoli Magni*. 295.
Auctor vitæ *Landelini*. 265, 266.
  Laurentii, archiep. Dublin. 332.
Auctor Chronici *Lemovicensis*. 322.
De vita *Ludovici Pii*. 47, 48.
  Ludovici Octavi, Galliarum regis. 266.
  Majoli. ibid.
Auctor Chronici *Montis sereni*. 266, 267.
De vita *Morandi* Confessoris. 267, 268.
  Nortberti. 117.
  Odulphi presbyteri. 330.
Auctor Chronici S. *Petri Vivi* Senonensis. 210.
                        211.
                        De

INDEX.

De vita *Philiberti* abbatis. 331.
   Quintini martyris. 332.
   SS. *Quirici* & *Iulittæ*. 330, 331.
De miraculis *Remacli*. 65.
Auctor compendii de *Remensis* ecclesiæ præsulibus, ex Flodoardo excerpti. 124.
De vita *Roberti*, primi abbatis Casæ Dei. 329.
   Roberti, abbatis Cisterciensis. 330.
Anonymus de vita *Roberti*, primi abbatis Molismensis ac Cisterciensis. 329.
   Rudberti, Salisburg. Episcopi. 268, 269.
Auctor Chronici *Salisburgensis*. 215.
De episcopis *Salisburgensibus*. 138, 139.
De iis, quæ Ecclesiæ *Salisburgensi* donata fuerunt. 133.
Auctor Chronici de gestis *Simonis* Comitis. 269.
   De vita *Theobaldi*. 346.
De gestis *Trevirorum*. 315, 316.
Monachus S. Iuliani, qui *Turonense* chronicon composuit. 322.
De translatione S. *Valentini*. 109, 110, 348.
De vita *Valerii*, Trevirensis episcopi. 329.
   Wilhelmi Roschildensis. 154.
Anselmus Gemblacensis. 314, 315.
Anselmus Legiensis. 89.
Antoninus Augustus. 242.
Antonius de Godis. 194.
Antonius Sabellicus, *vide* Marcus Antonius Sabellicus.
Aribo Frisingensis. 38.
Arnoldus, abbas Bonævallis. 135.
Arnoldus Hildesemensis. 145.
Arnoldus Lubecensis, *vide* Arnoldus Hildesemensis.
Arnulphus. 95, 96, 97, 347.

Au-

Auctus Florentinus. 115.
Audoenus. 33, 336.
Augustinus. 10, 11.
Augustinus Iustinianus. 343, 344.
Aumonius. 77.
Aurelianus clericus. 67.

B

Baldricus, Archiepiscopus Aurelianensis, sive Dolensis. 306, 307, 308.
Balduinus Ninivensis. 181.
Baptista Mantuanus. 236.
Baptista Spagnolus Mantuanus, *vide* Baptista Mantuanus.
Bartholomæus Facius. 211.
Bartholomæus Platina, *vide* Platina.
Bartholomæus Vicentinus. 322.
Baudemundus. 34.
Beda. 37.
Benevenutus de Rambaldis. 203.
Bercharius. 242, 243.
Bernardinus Corius. 225, 226.
Bernardus abbas. 243, 244.
Bernardus de Castris. 190.
Bernardus, abbas Clarævallensis. 112, 113.
Bernardus Compostellanus. 314.
Bernardus Guidonis. 184, 185, 186, 340, 341.
Bernardus Noricus. 241.
Berno Augiensis. 84.
Blasius Melanesius. 160.
Blondus, *vide* Flavius Blondus.
Bonaventura. 176.
Bonno. 67.

Bro-

INDEX.

Brocardus, *vide* Burchardus.
S. Bruno. 309.
Bruno Colonienfis. 72.
Bruno alter. 97, 98.
Burchardus Argentoratenfis. 179, 180.
Burchardus notarius. 136.

C

Cæfarius Heifterbacenfis. 157.
Callimachus Experiens, *vide* Philippus Callimachus Experiens.
Candidus. 49.
Cappidus Staurienfis. 70.
Claudius Numatianus, *vide* Rutilius Claudius Numatianus.
Conradus Celtes Protucius. 231.
Conradus Engelhus. 326.
Conradus epifcopus. 170.
Conradus Halberftatenfis. 323.
Conradus Lauterbergius, *vide* Conradus Sereni montis presbyter.
Conradus à Lichtenaw. 159.
Conradus Sereni montis presbyter. 244, 245, 246.
Conradus Vecerius. 232.
Conradus Wellingus. 187, 188.
Conftantinus Vrbevetanus. 167.
Conftantius. 12, 13, 14.
Cornutus. 1, 2, 335.
Cortufius, *vide* Guilhelmus Cortufius.
Crefconius. 275.
Cyprianus. 22.
Cyrinus. 246, 247, 248.

D

Datius Mediolanensis. 21, 22.
Diemo. 117.
Dietmarus Helmovardiensis. 104, 105.
Dietmarus Meursburgensis. 301, 302.
Dinamius. 19, 20, 21.
Dionysius. 3, 4, 5.
Dominicus Floccus. 218.
Domnizo. 353.
Drogo Flander. 89, 90.
Dudo Neustrius. 79.

E

Ealredus, *vide* Ethelredus.
Eberardus. 82, 83.
Echebertus, *vide* Egbertus.
Eckehardus. 155, 156.
Egbertus. 134.
Fginhardus. 42, 43, 44, 45, 336, 337.
Elimandus. 139.
Elvanus Avalonius. 3.
Elvodugus Probus. 30.
Emericus. 57.
Engelbertus Cisterciensis. 169.
Ennodius. 18, 19.
Erchempertus Monachus. 326, 327, 328.
Erempertus. 296.
Ermanricus, *vide* Ermenoldus.
Ermenoldus. 292.
Ernaldus, *vide* Arnoldus.
Ethelredus. 126, 127.
Eucherii duo Lugdunenses. 14.
Evervvinus. 86.

Eu-

INDEX.

Eugippius. 21.
Eulogius. 36.
Eulogius Cordubensis. 293, 294.

F

F Alcuinus. 248.
Faustus. 17.
Faustus alter. 248, 249, 250.
Faustus Cassinensis. 336.
Felix Fabri. 215.
Felix Manilius. 232.
Flaccus Alcuinus Albinus. 39, 40, 336.
Flavius Blondus. 219.
Flodoardus. 74.
Florentius. 250.
Florus. 55, 56.
Folchardus Beneventanus. 353, 354.
Folchardus Bertiniensis. 90, 91.
Folquinus, *vide* Fulquinus.
Franciscus Petrarcha. 200, 201.
Franciscus Castilionius. 220, 221.
Freculphus. 46.
Fredegarius Scholasticus. 278.
Fridegodus Diaconus. 73, 74.
Fulbertus, Carnotensis Episc. 82.
Fulcherius Carnotensis. 314.
Fulquinus. 294.

G

G Alfridus, abbas Altæ-tumbæ. 136, 137.
Galfridus de Bello loco. 161, 162.
Galfridus monachus. 102, 103.
Galfridus monachus alter. 305.
Galfridus Monemuthensis. 128, 350.
Gallus. 35, 36.

Gal-

Galvanus Flamma.	197, 198.
Gaudentius Brixiensis.	271.
Gaufridus, *vide* Galfridus.	
Georgius Germanus.	250.
Germanus, monachus S. Quirini.	176.
Gerardus Noviomagus.	235.
Gerochus Richerspergensis.	304, 305.
Gervasius Dorobernensis.	147, 148, 149.
Gervasius Riccobaldus Ferrariensis.	186, 187.
Gervasius Tilberiensis.	147.
Gilbertus.	250.
Gilbertus abbas.	308, 309.
Gilbertus archidiaconus.	90.
Gilbertus Flander.	99.
Gilbertus Hannonius.	328.
Gildas.	23, 24, 335, 336.
Gildas Cambrius.	57.
Gillinghamus, *vide* Guilhelmus Gillinghamus.	
Gilo Gallus.	157.
Glaber Radulphus.	338.
Gobelinus, *vide* Ioannes Gobelinus.	
Gobelinus Persona.	324, 325.
Godefridus Beaglerius.	169, 340.
Godefridus Calvus.	103.
Godefridus Viterbiensis.	140, 141.
Godescalcus.	177.
Goswinus Bossutus.	250, 251.
Gothefridus, *vide* Godefridus.	
Gregorius Turonensis.	24, 25, 26.
Guaiferius.	91.
Gualtherus Castellio, *vide* Philippus Castellio.	
Gualtherus Hemlingtonus.	125.
Gualtherus Tarvanensis.	314.
Guibertus, *vide* Gilbertus.	

Gui-

INDEX.

Guido Ambianensis. 103.
Guido de Columna. 180, 181.
Guido Ravennas. 95, 338.
Guilhelmus, abbas S. Theodorici. 120, 121, 122, 123, 124.
Guilhelmus Albanensis. 131.
Guilhelmus Aremoricus. 251.
Guilhelmus Cantuariensis. 132.
Guilhelmus Cortusius. 354, 355.
Guilhelmus Gallus. 162, 163.
Guilhelmus Gemeticensis. 111.
Guilhelmus Gillinghamus. 205.
Guilhelmus Grenæus. 229.
Guilhelmus Malmesburiensis. 125, 126, 350.
Guilhelmus Moguntinus. 74.
Guilhelmus, monachus S. Dionysii. 251.
Guilhelmus, monachus alius. Ibid.
Guilhelmus de Nangiaco. 188, 189.
Guilhelmus Pictaviensis. 103, 104, 347.
Guilhelmus Rhievallensis. 124.
Guilhelmus S. Theodorici abbas, *vide* Guilhelmus, abbas S. Theodorici.
Guilhelmus Thornus. 203, 204.
Guilhelmus Tyrius. 137, 138.
Guntherus, Elvonensis monachus. 95.
Guntherus Poëta. 134.

H

Hariulphus. 115, 116, 338.
Hartmannus Scedel. 216, 217.
Haymo Cantuariensis. 89.
Haymo Halberstatensis. 51, 52.
Hebernus. 296, 297, 298.
Hegesippus. 252.
Helinaldus Gallus. 143.
Helmoldus. 136.

Hen-

INDEX.

Henricus Blesensis, *vide* Henricus de Soliaco.
Henricus Bonicolli. 178, 340.
Henricus de Gandavo, *vide* Henricus Bonicolli.
Henricus, Comes de Kalue. 155.
Henricus à Klingenberg. 184.
Henricus Knygton. 104, 105.
Henricus de Soliaco. 319, 320.
Henricus Stero. 187, 188.
Herberchtus. 345.
Herempertus, *vide* Erempertus.
Heribertus de Bosham. 131, 132.
Hericus Autissiodorensis. 63, 64.
Herigerus Lobiensis. 75, 76.
Hermannus Altaichii. 177, 178.
Hermannus Contractus. 87.
Hermannus de Lerbeke. 206.
Hermannus Minorita. 252, 253, 254.
Hieronymus. 7.
Hieronymus Bononius. 326.
Hieronymus Florentinus. 161.
Hieronymus Pauli. 235.
Hildebertus Cenomanensis. 110, 111.
Hildebertus Moguntinus. 72.
Hildephonsus Toletanus. 33.
Hildouinus, *vide* Hilduinus.
Hilduinus S. Dionysii. 337.
Hilduinus Lobiensis. 70, 71.
Honorius Augustodunensis. 154, 155.
Hubaldus. 56, 57.
Hugo Floriacensis. 100, 101, 102.
Hugo Kircostallensis, *seu* Kirkestedus. 164, 165.
Hugo de S. Victore. 116, 117, 338.
Hugolinus Verrinus. 226, 227.
Hunibaldus Francus. 27, 28.

I

Iacobus Bracellius. 225.
Iacobus Congelshovius. 305, 306.
Iacobus Diesthus, *vide* Iacobus Drieschus.
Iacobus Drieschus. 232.
Iacobus Fornerius. 160, 161.
Iacobus Guisius. 341, 342.
Iacobus Picolominæus. 223.
Iacobus de Vitriaco. 162.
Iacobus Wimphelingus. 230.
Iacobus Zenus. 352.
Idacius, *vide* Itacius.
Illidius. 35, 36.
Ioannes abbas Cassinensis. 298.
Ioannes Antonius Campanus. 218, 219.
Ioannes Antonius Flaminius, 237, 352.
Ioannes Asser. 67.
Ioannes Bromptonus. 254.
Ioannes Campanus, *vide* Ioannes Antonius Campanus.
Ioannes Cincinnius. 232, 233.
Ioannes Columna Romanus. 170, 171, 172.
Ioannes Diaconus. 57.
Ioannes Duglossus, *vide* Ioannes Longinus.
Ioannes de Forda. 149, 150, 151.
Ioannes Gallus. 159, 160.
Ioannes Garso. 237.
Ioannes Gobelinus. 326.
Ioannes Gualensis. 166, 167.
Ioannes Hagulstadensis. 254, 255.
Ioannes Hantivillensis. 320, 321.
Ioannnes Hexham. 129, 130.
Ioannes Hiperius. 323, 324.

Io-

INDEX.

Ioannes Honsemius.	301, 302.
Ioannes Iovianus Pontanus.	215.
Ioannes de Kikullew.	203.
Ioannes Leo.	237.
Ioannes Longinus.	214.
Ioannes Lossensis.	213, 214.
Ioannes Lovaniensis.	255.
Ioannes monachus Italus.	74.
Ioannes Nauclerus.	231.
Ioannes Oxfordius.	145, 146.
Ioannes Paris.	255, 256.
Ioannes Placentinus.	233, 234.
Ioannes Sarisburiensis.	129.
Ioannes Serlo.	130, 131.
Ioannes Stabularius.	213.
Ioannes Stella.	235.
Ioannes Trithemius.	231.
Ioannes Weentius.	205.
Iocelinus de Furnes.	256, 257.
Iodocus Beysselius.	326.
Ionas Fontanellensis.	37, 38.
Ionas Scotus.	33, 34.
Iordanes Saxo.	156.
Iordanus alter.	322.
Iornandes.	22.
Iosephus Devonius.	147.
Iosephus Iscanus, *vide* Iosephus Devonius.	
Isidorus Hispalensis.	32, 33.
Isidorus Pacensis.	257.
Iso monachus.	Ibid.
Itacius.	15, 16.
Iudocus Beisselius.	215, 216.
Iulianus Hasartus.	238.
Iulianus Lucas.	276, 277.
Iulianus Toletanus.	34, 35.

Q. Ju-

INDEX.

Q. Julius Hilario. 10.
Ivo Carnotensis. 99. 100, 347.
Justinus Lippiensis. 172.

L

Lambertus Leodicensis. 151, 152, 153, 154.
Lambertus de Legia. 92, 93.
Lambertus Waterlohus. 136.
Landulphus de Columna. 190.
Landulphus Sagax. 52.
Lapus Placentinus, qui & Biragus, & Castilionius. 325.
Laurentius Mellifluus. 257, 258.
Leander Albertus. 237.
Leo Marsicanus. 104, 347, 348.
Leonardus Aretinus. 212.
Lethaldus Gallus. 77.
Lisiardus. 93, 94.
Lobardus Sirichius. 203.
Ludgerus. 40, 41.
Ludolphus Bebenbergius. 158, 159.
Luitprandus. 72, 73.
Lupoldus Bebenbergius, *vide* Ludolphus Bebenbergius.
Lupus Servatus. 55.

M

Marbodus. 89.
Marcellinus Brigantius. 39.
Marcellinus Comes. 22.
Marcus Antonius Sabellicus. 236.
Marcus Paullus Venetus. 178, 179.
Marcus Sabellicus, *vide* Marcus Antonius Sabellicus.

Marcus Venetus, *vide* Marcus Paullus Venetus.
Marinus Barletius. 217.
Marinus Becichemus, *vide* Marinus Barletius.
Marsicanus, *vide* Leo Marsicanus.
Martinus Carsulanus. 190, 191.
Martinus Polonus. 172, 173, 174, 175, 176.
Matthæus Palmerius. 217, 218.
Matthæus Paris. 166.
Matthæus Vdalrici. 231.
Matthæus Vindocinensis. 191, 192, 193.
Matthæus Westmonasteriensis. 203.
Massus. 269, 270.
Maximilianus Austriacus Imper. 229, 230.
Maximus Cæsaraugustanus. 30, 31.
Meginhardus. 54, 55.
Messianus. 22.
B. Mor. 328.

N.

N Eón. 2, 5.
Nicolaus Kenton. 229.
Nicolaus Montacutius. 228, 229.
Nicolaus Simonis. 130.
Nicolaus Thriveth. 198, 199.
Nicolaus Walkington. 132, 133.
Nithardus. 48, 49, 337.
Notgerus Leodicensis. 76, 77.
Notgerus, monachus S. Galli. 298, 299, 344.

O

O Dilo. 87, 88, 338.
Odo Cluniacensis. 71, 72, 338.
Odo Muremundensis. 318, 319.
Odo Severus. 73.
Odorannus. 86.

Olbertus.	86, 87.
Oldericus Vitalis.	312, 313.
Oldonius monachus.	159.
Onithon Sutrinus.	258, 353.
Ordricus Vitalis, *vide* Oldericus Vitalis.	
Orosius.	11, 12.
Osbernus.	94.
Otlonus Fuldensis.	79, 80.
Otho, *vide* Otto.	
Otto Frisingensis.	133.

P

PAduanus monachus.	172.
Palladius diaconus.	332, 333.
Palladius Fuscus, *vide* Palladius Niger.	
Palladius Niger.	222, 223.
Pandulphus Pisanus.	350, 351.
Paschasius Radbertus.	56.
Paullinus Aquitanicus.	8, 9, 10.
Paullinus presbyter.	11.
Paullus Bonetus.	208, 209.
Paullus, diaconus Aquilegiensis.	40, 345.
Paullus Orosius, *vide* Orosius.	
Pelagius Ovetensis.	344.
Petronius.	14.
Petrus ab Alliaco.	209, 210.
Petrus Cassinensis.	293.
Petrus Comestor.	135.
Petrus Corisinus.	201.
Petrus Damiani.	346, 347.
Petrus Diaconus Ostiensis.	119, 120, 348, 349, 350.
Petrus de Natalibus.	221, 222, 352.
Petrus Pictaviensis.	187.
Petrus Ranzanus.	214, 215.
Petrus Venerabilis.	120.

Philastrius.	5, 6.
Philippus, abbas Bonæ-spei.	258, 259.
Philippus Callimachus Experiens.	226.
Philippus Castellio, *vide* Philippus Gualterus Castellio.	
Philippus ab Eleemosyna.	113, 114, 115.
Philippus Elnonensis.	259.
Philippus Eysterensis.	296.
Philippus Gualterus Castellio.	167, 168, 169.
Philippus Wielanus.	230.
B. Platina.	219, 220.
Poggius Florentinus.	210.
Pontius diaconus.	5.
Prosper Aquitanicus.	15.
Prudentius Junior Hispanus.	292, 353.
Ptolomæus Lucensis.	194, 195, 196, 197, 352.

R

Rabarus Maurus.	52.
Radbodus Episcopus Vltrajectinus.	69, 70.
Radulphus.	26, 27.
Radulphus Coggeshale.	165, 166.
Radulphus de Diceto.	149.
Radulphus Flaviacensis.	67, 68.
Radulphus Gallus.	124.
Radulphus Hygden.	202, 203.
Raguel Cordubensis.	290.
Rainaldus, abbas Viceliacensis.	109.
Rainaldus Campanus, abbas Cassinensis.	315.
Rampertus.	54.
Ranulphus, *vide* Radulphus.	
Rapertus, *vide* Ratpertus.	
Ratpertus.	295.
Reinerus Leodiensis.	82.
Reinerus Prior Leodiensis.	142, 143.

INDEX.

Rembertus, *vide* Rimbertus.
Rhegino Prumiensis. 68, 69, 338.
Richardus Hagulstadensis. 132.
Ricobaldus Ferrariensis, *vide* Gervasius Ricobaldus Ferrariensis.
Rimbertus. 62.
Robertus. 259, 260.
Robertus Baconus. 166.
Robertus Gaguinus, *vide* Rupertus Gaguinus.
Robertus S. Mariani apud Altissiodorum monachus. 321.
Robertus monachus. 141, 142.
Robertus de Monte Michaëlis. 128, 339.
Robertus Montensis. 143, 144, 145.
Robertus Normannus, *vide* Robertus Montensis.
Robertus Richius. 166.
Rodulphus, *vide* Rudolphus.
Rodericus Toletanus. 162, 339, 340.
Rodericus Ximenes, *vide* Rodericus Toletanus.
Rogerius Fuldensis. 134.
Rogerius de Hoveden. 146.
Rogerus abbas. 85.
Rogerus Cestrius. 199, 200.
Romerius. 300, 301.
Rufinus. 7, 8.
Rudolfus, Fuldensis monachus. 53.
Rudolphus Niger. 164.
Rudolphus S. Trudonis. 109.
Ruggerus, *vide* Rogerius Fuldensis.
Rupertus Gaguinus. 235, 236, 342, 343.
Rupertus Gallus. 311.
Rupertus S. Remigii, *vide* Rupertus Gallus.
Rupertus Tuitiensis. 111, 112.
Rutilius Claudius Numatianus. 12, 271.

S

Saphyrius Asturicensis. 277, 278
Sebastianus Salmanticensis. 277
Secundus. 31, 32.
Severus Sulpitius. 8.
Sicardus Cremonensis. 135.
Sigebertus Gemblacensis. 105, 106, 107.
Simeon Dunelmensis. 127, 128.
Stephanardus Flamma. 184.
Stephanardus è Vicomercato. 183, 184.
Stephanus Cremonensis. 260.
Stephanus Diaconus. 22.
Stephanus, Episcopus Leodiensis. 67.
Stephanus, itidem episcopus Leodiensis. 69.
Stephanus Hispanus. 141.
Stephanus Leodiensis abbas. 104.
Stephanus, presbyter Africanus. 271, 272.
Sugerius abbas. 311, 312.
Symmachus. 260.

T

Tathæus, vide Thadæus.
Thadæus abbas. 228.
Thadæus Romanus, vide Thadæus abbas.
Theganus. 46, 47.
Theodericus de Apoldia. 182, 183.
Theodericus Engelshusius. 324.
Theodericus S. Matthiæ. 80, 81, 82, 338.
Theodericus à Niem. 207, 208, 352.
Theodericus Thuringius. 133, 181.
Theodericus Trevirensis. 74, 75, 216, 260, 299, 300.
Theodericus S. Trudonis. 104.
Theodorus, auctor vitæ S. Magni. 273, 274, 275.

Theo-

Theodulphus. 291, 292.
Theofridus Epternacensis. 95.
Thimon. 124.
Thomas de Cantiprato. 176.
Thomas Grajus. 260, 261.
Thomas Otterburne. 209.
Thomas Rudburne Menevensis. 212, 213.
Thomas Rudburne Wintoniensis. 229.
Thomas Spottus. 182.
Tietmarus, *vide* Dietmarus.
Turgotus Dunelmensis. 107, 108, 109.
Turpinus. 41, 42, 336.

V

Valerius Maximus. 1.
Venantius Fortunatus. 24, 25.
Verinus, *vide* Hugolinus Verinus.
Verus. 38.
Vibius Sequester. 261, 262.
Victor Tunnunensis. 271.
Victor Vticensis. 17.
Vigilius. 6, 7.
Vincentius Bellouacensis. 167.
Vincentius Cadlubcus. 154.
Vincentius Carsulanus. 190.
Visbius. 2, 335.
Vlricus Wellingus. 187, 188.
Vnwonus Britannus. 75.
Volcmarus Furstenfeldensis. 189.
Vranius. 14.
Vrsinus. 272, 273.
Vsuardus. 41.
Vtho Argentoratensis. 74.
Walafridus Strabo. 46.
Wandelbertus. 53.

Warnerus Homiliarius. 102.
Wellingus, *vide* Conradus Wellingus.
Werembertus. 54.
Wibertus, *vide* Gilbertus.
Wichardus, Baro à Polheim. 325.

X

Xiccho Riccius Polentonus. 325.

Z

Zeno Veronensis. 270, 271.

FINIS.

Errata.

Pag. 97. l. 11. *pro* 387. *leg.* 386. P. 125. l. 18. *pro* 890. vel 891. *leg.* 898. P. 151. l. 28. *pro* Ibid. leg. *Pag.* 456. P. 211. l. 6. *post* monacho, *add.* circa a. 1088. P. 272. l. 12. *pro* 570. *leg.* 750. P. 293. l. 20. *post scriptitans. add.* In dogmate quoque, quo impugnatur veritas corporis & sanguinis Christi in Eucharistia, cum S. Ioanne Erigena Scoto consensit. P. 345. *post* l. 21. *add.* ANASTASIVS abbas] Secundùm Bellarm. & Bibl. PP. Compilatores. Onuphrius annot. in Nicol. I. vitam Platinæ tantùm *monachum* vocat. P. 346. l. 1. *pro* Georgi *leg.* Georgii. l. 14. *add.* Contra Baronius.

nius ad a 867. n. 15. *Hæc*, inquit, *Anastasius, sive alius Author in rebus gestis Hadriani*. Sunt enim qui putent Anastasium cum vita Nicolai finem scribendi fecisse, reliqua autem quæ in ejus codice reperiuntur, sive de Hadriano secundo, sive de Stephano Sexto, scripta esse Petri Guilelmi, sive Guillermi Bibliothecarii. Sed putamus istam fuisse divinationem Panuinii; cùm enim constet superstitem diu fuisse post Nicolaum Anastasium, & adhuc vixisse tempore Ioannis Octavi, ut videbitur inferius, haud repugnat ut ipse ea quæ post Nicolaum acciderunt, scripserit. Vide ad *ag*. 414. P. 348. l. 8. *add.* Videturque hic Valentinus non immeritò à Hundio prætermissus. P. 350. l. 21. *add.* Contra alii statuunt eum in munere Anastasio successisse, adeoque vixerit circa a. 900. Vide plura ad *pag*. 318.

www.ingramcontent.com/pod-product-compliance
Lightning Source LLC
Chambersburg PA
CBHW032025220426
43664CB00006B/368